PREFACE

IT 워크북 시리즈는 공부하시는 분들이 좀 더 손쉽게 배울 수 있도록 체계적인 기획 하에 다음과 같은 특징을 가지고 만들었습니다.

1. 따라하기 형태의 내용 구성

각 기능들을 쉬운 단계부터 시작하여 실습 형태로 따라하면서 자연스럽게 익혀 실무에 활용할 수 있도록 하였습니다.

2. 풍부하고도 다양한 예제 제공

실무에서 실제로 사용하는 예제 위주 편성으로 인해 학습을 하는데 친밀감이 들도록 하여 학습 효율을 강화시켰습니다.

3. 베테랑 강사들의 노하우 제공

일선에서 다년간 경험을 쌓으면서 수첩 등에 꼼꼼히 적어놓았던 보물같은 내용들을 [Tip], [참고], [Upgrade] 등의 코너를 만들어 배치시켰습니다.

4. 한 달 단위 교육 일정에 맞춘 체계적 진행

4주에 맞추어 학습을 진행할 수 있도록 하였습니다.

5. 스스로 풀어보는 다양한 실전 예제 수록

각 단원이 끝날 때마다 배운 내용을 실습하면서 완벽히 익힐 수 있도록 난이도별로 다양한 실습 문제를 제시하여 복습할 수 있도록 하였습니다.

● **실습 파일 받아보기**

– 예제 소스는 아티오(www.atio.co.kr) 홈페이지의 [자료실]에서 다운받으시면 됩니다.

이 책의 구성

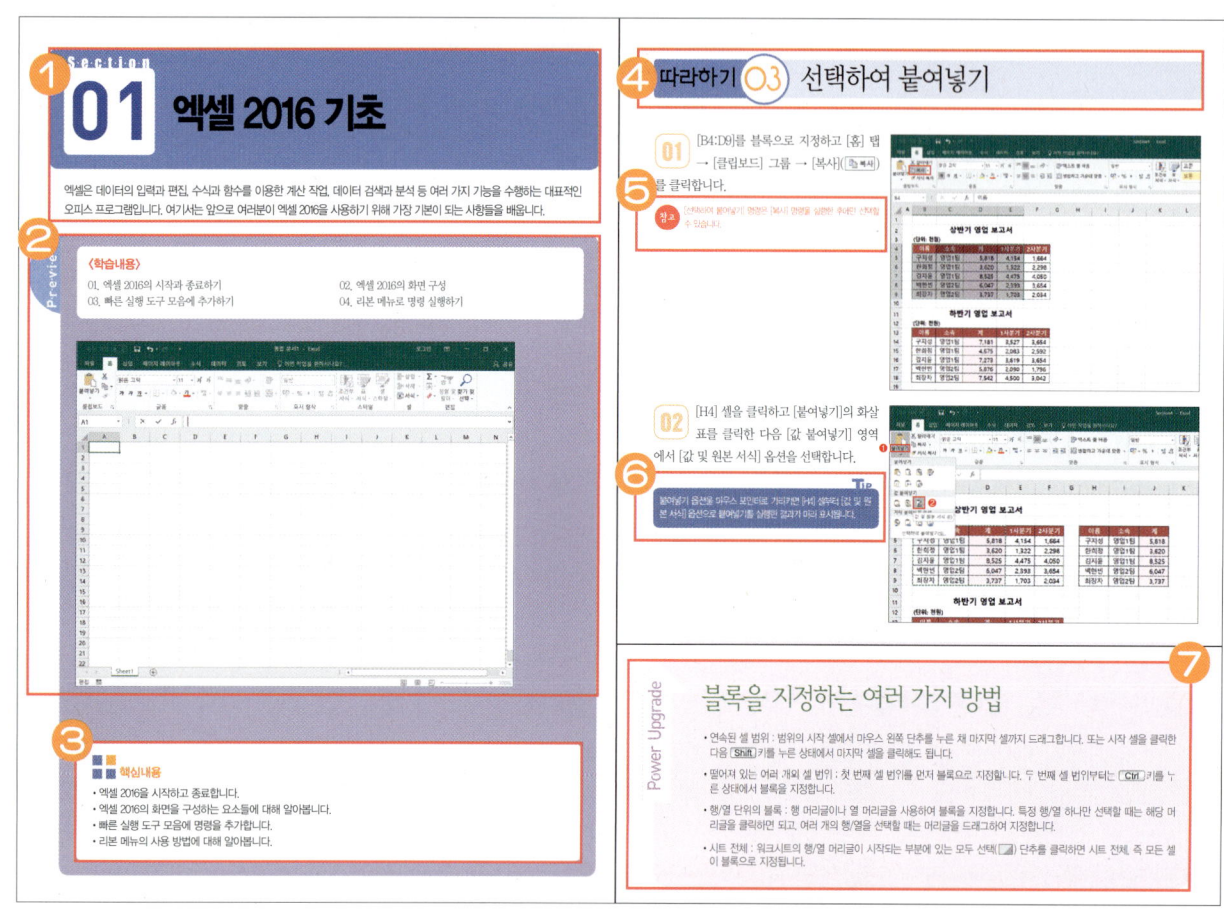

① 섹션 설명
해당 단원에서 배울 내용에 대한 전체적인 개념을 설명함으로써 단원에 대한 이해도를 증진시키도록 합니다.

② Preview
해당 단원에서 만들어볼 결과물을 미리 보여줌으로써 실습하는데 따르는 전체적인 틀을 이해할 수 있도록 하여 학습 효율을 극대화시켜 줍니다.

③ 핵심내용
해당 단원에서 배울 내용들에 대한 차례를 기록하여 흐름을 파악할 수 있습니다.

④ 따라하기
본문 내용을 하나씩 따라해 가면서 실습하다 보면 자연스럽게 관련 기능을 이해할 수 있도록 구성하여 누구나 쉽게 엑셀을 사용할 수 있도록 하였습니다.

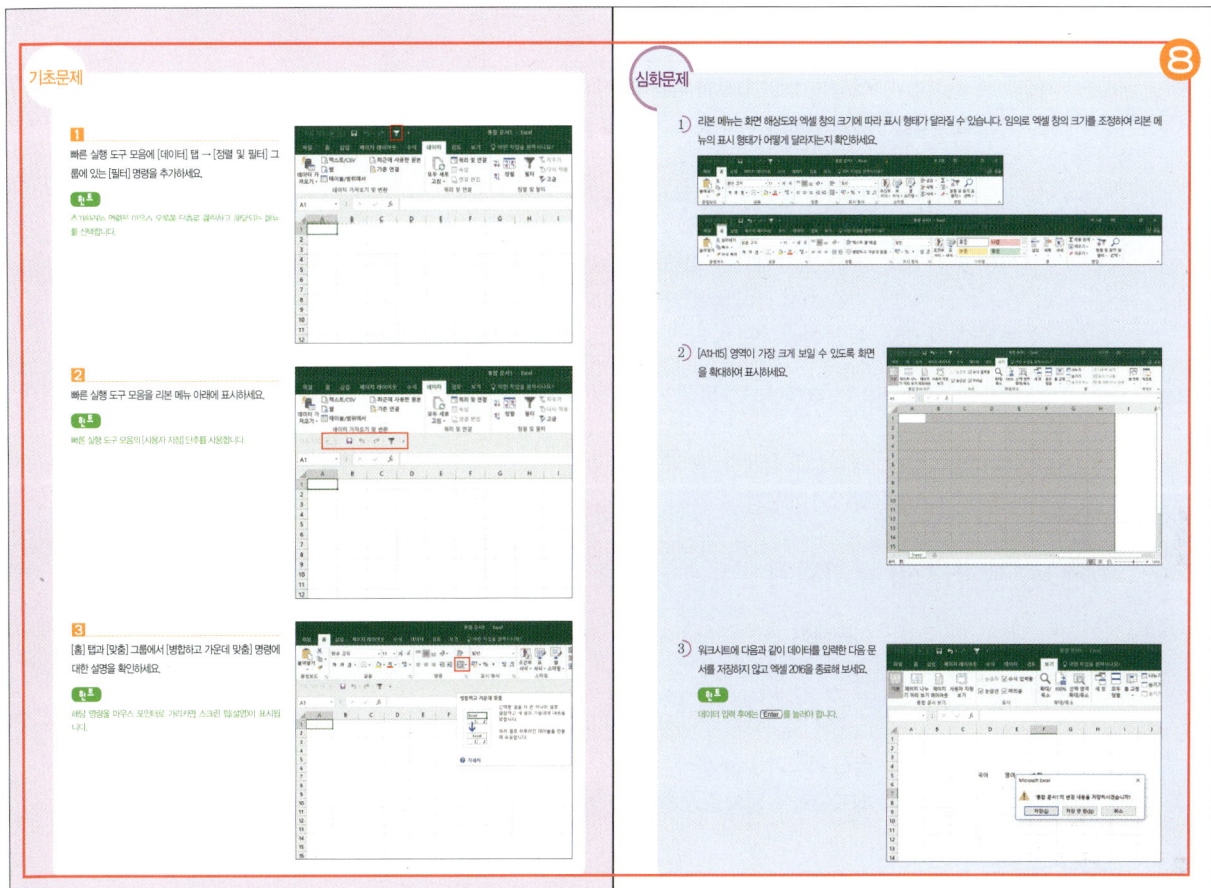

❺ 참고
실습을 따라하는 과정에서 알아두면 도움이 되는 내용들을 담았습니다.

❻ Tip
저자만이 가지고 있는 다양한 노하우 및 좀 더 편리하게 접근하기 위한 정보들을 제공합니다.

❼ Power Upgrade
난이도가 높아 본문의 따라하기에서 다루지는 않았지만 익혀놓으면 나중에 실무에서 도움이 될 것 같은 내용들을 별도로 구성해 놓았습니다.

❽ 기초문제, 심화문제
본문에서 배운 내용을 다양한 예제를 통하여 실습하면서 확실하게 익힐 수 있도록 난이도별로 나누어 실습 문제를 담았습니다.

C·O·N·T·E·N·T·S

Section 01 엑셀 2016 기초 — 6
따라하기 01 | 엑셀 2016의 시작과 종료하기　　따라하기 02 | 엑셀 2016의 화면 구성
따라하기 03 | 빠른 실행 도구 모음에 추가하기　　따라하기 04 | 리본 메뉴로 명령 실행하기

Section 02 기본적인 데이터 입력 및 변환하기 — 14
따라하기 01 | 문자, 숫자 데이터 입력하기　　따라하기 02 | 수식을 이용하여 합계 계산하기
따라하기 03 | 기호 문자 입력 및 한자 변환하기　　따라하기 04 | 통합문서 저장하고 열기
따라하기 05 | 특정 셀에 메모 넣기

Section 03 워크시트 내용 편집하기 — 28
따라하기 01 | 셀 삽입과 삭제하기　　따라하기 02 | 행과 열의 크기 조절하기
따라하기 03 | 찾기와 바꾸기

Section 04 셀 이동과 복사하기 — 38
따라하기 01 | 이동하기　　따라하기 02 | 복사하기　　따라하기 03 | 선택하여 붙여넣기

Section 05 셀 서식으로 문서 이쁘게 꾸미기 — 48
따라하기 01 | 글꼴 서식과 맞춤 서식　　따라하기 02 | 테두리와 채우기
따라하기 03 | 쉼표(,)와 % 등의 표시 형식 설정하기

Section 06 조건부 서식 사용하기 — 60
따라하기 01 | 셀 강조 규칙 이용하기　　따라하기 02 | 상위/하위 규칙 적용하기
따라하기 03 | 데이터 막대/색조/아이콘 집합

Section 07 효율적인 워크시트 관리법 — 70
따라하기 01 | 시트 이름 바꾸기　　따라하기 02 | 시트 이동과 복사하기
따라하기 03 | 시트 삽입과 삭제하기　　따라하기 04 | 시트 보호하기

Section 08 워크시트 인쇄하기 — 80
따라하기 01 | 인쇄 모양 미리 보기　　따라하기 02 | 인쇄 페이지 설정하기
따라하기 03 | 머리글/바닥글 작성하기

Section 09 상대 주소와 절대 주소의 차이 — 90
따라하기 01 | 상대 주소와 절대 주소　　따라하기 02 | 자동 합계로 함수 입력하기
따라하기 03 | 키보드로 직접 함수 입력하기　　따라하기 04 | 알아보기 쉽게 이름 사용하기

Section 10 기초 함수 사용하기 — 98
따라하기 01 | 현재 날짜와 현재 시간 표시하기　　따라하기 02 | 텍스트에서 일부 문자 추출하기
따라하기 03 | 숫자 반올림하기　　따라하기 04 | 값의 크기에 따라 순위 구하기
따라하기 05 | 조건에 따라 다른 값 표시하기

EXCEL 2016

Section 11 자주 이용하는 실무 함수 … 110
- 따라하기 01 | 조건에 따라 개수와 합계 구하기
- 따라하기 02 | 조건에 따라 평균 구하기
- 따라하기 03 | 표에서 데이터 찾기
- 따라하기 04 | 수식의 오류 처리하기

Section 12 워크시트에 차트 만들어보기 … 120
- 따라하기 01 | 스파크라인 삽입하기
- 따라하기 02 | 차트 삽입하기
- 따라하기 03 | 차트 영역 서식과 그림 서식 설정하기
- 따라하기 04 | 데이터 계열 서식과 요소 서식 설정하기
- 따라하기 05 | 축 서식 설정하기
- 따라하기 06 | 범례 서식 설정하기

Section 13 도형, 그림, 워드아트 등 그래픽 사용하기 … 136
- 따라하기 01 | 워드아트 삽입하기
- 따라하기 02 | 그림 삽입하기
- 따라하기 03 | 도형 삽입하기
- 따라하기 04 | 카메라 기능 활용하기

Section 14 데이터 유효성 검사 … 148
- 따라하기 01 | 데이터 유효성 검사 설정
- 따라하기 02 | 중복된 항목 제거하기
- 따라하기 03 | 텍스트 나누기

Section 15 정렬 및 부분합 이용하기 … 158
- 따라하기 01 | 오름차순 정렬 및 내림차순 정렬
- 따라하기 02 | 2개 이상의 기준으로 정렬하기
- 따라하기 03 | 부분합 삽입하기
- 따라하기 04 | 중첩 부분합 삽입하기

Section 16 자동 필터와 고급 필터 … 166
- 따라하기 01 | 자동 필터로 데이터 검색하기
- 따라하기 02 | 고급 필터로 데이터 검색하기

Section 17 피벗 테이블 사용하기 … 174
- 따라하기 01 | 피벗 테이블 만들기
- 따라하기 02 | 피벗 테이블에서 데이터 분석하기
- 따라하기 03 | 피벗 차트 만들기

Section 18 피벗 테이블 응용하기 … 182
- 따라하기 01 | 필드의 그룹 설정하기
- 따라하기 02 | 슬라이서 사용하기

Section 19 시나리오와 목표값 찾기 … 190
- 따라하기 01 | 시나리오 관리자
- 따라하기 02 | 목표값 찾기
- 따라하기 03 | 데이터 표 사용하기

Section 20 매크로 사용하기 … 202
- 따라하기 01 | 매크로 사용 통합문서 열기
- 따라하기 02 | 매크로 기록하기
- 따라하기 03 | 매크로 실행하기

Section 01 엑셀 2016 기초

엑셀은 데이터의 입력과 편집, 수식과 함수를 이용한 계산 작업, 데이터 검색과 분석 등 여러 가지 기능을 수행하는 대표적인 오피스 프로그램입니다. 여기서는 앞으로 여러분이 엑셀 2016을 사용하기 위해 가장 기본이 되는 사항들을 배웁니다.

Preview

〈학습내용〉

01. 엑셀 2016의 시작과 종료하기
02. 엑셀 2016의 화면 구성
03. 빠른 실행 도구 모음에 추가하기
04. 리본 메뉴로 명령 실행하기

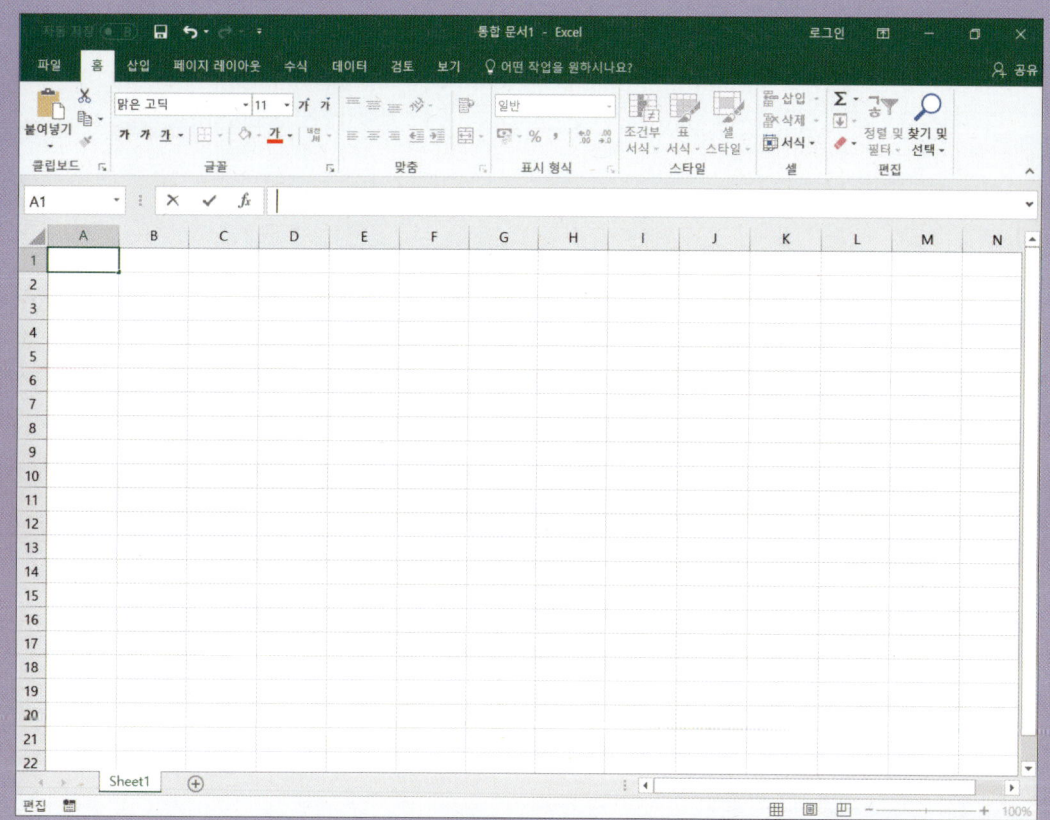

핵심내용

- 엑셀 2016을 시작하고 종료합니다.
- 엑셀 2016의 화면을 구성하는 요소들에 대해 알아봅니다.
- 빠른 실행 도구 모음에 명령을 추가합니다.
- 리본 메뉴의 사용 방법에 대해 알아봅니다.

따라하기 01 엑셀 2016의 시작과 종료하기

01 작업 표시줄에서 [시작] 단추를 클릭하고 [Excel 2016]을 클릭합니다. 시작 화면이 나타나면 [새 통합 문서]를 선택합니다.

> 참고: 다른 항목을 선택하면 필요한 서식을 이용하여 작업을 할 수 있습니다.

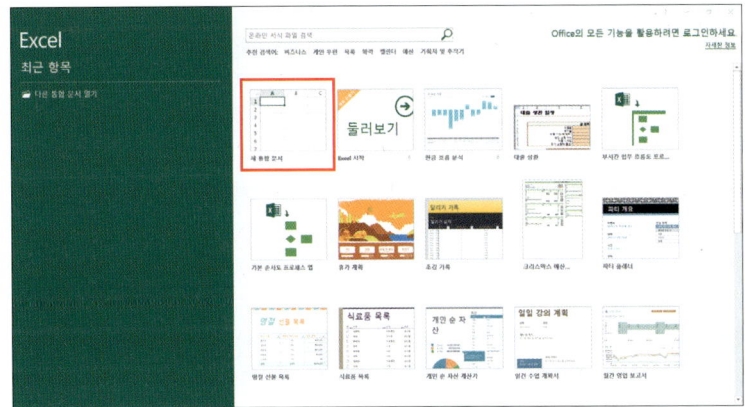

02 다음과 같이 엑셀 2016이 실행되어 초기 화면이 나타납니다. 화면에서 가장 넓은 부분을 워크시트(Worksheet)라고 하는데 여기에서 거의 모든 작업이 이루어집니다.

> 참고: 화면 해상도나 엑셀 창의 크기에 따라 화면이 달라 보일 수도 있습니다.

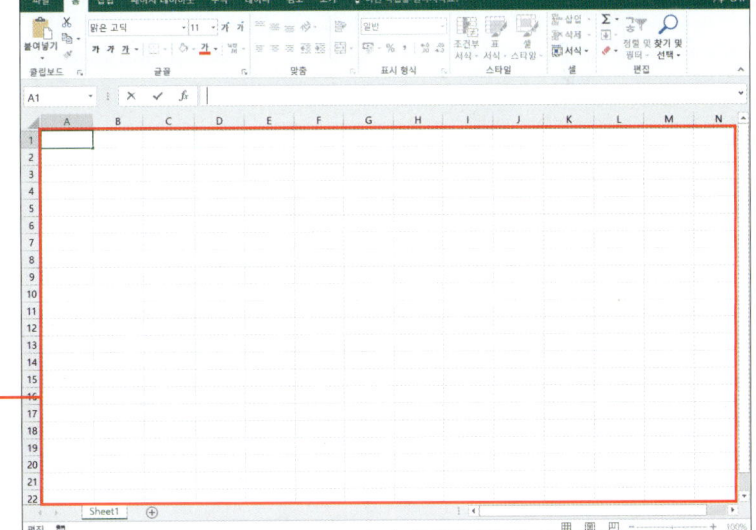

03 엑셀 2016을 종료하려면 엑셀 창 오른쪽 상단에 있는 [닫기](✕) 단추를 클릭합니다. 만약 워크시트에 데이터를 입력했다면 다음과 같이 문서를 저장할 것인지 묻는 메시지가 표시됩니다. 여기서는 [저장 안 함] 단추를 클릭합니다.

> 참고: 데이터를 입력하지 않았을 경우에는 메시지 없이 바로 엑셀이 종료됩니다.

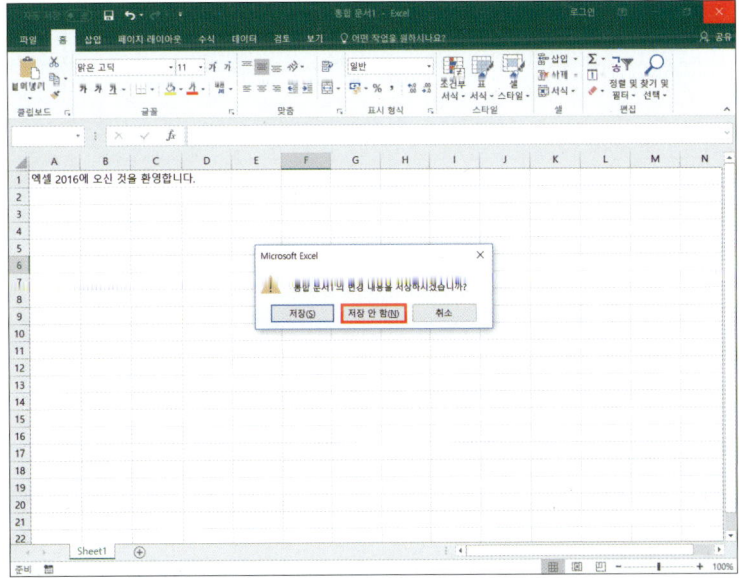

EXCEL 2016 7

따라하기 02 엑셀 2016의 화면 구성

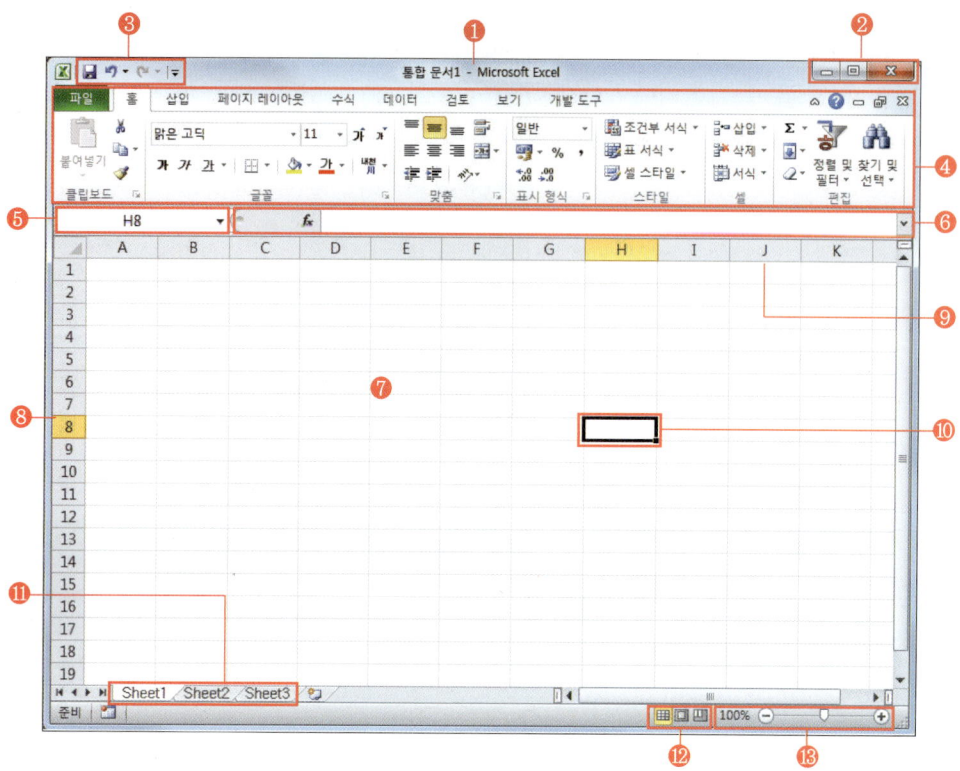

❶ 파일 이름
현재 작업 중인 엑셀 문서의 파일 이름입니다. 아직 저장하지 않은 문서의 이름은 '통합 문서1', '통합 문서2'와 같이 표시됩니다.

❷ 창 조절 단추
엑셀 창의 최소화, 전체 화면 크기로 최대화, 창의 닫기 등을 실행하는 단추입니다.

❸ 빠른 실행 도구 모음
자주 사용하는 명령을 등록해 두고 사용할 수 있는 도구 모음입니다.

❹ 리본 메뉴
엑셀에서 사용하는 기능을 용도별로 분류하여 모아 놓은 곳입니다. 여기에서 필요한 명령을 찾아 실행합니다.

❺ 이름 상자
현재 선택한 셀의 셀 주소나 이름을 표시합니다. 예를 들어 'H8'은 현재 H열의 8행에 있는 셀이 선택되어 있다는 의미입니다.

❻ 수식 입력줄
현재 선택한 셀에 입력되어 있는 원본 데이터를 표시합니다.

❼ 워크시트
데이터를 입력하고 계산하는 작업 공간입니다. 행과 열이 만나서 이루어지는 사각형의 셀로 구성됩니다.

❽ 행 머리글
행의 번호를 1에서 1,048,576까지 숫자로 표시합니다.

❾ 열 머리글
열의 번호를 A~XFD까지 16,384개의 문자로 표시합니다.

❿ 셀 포인터
워크시트에 있는 여러 개의 셀 중에서 현재 선택한 셀을 표시하는 굵은 테두리입니다.

⓫ 시트 이름
엑셀 문서를 구성하고 있는 여러 시트의 이름을 표시합니다.

⓬ 통합 문서 보기
엑셀 문서를 '통합 문서'라고 하는데 작업의 성격에 따라 기본, 페이지 레이아웃, 페이지 나누기 미리 보기 등 다른 보기로 빠르게 전환할 수 있는 아이콘입니다.

⓭ 확대/축소
워크시트를 확대 또는 축소하여 표시할 때 사용합니다.

따라하기 03 빠른 실행 도구 모음에 추가하기

01 빠른 실행 도구 모음은 한 번 클릭으로 빠르게 실행할 수 있는 명령 모음으로 기본적으로 [저장], [실행 취소], [다시 실행](🖫 ⤺·⤻·)으로 구성되어 있습니다. 여기에 다른 명령을 추가하려면 [사용자 지정] 목록 단추를 클릭하고 원하는 명령을 선택합니다. 여기서는 [열기]를 선택합니다.

> **TIP**
> 명령 앞에 체크 표시(✓)되어 있는 것은 이미 도구 모음에 등록되어 있는 명령입니다. 이런 명령을 다시 선택하면 도구 모음에서 제거됩니다.

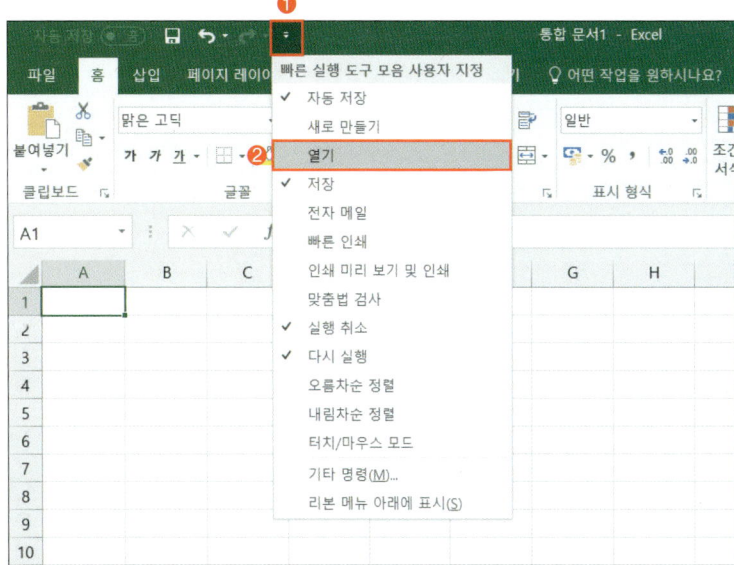

02 빠른 실행 도구 모음에 선택한 명령이 추가된 것을 확인할 수 있습니다. 리본 메뉴에 있는 명령도 빠른 실행 도구 모음에 추가할 수 있습니다. 추가하고 싶은 명령에서 마우스 오른쪽 단추를 클릭한 다음 [빠른 실행 도구 모음에 추가]를 선택합니다.

> **TIP**
> 여기서는 [홈] 탭, [글꼴] 그룹에 있는 [글꼴 색]을 추가하고 있습니다.

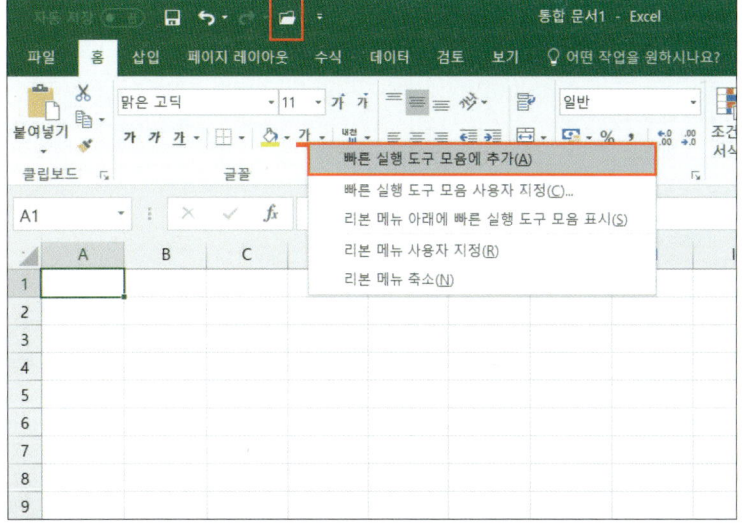

03 빠른 실행 도구 모음에 등록한 명령을 제거하려면 제거할 명령에서 마우스 오른쪽 단추를 클릭하고 [빠른 실행 도구 모음에서 제거]를 선택합니다.

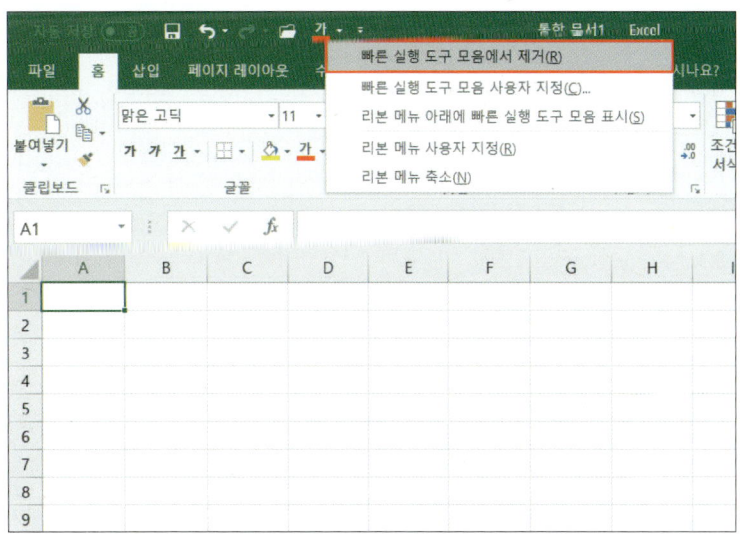

따라하기 04 리본 메뉴로 명령 실행하기

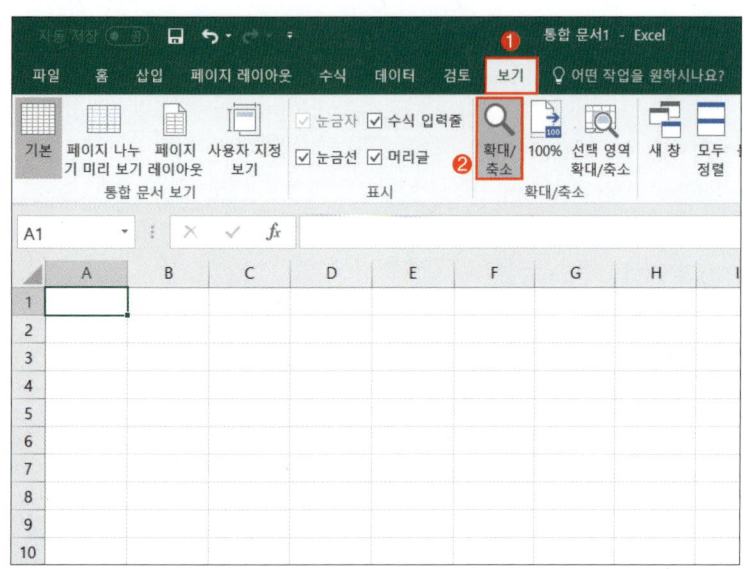

01 리본 메뉴는 홈, 삽입, 페이지 레이아웃, 수식, 데이터, 검토, 보기 등 7개의 기본 탭으로 이루어집니다. [보기] 탭을 클릭한 다음 [확대/축소] 그룹에 있는 [확대/축소]를 클릭합니다.

> **TIP** 각 탭은 명령의 성격에 따라 다시 여러 개의 그룹으로 나누어집니다.

02 [확대/축소] 대화상자가 실행되면 배율 '50%'를 선택하고 [확인] 단추를 클릭합니다.

> **TIP** '사용자 지정' 옵션을 선택하면 입력 상자에 원하는 배율을 직접 입력할 수 있습니다. 확대/축소 배율은 10%~400% 범위에서 지정해야 합니다.

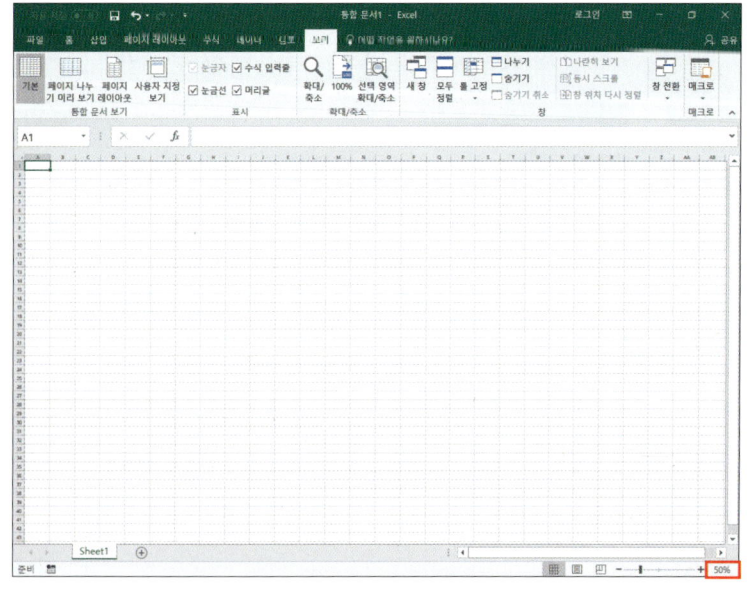

03 다음과 같이 화면이 '50%'로 축소되어 표시됩니다. 상태 표시줄에서 현재 화면의 확대/축소 배율을 확인할 수 있습니다.

> **TIP** 상태 표시줄의 확대/축소 배율을 클릭하면 [확대/축소] 대화상자가 실행됩니다.

04 [보기] 탭 → [확대/축소] 그룹 → [100%]를 클릭하면 다시 화면을 '100%'의 배율로 표시합니다.

> **참고** 상태 표시줄에서 [-]를 클릭하면 10% 단위로 화면이 축소되고, [+]를 클릭하면 10% 단위로 화면이 확대 표시됩니다.

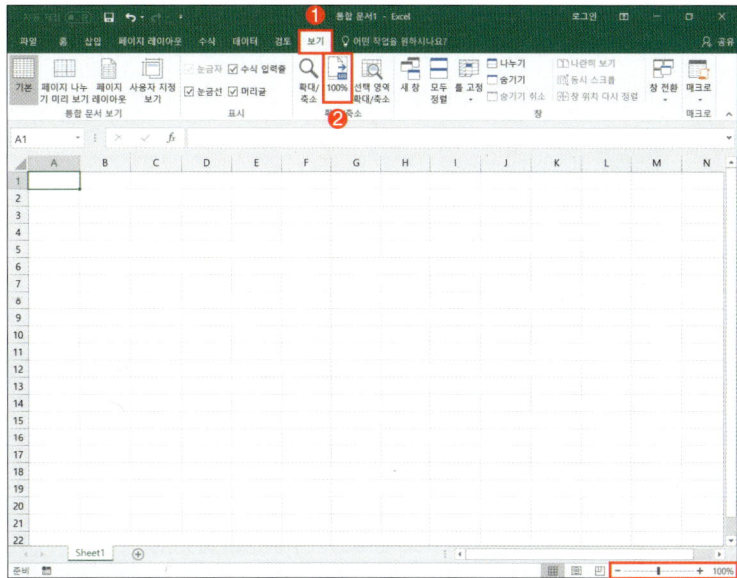

05 [C3] 셀에서 마우스 왼쪽 단추를 클릭한 채 [G10] 셀까지 드래그하면 다음과 같이 워크시트에서 특정 범위가 블록으로 지정됩니다.

> **TIP** [C3] 셀은 C열의 3행에 해당되는 사각형을 의미합니다.

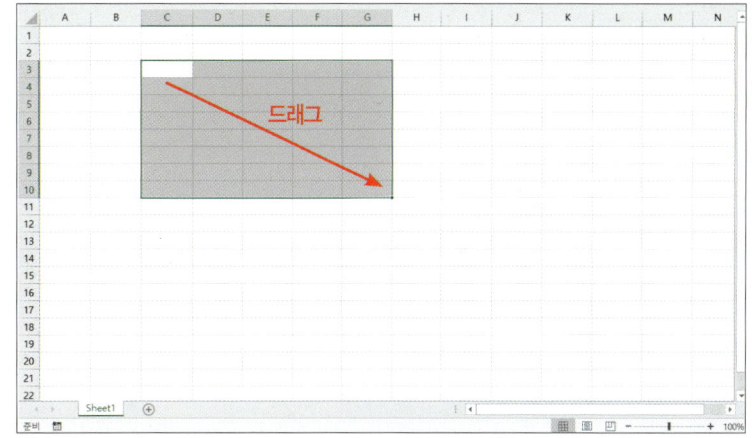

06 [보기] 탭 → [확대/축소] 그룹 → [선택 영역 확대/축소]를 클릭하면 현재 선택한 [C3:G10] 영역이 가장 크게 표시되도록 자동으로 확대/축소 배율이 조정됩니다.

> **TIP** 블록을 해제하려면 임의의 셀을 클릭합니다.

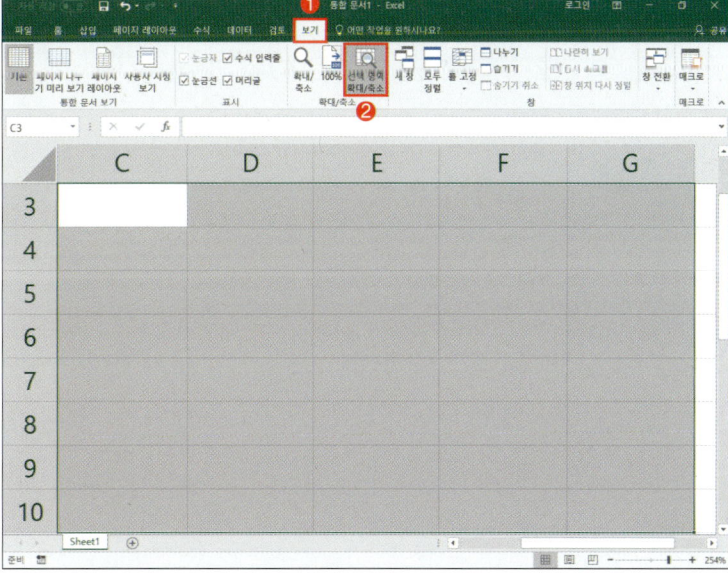

기초문제

1

빠른 실행 도구 모음에 [데이터] 탭 → [정렬 및 필터] 그룹에 있는 [필터] 명령을 추가하세요.

힌트

추가하려는 명령을 마우스 오른쪽 단추로 클릭하고 해당되는 메뉴를 선택합니다.

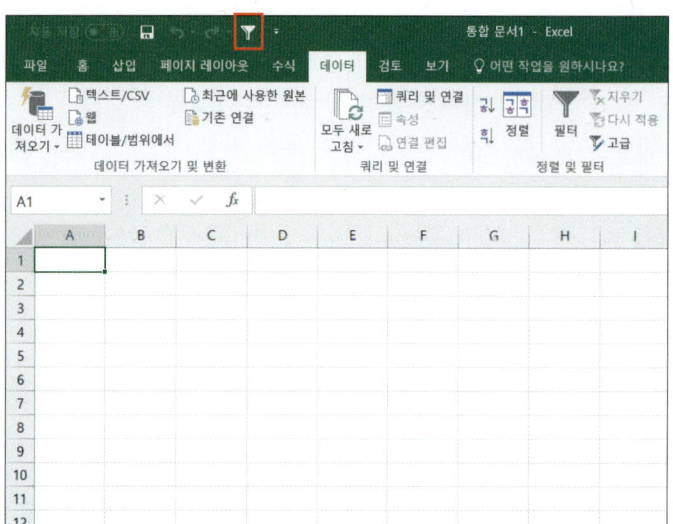

2

빠른 실행 도구 모음을 리본 메뉴 아래에 표시하세요.

힌트

빠른 실행 도구 모음의 [사용자 지정] 단추를 사용합니다.

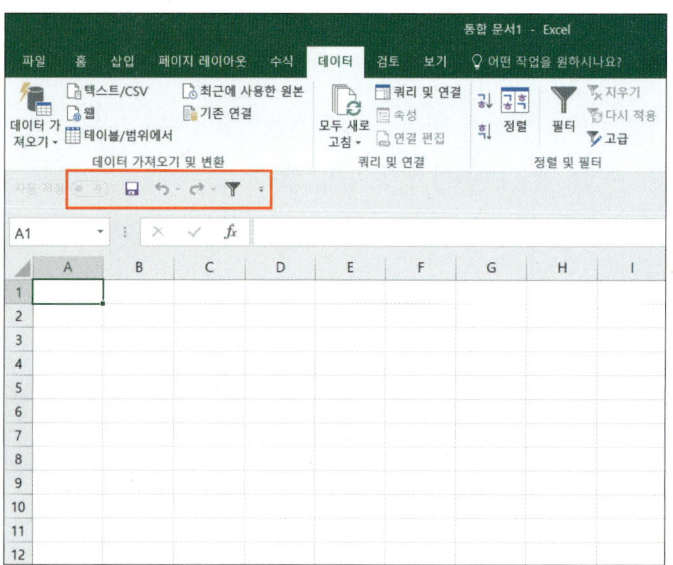

3

[홈] 탭과 [맞춤] 그룹에서 [병합하고 가운데 맞춤] 명령에 대한 설명을 확인하세요.

힌트

해당 명령을 마우스 포인터로 가리키면 스크린 팁(설명)이 표시됩니다.

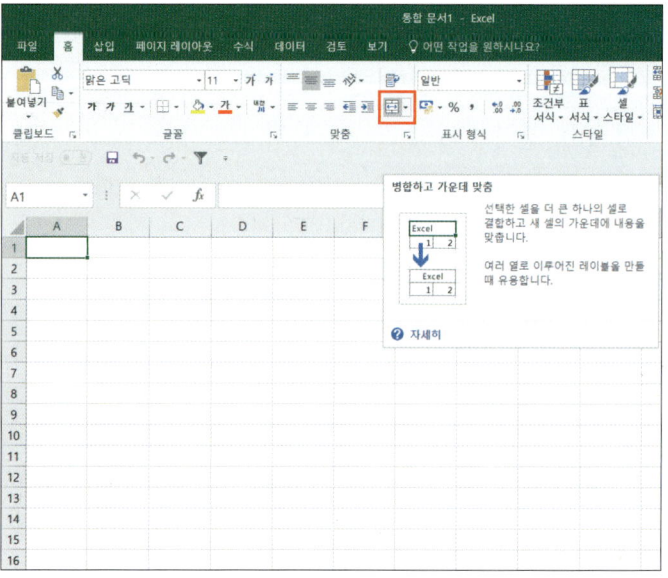

1) 리본 메뉴는 화면 해상도와 엑셀 창의 크기에 따라 표시 형태가 달라질 수 있습니다. 임의로 엑셀 창의 크기를 조정하여 리본 메뉴의 표시 형태가 어떻게 달라지는지 확인하세요.

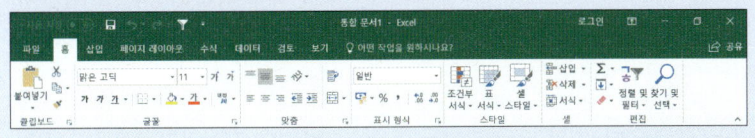

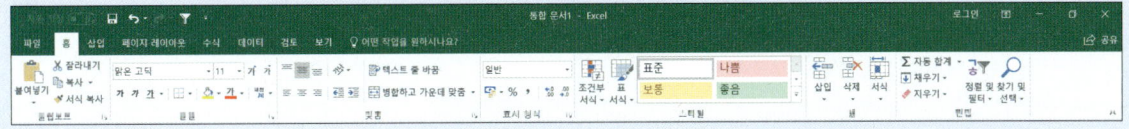

2) [A1:H15] 영역이 가장 크게 보일 수 있도록 화면을 확대하여 표시하세요.

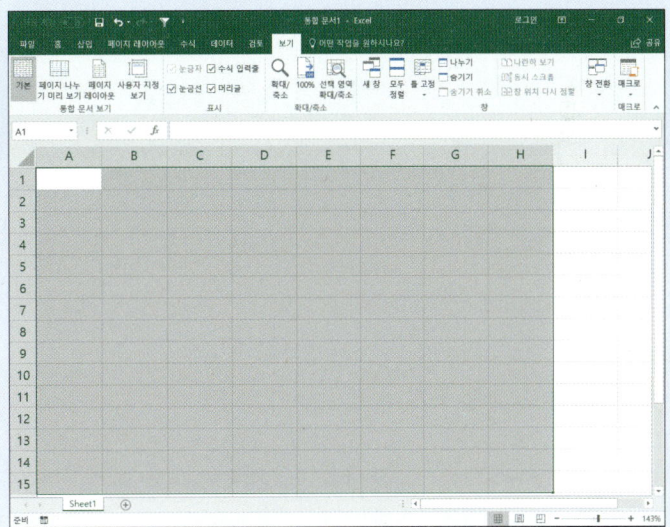

3) 워크시트에 다음과 같이 데이터를 입력한 다음 문서를 저장하지 않고 엑셀 2016을 종료해 보세요.

데이터 입력 후에는 Enter 를 눌러야 합니다.

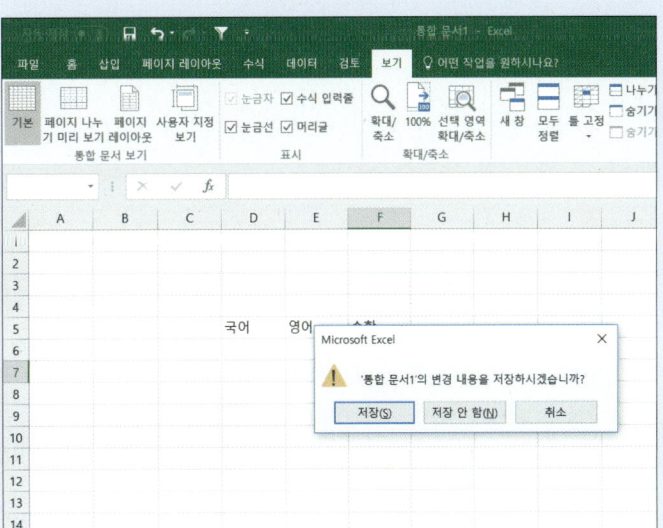

Section 02 기본적인 데이터 입력 및 변환하기

엑셀은 문자와 숫자를 비롯하여 날짜와 시간, 수식 등 여러 종류로 데이터를 분류하여 처리합니다. 여기서는 워크시트에 여러 종류의 엑셀 데이터를 입력하여 간단한 문서를 작성합니다. 그런 다음 작성한 문서를 디스크에 저장하고, 저장되어 있는 문서를 다시 엑셀에서 여는 과정을 살펴봅니다.

Preview

〈학습내용〉

01. 문자, 숫자 데이터 입력하기
02. 수식을 이용하여 합계 계산하기
03. 기호 문자 입력 및 한자 변환하기
04. 통합문서 저장하고 열기
05. 특정 셀에 메모 넣기

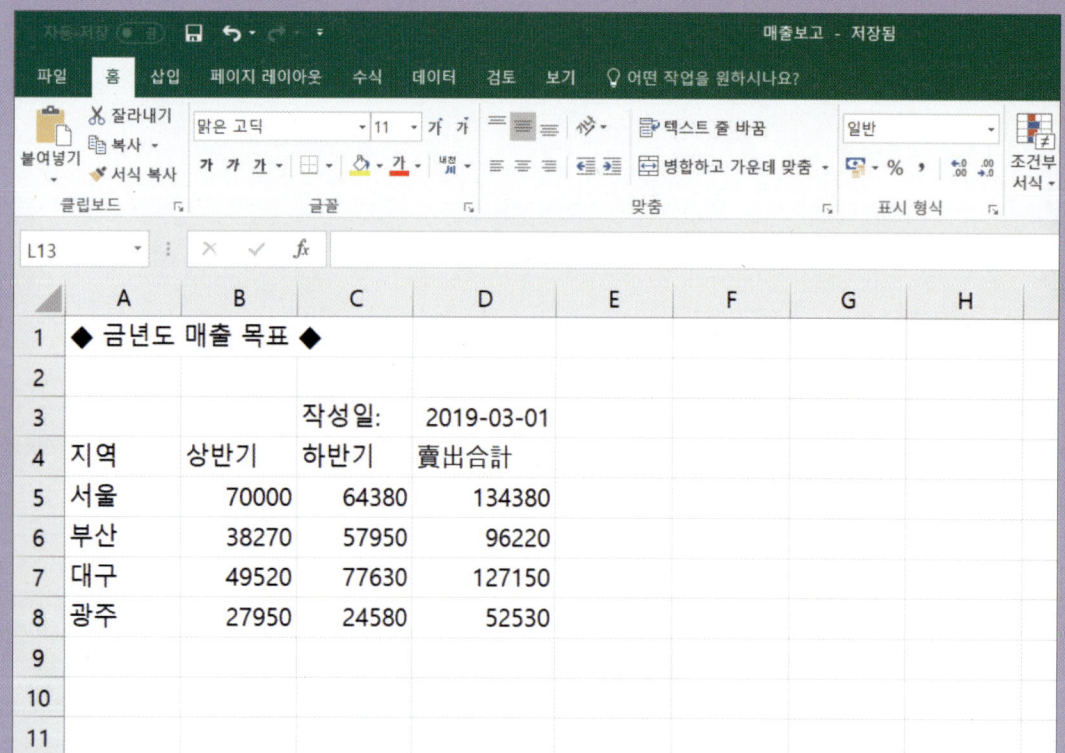

핵심내용

- 문자와 숫자, 날짜, 수식 등 엑셀 데이터를 정해진 규칙에 맞게 입력합니다.
- 키보드에 없는 기호 문자를 입력하고 한글을 한자로 변환합니다.
- 수식으로 데이터를 계산한 결과를 셀에 표시합니다.
- [저장]을 클릭하여 작성한 문서를 디스크에 저장합니다.
- [파일] 탭의 [최근에 사용한 항목]에서 최근 파일을 빠르게 엽니다.

따라하기 01 문자, 숫자 데이터 입력하기

01 다음과 같이 각 셀에 문자 데이터를 입력합니다. 문자 데이터는 문자와 숫자 등의 조합으로 항상 셀 왼쪽에 맞춰 입력됩니다.

> **TIP** 데이터를 입력할 셀을 마우스로 클릭하거나 키보드의 방향키로 이동한 다음 데이터를 입력하고 Enter 키를 누릅니다.

	A	B	C	D	E
1	금년도 매출목표				
2					
3					
4	지역	상반기	하반기	매출합계	
5	서울				
6	부산				
7	대구				
8	광주				
9					
10					

02 이번에는 각 셀에 숫자 데이터를 입력합니다. 숫자 데이터는 숫자 0~9, 통화 기호(₩), 소수점 등으로만 구성된 데이터로 셀의 오른쪽에 맞춰 입력됩니다.

	A	B	C	D	E
1	금년도 매출목표				
2					
3					
4	지역	상반기	하반기	매출합계	
5	서울	84560	64380		
6	부산	38270	57950		
7	대구	49520	77630		
8	광주	27950	24580		
9					
10					

03 날짜 데이터는 년, 월, 일을 하이픈(-)으로 구분하여 '년-월-일' 형식으로 입력합니다. [C3] 셀에 '작성일 :'을 입력하고, [D3] 셀에 '2019-3-1'을 입력합니다.

> **TIP** '2019-3-1'로 입력하면 월일은 두 자리에 맞추어 '2019-03-01' 형식으로 처리됩니다. 시간 데이터는 시, 분, 초를 콜론(:)으로 구분하여 '시 : 분 : 초' 형식으로 입력합니다.

	A	B	C	D	E
1	금년도 매출목표				
2					
3			작성일:	2019-03-01	
4	지역	상반기	하반기	매출합계	
5	서울	84560	64380		
6	부산	38270	57950		
7	대구	49520	77630		
8	광주	27950	24580		
9					
10					

따라하기 02   수식을 이용하여 합계 계산하기

01   [D5] 셀에 상반기(B5)와 하반기(C5)의 값을 더하는 수식을 입력하려고 합니다. [D5] 셀에 등호 '='를 입력한 다음 [B5] 셀을 클릭하면 '=B5'와 같이 자동으로 등호 다음에 셀 주소가 입력됩니다.

> **TIP** 수식은 항상 등호(=)로 시작해서 입력해야 합니다.

02   계속해서 '+'를 입력하고 [C5] 셀을 클릭하면 '=B5+C5'와 같이 수식이 완성됩니다. 수식이 완성되었으면 Enter 키를 눌러 입력을 완료합니다.

> **TIP** Esc 키를 누르면 입력이 취소됩니다.

03   다음과 같이 [D5] 셀에 서울 지역의 상반기와 하반기 매출 합계가 계산된 값이 표시됩니다. [D5] 셀에 입력한 수식은 수식 입력줄에서 확인할 수 있습니다.

기본적인 데이터 입력 및 변환하기 Section 02

04 [D5] 셀을 클릭하여 선택한 후 셀 오른쪽 아래로 마우스를 가져가서 채우기 핸들의 마우스 포인터가 십자(+) 모양으로 변하면 (이곳을 채우기 핸들이라 부릅니다.) 마우스 왼쪽 단추를 누른 채 [D8] 셀까지 드래그합니다.

	A	B	C	D	E
1	금년도 매출목표				
2					
3			작성일:	2019-03-01	
4	지역	상반기	하반기	매출합계	
5	서울	84560	64380	148940	
6	부산	38270	57950		
7	대구	49520	77630		
8	광주	27950	24580		
9					
10					

→ 이곳에서 + 형태로 변하면 아래로 드래그합니다.

05 채우기 핸들을 이용하여 [D5] 셀의 수식을 [D8] 셀까지 복사한 결과는 다음과 같습니다. 각 행에서 상반기와 하반기의 합계가 구해진 것을 알 수 있습니다.

TIP 수식에 있는 셀 주소는 아래로 복사되면서 자동으로 행 번호가 1씩 증가됩니다.

	A	B	C	D	E
1	금년도 매출목표				
2					
3			작성일:	2019-03-01	
4	지역	상반기	하반기	매출합계	
5	서울	84560	64380	148940	
6	부산	38270	57950	96220	
7	대구	49520	77630	127150	
8	광주	27950	24580	52530	
9					
10					

드래그 ↓

06 [D5] 셀의 수식은 '=B5+C5'에 의해 [B5] 셀과 [C5] 셀의 값을 더하여 계산된 것으로 다음과 같이 임의로 [B5] 셀의 값을 변경할 경우 [D5] 셀의 수식 결과도 자동으로 변경됩니다.

	A	B	C	D	E
1	금년도 매출목표				
2					
3			작성일:	2019-03-01	
4	지역	상반기	하반기	매출합계	
5	서울	70000	64380	134380	
6	부산	38270	57950	96220	
7	대구	49520	77630	127150	
8	광주	27950	24580	52530	
9					
10					

→ 매출 합계가 자동으로 변경됩니다.

따라하기 03 기호 문자 입력 및 한자 변환하기

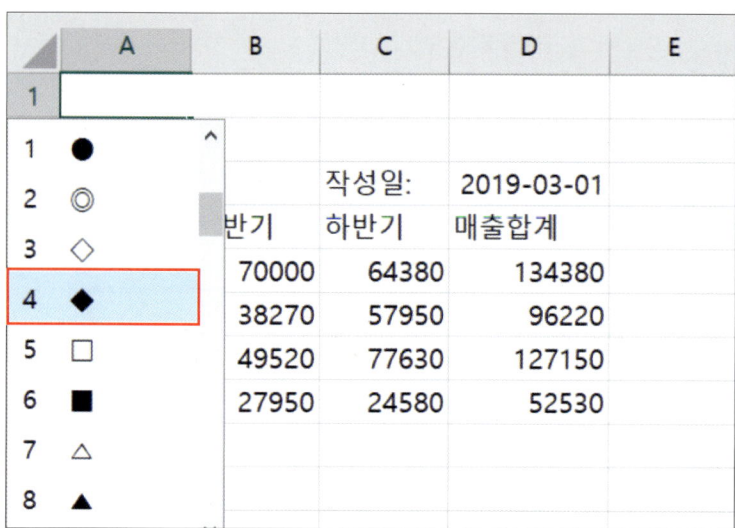

01 [A1] 셀을 더블 클릭하여 셀 편집 상태로 만들고 맨 앞에 한글 자음 'ㅁ'을 입력한 다음 한자 키를 누릅니다. 그림과 같이 기호 목록이 표시되면 커서 위치에 입력할 기호를 찾아 클릭합니다.

> **TIP**
> 셀을 더블 클릭하거나 셀에서 F2 키를 누르면 커서가 나타나면서 셀 편집 상태가 됩니다.

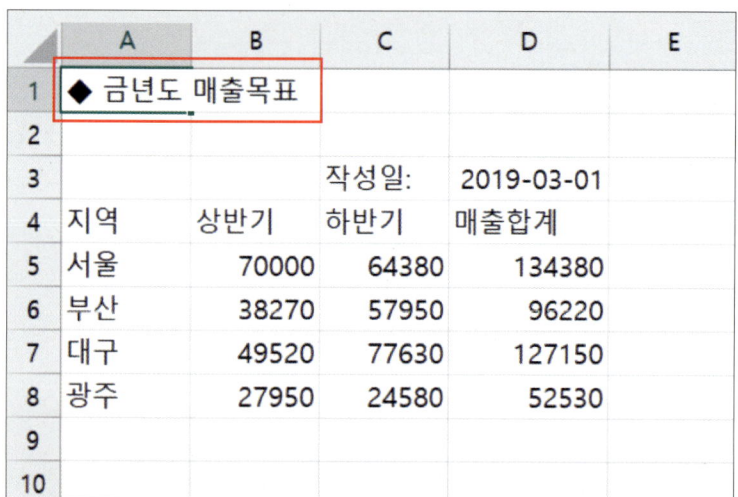

02 한글 자음 'ㅁ'이 그림과 같이 선택한 기호로 변환되면 Space Bar 키를 눌러 기호와 텍스트 사이에 공백을 띄운 후 '금년도 매출목표'를 입력합니다.

> **TIP**
> 자음 종류에 따라 표시되는 기호 목록이 달라집니다.

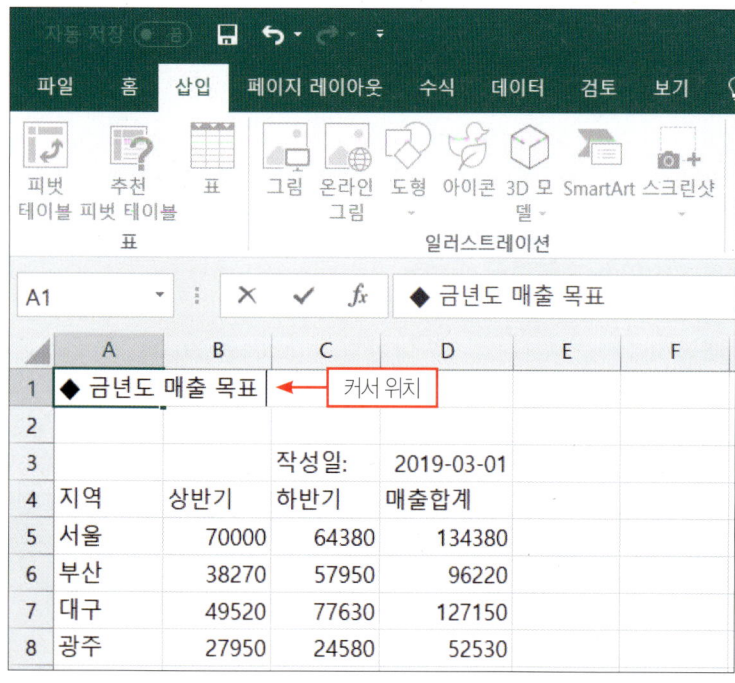

03 이번에는 [기호] 대화상자를 이용하여 기호를 입력해 보겠습니다. [A1] 셀의 편집 상태에서 '목표' 글자 뒤로 커서를 이동시킨 다음 Space Bar 키를 한 번 눌러 공백을 입력하고 [삽입] 탭의 [기호] Ω 를 클릭합니다.

기본적인 데이터 입력 및 변환하기 Section 02

04 [기호] 대화상자가 실행되면 글꼴을 '(현재 글꼴)'로 선택하고, 하위 집합을 '도형'으로 선택합니다. 선택한 글꼴과 하위 집합에 따라 표시된 기호에서 커서 위치에 삽입할 기호를 찾아 선택하고 [삽입] 단추를 클릭합니다.

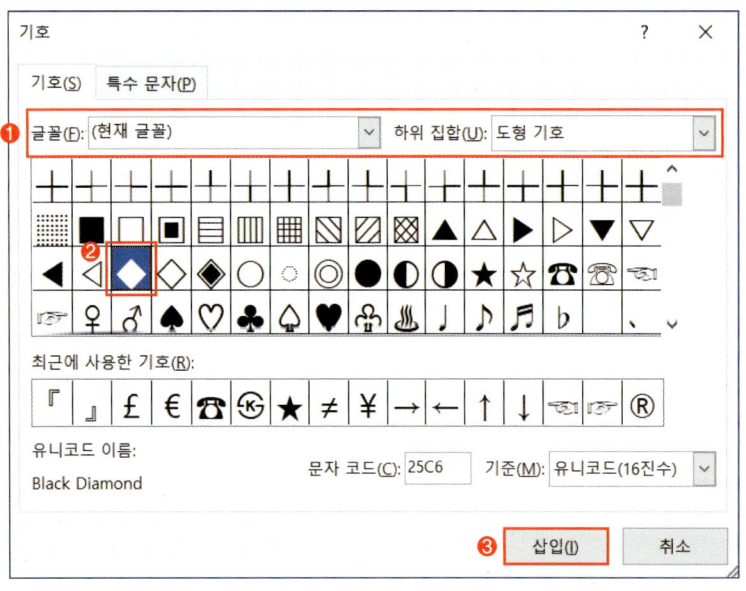

05 커서 위치에 선택한 기호가 삽입되면 [닫기] 단추를 클릭하여 [기호] 대화상자를 닫습니다. 그런 다음 Enter 키를 눌러 셀 편집을 완료합니다. [A1] 셀의 마지막에 기호를 입력한 결과는 그림과 같습니다.

> **TIP**
> [기호] 대화상자는 [닫기] 단추를 클릭하기 전에는 자동으로 닫히지 않습니다. 이것은 커서 위치에 여러 개의 기호를 연속적으로 삽입할 수 있다는 의미입니다.

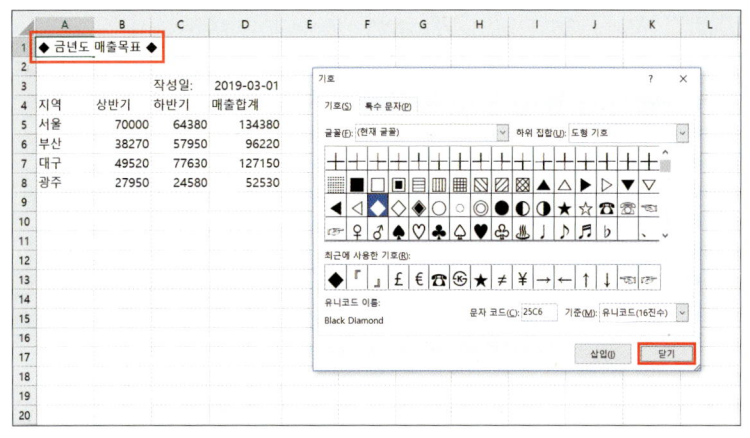

06 셀에 입력한 한글을 한자로 변환하는 과정을 살펴보겠습니다. [D4] 셀을 더블 클릭하여 편집 상태로 만든 다음 '매출합계'를 마우스로 드래그하여 블록으로 지정하고 키보드의 한자 키를 누릅니다.

EXCEL 2016 **19**

엑셀2016

07 [한글/한자 변환] 대화상자가 실행되고 첫 번째 단어 '매출'에 대한 한자 단어가 표시됩니다. 원하는 한자를 선택한 다음 [변환] 단추를 클릭하면 '매출'이 한자로 변환됩니다.

> **TIP** 한자의 입력 형태가 '漢字'로 되어 있어야 '賣出'로 변환됩니다. '한글(漢字)'가 체크된 경우는 '매출(賣出)' 형태로 변환됩니다.

08 계속해서 다음 단어인 '합계'에 대한 한자 단어가 표시되면 알맞은 한자를 찾아 선택하고 [변환] 단추를 클릭합니다.

> **TIP** 현재 표시된 한글을 한자로 변환하지 않으려면 [건너뛰기] 단추를 클릭합니다.

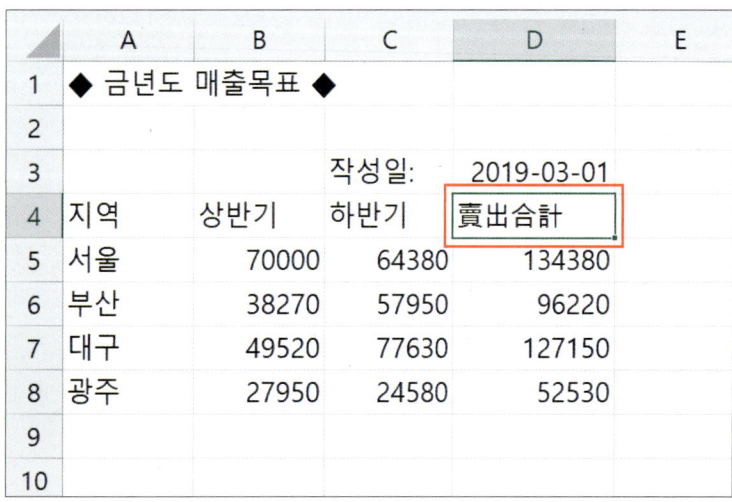

09 블록으로 지정한 부분에 대한 한자 변환이 모두 완료되면 [한글/한자 변환] 대화상자는 자동으로 닫힙니다. 아직 셀 편집 상태이므로 Enter 키를 눌러 편집을 완료하면 됩니다.

> **TIP** 한글을 입력하면서 한 글자씩 한자로 변환할 때는 한글 입력 후 바로 한자 키를 누릅니다. 그러면 기호를 입력할 때처럼 한자 목록이 표시됩니다.

따라하기 04 통합문서 저장하고 열기

01 지금까지 작성한 통합 문서를 디스크에 저장하기 위해 빠른 실행 도구 모음에서 저장(🖫)을 클릭합니다.

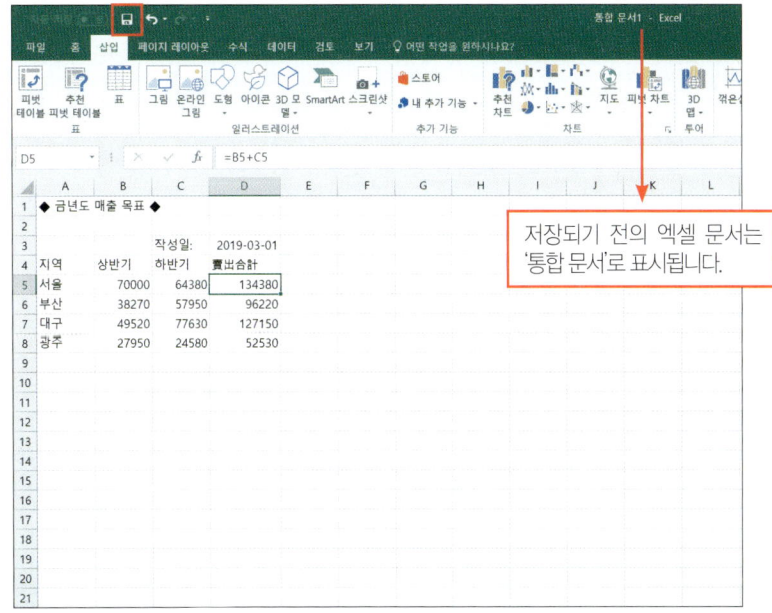

저장되기 전의 엑셀 문서는 '통합 문서'로 표시됩니다.

02 [다른 이름으로 저장] 대화상자가 실행되면 파일 이름에 'sample'을 입력하고 [저장] 단추를 클릭합니다. 현재 파일의 저장 위치는 사용자의 '문서' 폴더입니다.

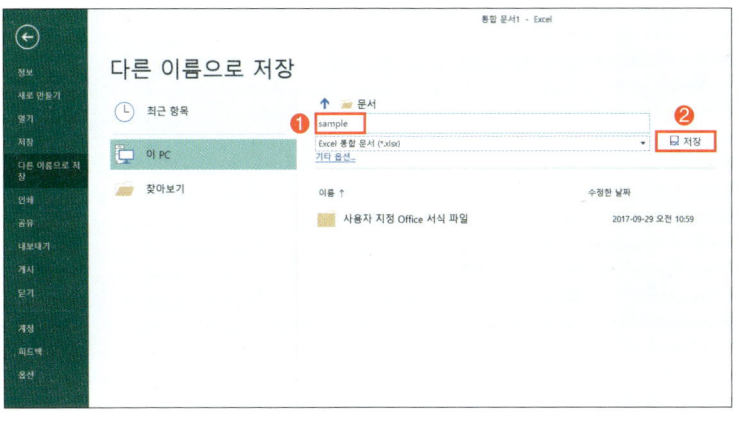

> **TIP**
> 파일 형식이 'Excel 통합 문서'로 되어 있으면 파일의 확장자는 자동으로 'xlsx'가 되어 'sample.xlsx'로 저장됩니다.

Power Upgrade

엑셀의 기본 저장 파일 위치 바꾸기

기본적으로 엑셀 통합 문서의 저장 위치는 사용자의 '문서' 폴더입니다. 저장이나 열기 명령을 실행했을 때 기본적으로 표시되는 폴더를 변경하려면 [파일] 탭에서 [옵션]을 선택하여 [Excel 옵션] 대화 상자를 엽니다. 왼쪽에서 [저장]을 선택한 다음 '통합 문서 저장' 영역의 '기본 파일 위치' 상자에 기본으로 사용할 폴더의 전체 경로를 입력해야 합니다. 예를 들어 'C:\Users\사용자이름\Documents'는 사용자의 '문서' 폴더를 의미하는데 'C:\ExcelStudy'와 같이 [C:] 드라이브의 'ExcelStudy' 폴더로 변경할 수 있습니다.

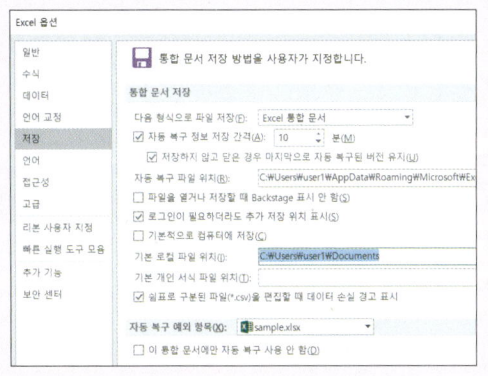

엑셀2016

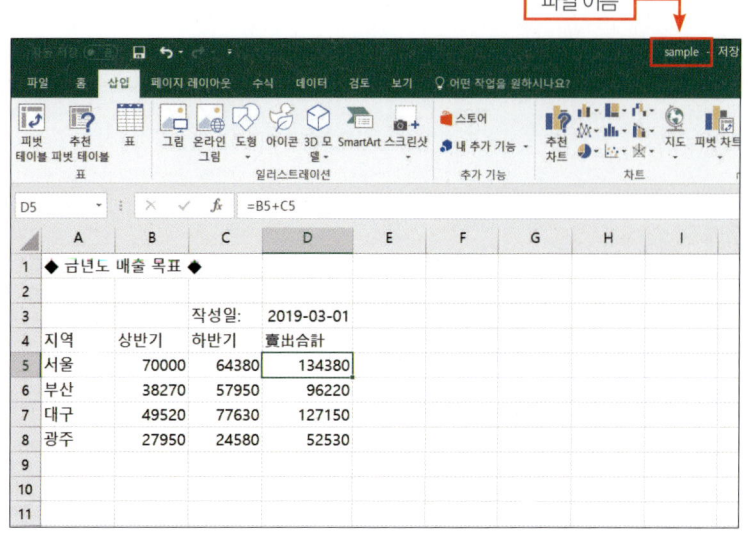

03 저장한 파일 이름은 엑셀 창의 제목 표시줄에 나타납니다. 저장이 끝났으면 창 닫기(✕) 단추를 클릭하여 현재 통합 문서를 닫습니다. [파일] 탭을 클릭하고 [닫기] 메뉴를 선택해도 됩니다.

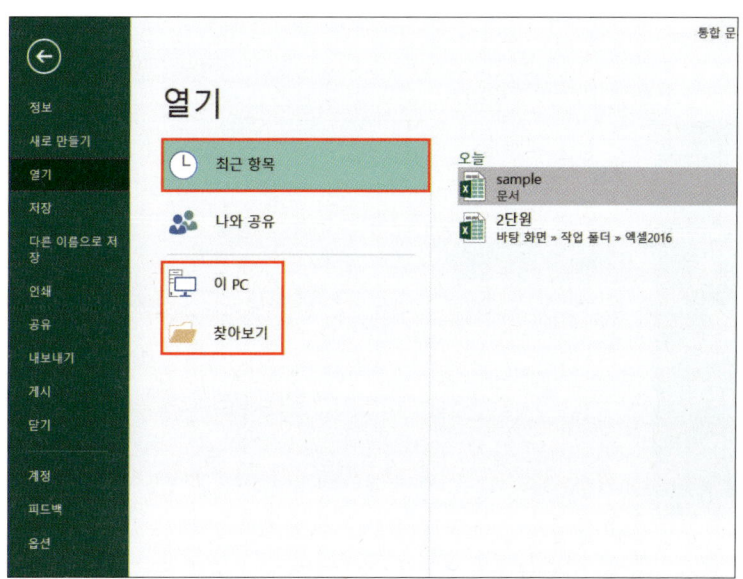

04 디스크에 저장한 통합 문서를 다시 엑셀에서 열려면 [파일] 탭을 클릭하고 [열기] 메뉴의 [최근 항목] 목록에서 원하는 파일을 클릭합니다.

> **TIP**
> 오래 전에 저장했던 파일을 열려고 할 때에는 [최근 항목]에 없을 수 있습니다. 이때는 [이 PC] 또는 [찾아보기] 메뉴를 선택하여 찾고자 하는 파일을 찾아 열어야 합니다.

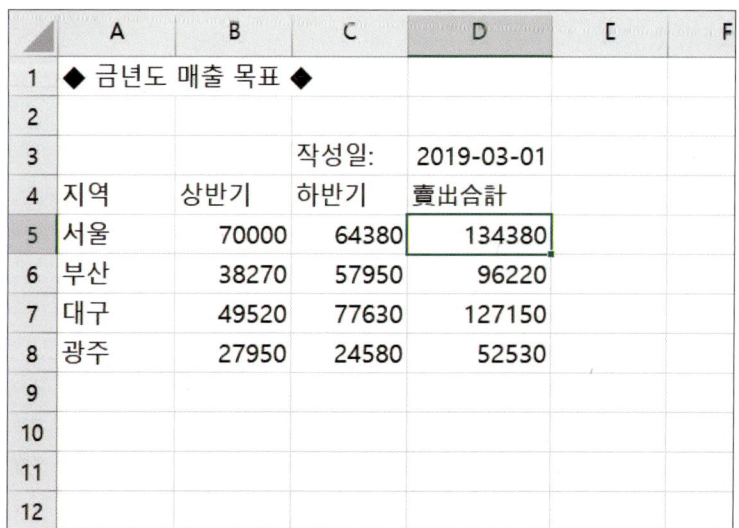

05 선택한 파일이 다시 열렸습니다.

06 'sample.xlsx' 통합 문서가 열렸으면 이번에는 파일 이름을 바꾸어 저장해 보겠습니다. [파일] 탭에서 [다른 이름으로 저장] 메뉴를 선택합니다.

07 [다른 이름으로 저장] 대화상자가 실행되면 파일 이름을 "매출보고"로 수정한 다음 [저장] 단추를 클릭합니다.

> **Tip**
> [다른 이름으로 저장] 대화상자에서 파일의 저장 위치와 파일 이름, 파일 형식 등을 바꿀 수 있습니다.

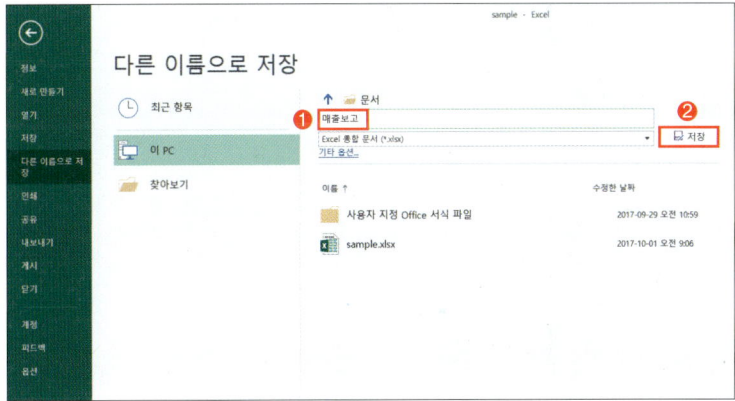

08 이름을 바꿔 통합 문서를 저장한 것을 제목 표시줄의 파일 이름을 통해 확인할 수 있습니다.

> **참고**
> 통합 문서를 다른 이름으로 저장했더라도 이전 통합 문서(Sample.xlsx)는 그대로 해당 폴더에 남아 있습니다.

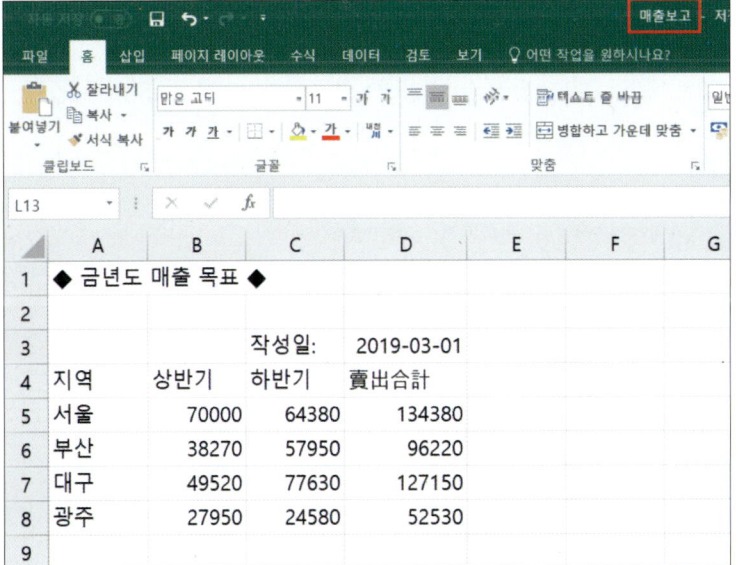

따라하기 05 특정 셀에 메모 넣기

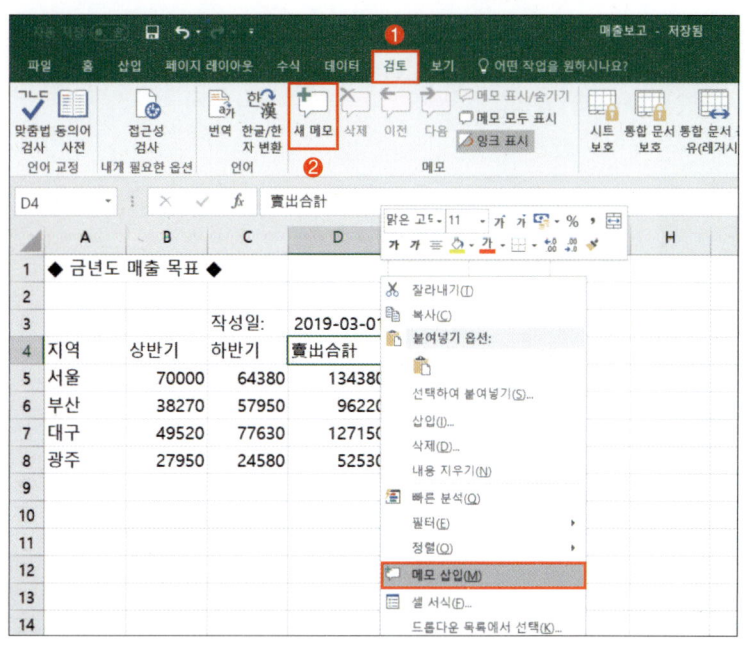

01 메모를 삽입할 셀을 클릭한 후 [검토] 탭의 '새 메모'를 클릭하거나 마우스 오른쪽 버튼을 클릭한 후 나타난 단축 메뉴에서 [메모 삽입]을 실행합니다.

> **참고** 메모 기능은 셀에 추가적인 부연 설명을 할 필요가 있을 때 메모 상자에 내용을 입력해서 표시하기 위한 것입니다. 메모가 삽입된 셀은 셀의 오른쪽 상단 모서리에 빨강색 표식이 나타납니다.

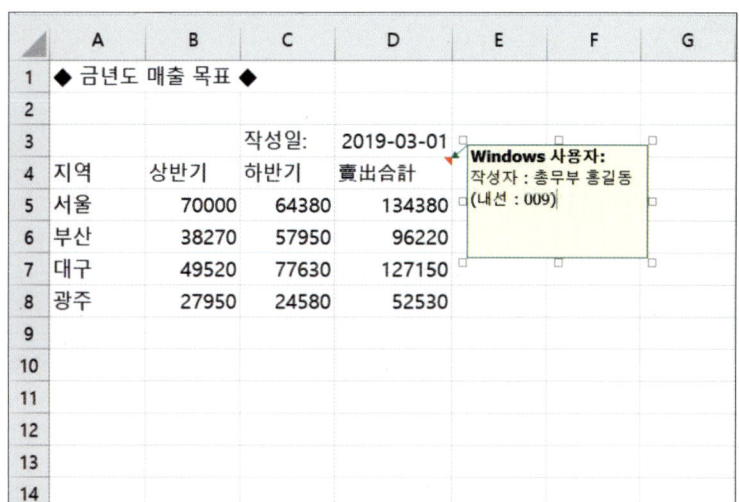

02 메모 상자가 표시되고 기본적으로 사용자 이름이 굵은 글자로 나타납니다. 여기에 필요한 메모 내용을 입력합니다. 사용자 이름은 지워도 됩니다.

> **참고** 새 메모에 표시되는 사용자 이름을 변경하려면 [파일] 탭을 클릭하고 [옵션]을 선택해서 [Excel 옵션] 창을 엽니다. [일반] 영역의 [Microsoft Office 개인 설정]에서 [사용자 이름] 상자에 원하는 이름을 입력하고 [확인] 버튼을 클릭합니다. 메모 상자에 사용자 이름이 표시되지 않게 하려면 [사용자 이름] 상자를 비워둡니다.

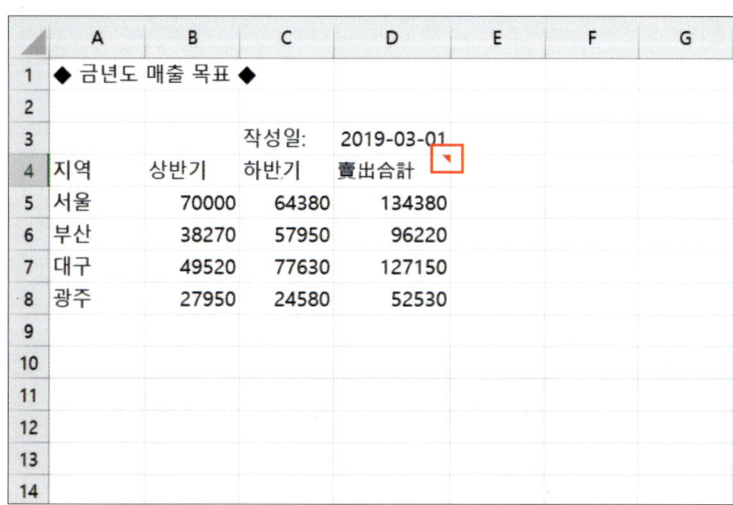

03 메모 입력이 완료된 후 빈 셀을 마우스로 클릭하면 메모가 완료되면서 메모를 삽입한 셀의 오른쪽 상단 모서리에는 빨간색 표식이 나타납니다.

04 마우스 포인터를 메모가 표시된 셀로 가져가면 그림과 같이 메모 내용이 표시됩니다.

	A	B	C	D	E
1	◆ 금년도 매출 목표 ◆				
2					
3			작성일:	2019-03-01	Windows 사용자:
4	지역	상반기	하반기	賣出合計	작성자 : 총무부 홍길동
5	서울	70000	64380	134380	(내선 : 009)
6	부산	38270	57950	96220	
7	대구	49520	77630	127150	
8	광주	27950	24580	52530	

Power Upgrade

메모 편집하기

[검토] 탭 → [메모] 그룹에 있는 도구를 사용하여 메모의 삽입, 편집, 삭제, 표시 등 메모와 관련된 다양한 작업을 수행할 수 있습니다.

■ 메모가 없는 셀인 경우

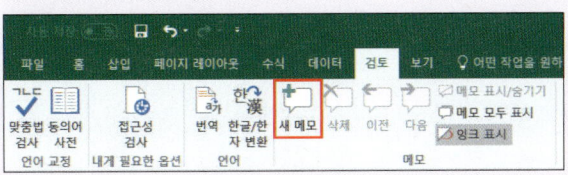

■ 메모가 있는 셀인 경우

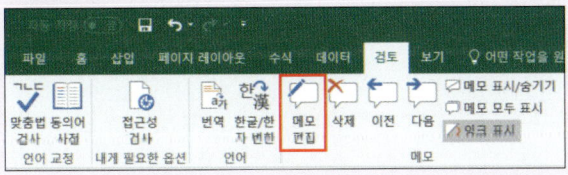

- 새 메모 : 메모가 없는 셀에서 메모를 만들 때 사용합니다.
- 메모 편집 : 메모가 있는 셀에서 메모 내용을 수정할 때 사용합니다.
- 삭제 : 메모가 있는 셀에서 클릭하면 메모만 삭제합니다.
- 이전/다음 : 현재 위치를 기준으로 이전 메모가 있는 셀이나 다음 메모가 있는 셀로 이동해서 메모 편집 상태로 만듭니다.
- 메모 표시/숨기기 : 메모가 있는 셀에서 클릭하면 현재 셀의 메모를 항상 화면에 표시합니다. 메모가 표시되어 있는 셀에서는 빨간색 삼각형 표시만 남기고 메모를 숨깁니다.
- 메모 모두 표시 : 현재 통합 문서에 있는 모든 메모를 화면에 표시합니다. 다시 클릭해서 선택 상태를 해제하면 모든 메모를 숨깁니다.

기초문제

1

'Sheet1' 워크시트에 다음과 같이 입력한 다음 'Section2-1.xlsx'로 저장하세요.

힌트

열 머리글의 오른쪽 경계선에서 마우스 포인터가 양방향 화살표 모양이 되었을 때 더블 클릭하면 입력한 데이터 길이에 따라 자동으로 열 너비를 조절할 수 있습니다.

	A	B	C	D	E	F
1						
2		회원 주소록				
3						
4		변호	이름	생년월일	연락처	주소
5		1	성시경	1969-09-03	010-6720-0059	서울시 중구 구로3동
6		2	윤상현	1983-04-16	010-1324-0026	서울시 용산구 와룡동
7		3	김태연	1978-06-17	010-4351-0059	서울시 강남구 금호동1가
8		4	신용재	1986-11-11	010-4866-0079	서울시 중구 반포본동
9		5	박선예	1987-01-19	010-8687-0059	서울시 서대문구 신정4동
10		6	김범수	1968-06-23	010-8378-0053	서울시 은평구 관철동
11		7	박효신	1994-09-24	010-2765-0069	서울시 강남구 문래동5가
12		8	정하윤	1967-09-07	010-2439-0079	서울시 마포구 신림5동
13		9	오허각	1974-08-19	010-6260-0021	서울시 은평구 관철동
14		10	최지영	1972-05-11	010-7240-0045	서울시 중구 범방동

2

'Sheet1' 워크시트에 작성한 문서를 기호와 한자를 이용하여 다음과 같이 변경하고 저장하세요.

	A	B	C	D	E	F
1						
2		✉ 會員 住所錄 ✉				
3						
4		변호	이름	생년월일	연락처(連絡處)	주소(住所)
5		1	성시경	1969-09-03	010-6720-0059	서울시 중구 구로3동
6		2	윤상현	1983-04-16	010-1324-0026	서울시 용산구 와룡동
7		3	김태연	1978-06-17	010-4351-0059	서울시 강남구 금호동1가
8		4	신용재	1986-11-11	010-4866-0079	서울시 중구 반포본동
9		5	박선예	1987-01-19	010-8687-0059	서울시 서대문구 신정4동
10		6	김범수	1968-06-23	010-8378-0053	서울시 은평구 관철동
11		7	박효신	1994-09-24	010-2765-0069	서울시 강남구 문래동5가
12		8	정하윤	1967-09-07	010-2439-0079	서울시 마포구 신림5동
13		9	오허각	1974-08-19	010-6260-0021	서울시 은평구 관철동
14		10	최지영	1972-05-11	010-7240-0045	서울시 중구 범방동

3

'Sheet1' 워크시트에 작성한 문서의 16행에 다음과 같이 최종 수정일을 오늘 날짜로 입력하고 변경 사항을 저장하세요.

힌트

- 오늘 날짜 자동 입력 : Ctrl + ;
- 현재 시간 자동 입력 : Ctrl + Shift + ;

	A	B	C	D	E	F
1						
2		✉ 會員 住所錄 ✉				
3						
4		변호	이름	생년월일	연락처(連絡處)	주소(住所)
5		1	성시경	1969-09-03	010-6720-0059	서울시 중구 구로3동
6		2	윤상현	1983-04-16	010-1324-0026	서울시 용산구 와룡동
7		3	김태연	1978-06-17	010-4351-0059	서울시 강남구 금호동1가
8		4	신용재	1986-11-11	010-4866-0079	서울시 중구 반포본동
9		5	박선예	1987-01-19	010-8687-0059	서울시 서대문구 신정4동
10		6	김범수	1968-06-23	010-8378-0053	서울시 은평구 관철동
11		7	박효신	1994-09-24	010-2765-0069	서울시 강남구 문래동5가
12		8	정하윤	1967-09-07	010-2439-0079	서울시 마포구 신림5동
13		9	오허각	1974-08-19	010-6260-0021	서울시 은평구 관철동
14		10	최지영	1972-05-11	010-7240-0045	서울시 중구 범방동
15						
16		▶ 최종 수정일 :		2018-03-14		

심화문제

1) 'Section2-1.xlsx' 파일의 'Sheet2' 워크시트에 다음과 같이 입력한 다음 'Section-2.xlsx'로 이름을 바꾸어 저장하시오. [E4] 셀의 담당자 이름은 본인의 이름을 한자로 입력하세요.

힌트
- 이름은 한 글자 입력 후 바로 [한자] 키를 눌러 한 글자씩 한자로 변환합니다.
- 파일 이름을 바꾸어 저장하려면 [파일] 탭을 클릭하고 [다른 이름으로 저장] 메뉴를 사용합니다.

	A	B	C	D	E	F	G
1							
2		◐ 상품 매출현황 ◐					
3							
4				담당 :	李齋源		
5							
6		상품명	단가	판매량	판매금액		
7		털부츠	49300	25			
8		롱부츠	93400	46			
9		크로스백	87600	54			
10		숄더백	72300	22			
11		보스톤백	70800	54			
12		카드지갑	42500	29			
13		넥타이	16800	20			
14		타이핀	25500	58			
15							
16							

2) 단가와 판매량을 서로 곱한 값으로 [E7:E14] 영역에 판매금액을 계산하고 문서를 저장하세요.

힌트
- 연산 기호 : 더하기(+), 빼기(-), 곱하기(*), 나누기(/)
- [E7] 셀에 수식을 입력한 다음 [E14] 셀까지 채우기 핸들을 이용하여 수식을 채웁니다.

	A	B	C	D	E	F	G
1							
2		◐ 상품 매출현황 ◐					
3							
4				담당 :	李齋源		
5							
6		상품명	단가	판매량	판매금액		
7		털부츠	49300	25	1232500		
8		롱부츠	93400	46	4296400		
9		크로스백	87600	54	4730400		
10		숄더백	72300	22	1590600		
11		보스톤백	70800	54	3823200		
12		카드지갑	42500	29	1232500		
13		넥타이	16800	20	336000		
14		타이핀	25500	58	1479000		
15							
16							

3) [E6] 셀에 다음과 같이 메모를 입력하고 표시한 다음 문서를 저장하세요.

힌트
- [E6] 셀에서 [새 메모]를 클릭하고 메모 상자에 메모 내용을 입력합니다.
- [E6] 셀에서 [메모 표시/숨기기]를 클릭하면 메모가 화면에 표시됩니다.

	A	B	C	D	E	F	G
1							
2		◐ 상품 매출현황 ◐					
3							
4				담당 :	李齋源		
5							
6		상품명	단가	판매량	판매금액		
7		털부츠	49300	25	1232500		
8		롱부츠	93400	46	4296400		
9		크로스백	87600	54	4730400		
10		숄더백	72300	22	1590600		
11		보스톤백	70800	54	3823200		
12		카드지갑	42500	29	1232500		
13		넥타이	16800	20	336000		
14		타이핀	25500	58	1479000		
15							

Dodream: 상품 단가는 할인율을 적용하지 않은 금액입니다.

Section 03 워크시트 내용 편집하기

워크시트에 작성한 문서는 언제든지 상황에 따라 변경될 수 있습니다. 워크시트 편집 기술을 많이 알고 있고 익숙하게 사용할 수 있으면 문서를 변경할 때 시간을 단축할 수 있게 됩니다. 여기서는 워크시트 편집을 위한 기본적이고 중요한 몇 가지 기능을 배웁니다.

Preview

〈학습내용〉

01. 셀 삽입과 삭제하기
02. 행과 열의 크기 조절하기
03. 찾기와 바꾸기

	A	B	C	D	E	F	G	H	I
1									
2				<< 제품 판매일보 >>					
3									
4						판매일자 :	2019-03-01		
5		번호	제품명	분류	단가	수량	금액		
6		1	털부츠	신발	49,300	25	1,232,500		
7		2	롱부츠	신발	93,400	46	4,296,400		
8		3	크로스백	가방	87,600	54	4,730,400		
9		4	숄더백	가방	72,300	22	1,590,600		
10		5	보스톤백	가방	70,800	54	3,823,200		
11		6	카드지갑	기타	42,500	29	1,232,500		
12		7	넥타이	기타	16,800	20	336,000		
13		8	타이핀	기타	25,500	58	1,479,000		

 완성파일 : Section3.xlsx

핵심내용

- 셀, 셀 범위, 행과 열 등 작업 대상이 되는 범위를 블록으로 지정합니다.
- 문서 중간에 셀을 삽입하고 필요 없는 셀을 삭제합니다.
- 원하는 크기로 행 높이나 열 너비를 변경합니다.
- 원하는 데이터가 있는 셀을 찾아 빠르게 셀 포인터를 이동합니다.
- 특정 데이터를 다른 데이터로 빠르게 바꿉니다.

따라하기 01 셀 삽입과 삭제하기

▶ 준비파일 : Section3.xlsx

01 [D5:D13]을 마우스로 드래그하여 블록으로 지정한 다음 [홈] 탭 → [셀] 그룹 → [삽입]을 클릭하고 [셀 삽입]을 선택합니다.

> **TIP**
> 블록 지정 방법 : 셀 범위의 시작 셀에서 마우스 왼쪽 단추를 클릭한 채 마지막 셀까지 드래그합니다.

02 [삽입] 대화상자가 실행되면 [셀을 오른쪽으로 밀기] 옵션이 선택된 상태에서 [확인] 단추를 클릭합니다.

03 블록으로 지정한 범위만큼 셀이 삽입되고 원래 내용은 오른쪽으로 밀려 납니다. 셀 삽입 후 삽입 옵션( )을 클릭한 다음 [서식 지우기]를 선택하면 삽입된 셀의 서식을 지울 수 있습니다.

> **참고**
> 서식이란 셀에 적용되어 있는 글꼴이나 테두리, 색 등을 의미합니다. 삽입한 셀의 서식은 기본적으로 왼쪽이나 위쪽의 서식을 따르게 됩니다.

엑셀2016

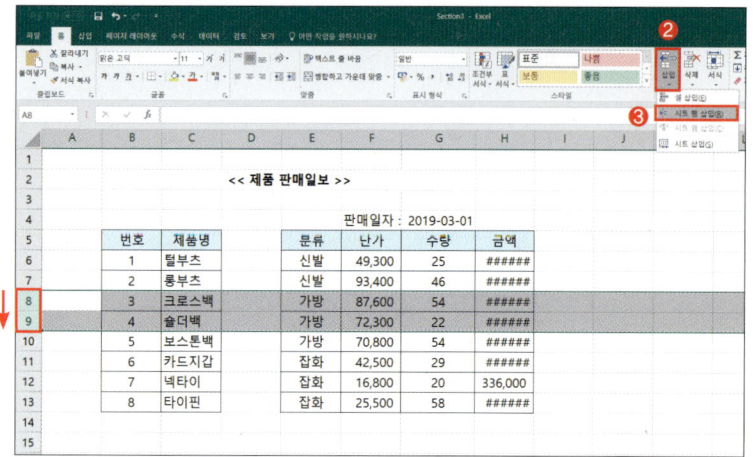

04 이번에는 행 전체를 삽입하는 방법입니다. 8행부터 9행까지 행 머리글을 드래그하여 블록을 지정한 다음 [삽입]을 클릭하고 [시트 행 삽입]을 선택합니다.

> **Tip**
> 행 전체나 열 전체를 블록으로 지정할 때는 행 머리글이나 열 머리글을 드래그합니다.

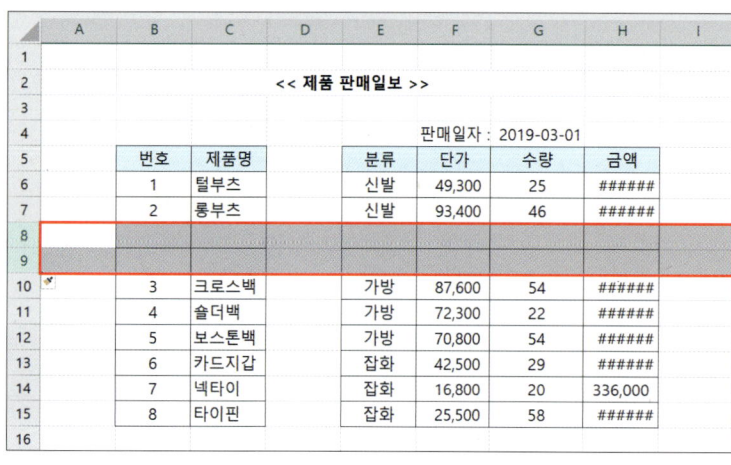

05 그림과 같이 두 개의 행이 삽입되었습니다. 마찬가지 원리로 열을 삽입할 때는 열 머리글을 사용하여 열 전체를 블록으로 지정한 다음 [삽입]을 클릭하고 [시트 열 삽입]을 선택하면 됩니다.

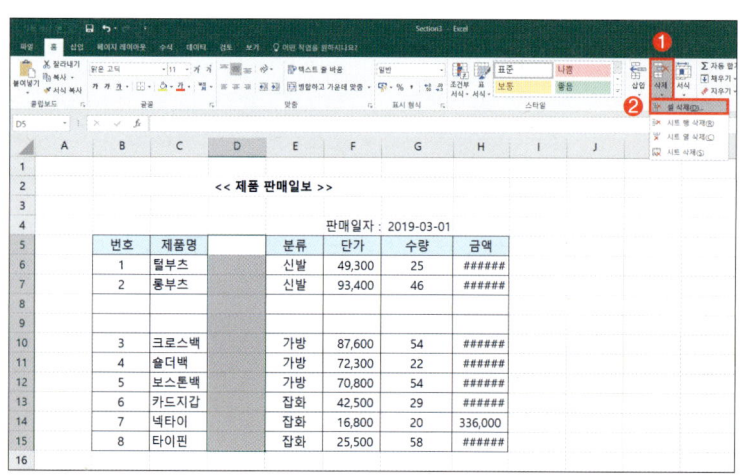

06 이번에는 필요 없는 셀을 삭제하는 방법입니다. 앞에서 삽입한 행과 열을 삭제하기로 합니다. [D5:D15]를 블록으로 지정한 다음 [홈] 탭 → [셀] 그룹 → [삭제]를 클릭하고 [셀 삭제]를 선택합니다.

> **참고**
> 행 머리글이나 열 머리글을 사용하여 블록을 지정하고 삽입 명령을 실행할 경우 [삽입] 대화상자는 나타나지 않습니다.

07 [삭제] 대화상자가 실행되면 [셀을 왼쪽으로 밀기] 옵션이 선택된 상태에서 [확인] 단추를 클릭합니다.

> **참고** [삭제] 대화상자에서 [행 전체]나 [열 전체] 옵션을 선택하면 현재 선택한 셀 범위가 포함되어 있는 만큼 행이나 열 전체를 삭제할 수 있습니다.

08 이번에는 행 전체를 삭제하기 위해 8행부터 9행까지 행 머리글을 드래그하여 블록을 지정합니다. 그런 다음 [삭제]를 클릭하고 [시트 행 삭제]를 선택합니다.

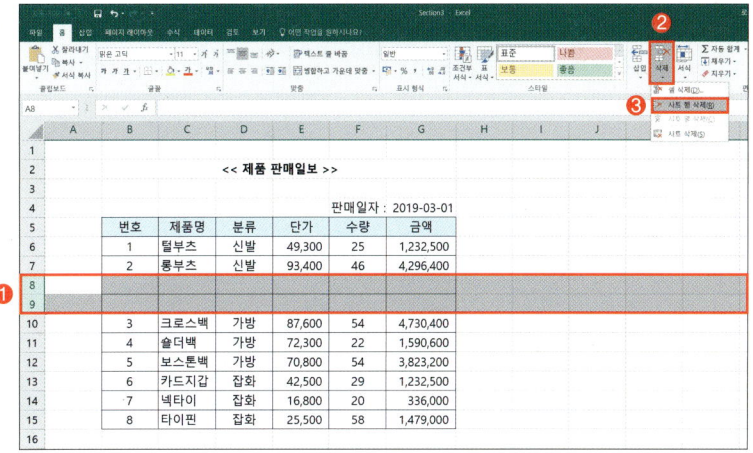

블록을 지정하는 여러 가지 방법

Power Upgrade

- **연속된 셀 범위** : 범위의 시작 셀에서 마우스 왼쪽 단추를 누른 채 마지막 셀까지 드래그합니다. 또는 시작 셀을 클릭한 다음 Shift 키를 누른 상태에서 마지막 셀을 클릭해도 됩니다.

- **떨어져 있는 여러 개의 셀 범위** : 첫 번째 셀 범위를 먼저 블록으로 지정합니다. 두 번째 셀 범위부터는 Ctrl 키를 누른 상태에서 블록을 지정합니다.

- **행/열 단위의 블록** : 행 머리글이나 열 머리글을 사용하여 블록을 지정합니다. 특정 행/열 하나만 선택할 때는 해당 머리글을 클릭하면 되고, 여러 개의 행/열을 선택할 때는 머리글을 드래그하여 지정합니다.

- **시트 전체** : 워크시트의 행/열 머리글이 시작되는 부분에 있는 모두 선택( ) 단추를 클릭하면 시트 전체, 즉 모든 셀이 블록으로 지정됩니다.

 ## 행과 열의 크기 조절하기

01 G열 머리글의 오른쪽 경계선에서 마우스 포인터가 양방향 화살표 모양이 되면 마우스 왼쪽 단추를 클릭한 채 왼쪽이나 오른쪽으로 원하는 만큼 드래그합니다. 이렇게 하면 열 너비가 조절됩니다.

> **TIP**
> 열 머리글의 오른쪽 경계선을 더블 클릭하면 입력된 데이터 길이에 맞게 자동으로 열 너비가 조절됩니다.

02 이번에는 C열부터 D열까지 열 머리글을 드래그하여 블록을 지정합니다. 그런 다음 블록에 포함되어 있는 열 머리글 중 하나의 오른쪽 경계선을 드래그합니다. 이 방법은 여러 개의 열을 같은 너비로 조절하기 위한 것입니다.

> **TIP**
> 행 높이도 열 너비와 같은 방법으로 조절합니다. 행 머리글의 아래 경계선을 드래그하면 됩니다.

Power Upgrade — 실행 취소와 다시 실행하기

- 빠른 실행 도구 모음에 있는 [실행 취소]와 [다시 실행] 아이콘은 최근 실행한 명령을 취소하거나 취소한 명령을 다시 실행하기 위해 사용합니다. 사용자의 실수를 만회할 수 있는 좋은 기능이므로 알아두면 매우 편리합니다.
- 실행 취소 : 한 번 클릭할 때마다 최근에 실행했던 명령을 하나씩 취소합니다. A, B, C 순서로 명령을 실행했을 경우 C, B, A 순서로 명령이 취소됩니다. [실행 취소]의 목록 단추를 클릭하고 여러 개의 명령을 한 번에 취소할 수도 있습니다.
- 다시 실행 : 실행 취소한 명령이 있을 때만 사용할 수 있는 명령입니다. A, B, C 순서로 명령을 실행하고 C, B, A 순서로 실행을 취소했다면 [다시 실행]을 클릭할 때마다 A, B, C 순서로 다시 명령을 실행할 수 있습니다.

03 이번에는 정확한 수치를 입력하여 행 높이를 변경해 보겠습니다. 5행부터 13행까지 행 머리글을 드래그하여 블록을 지정한 다음 [홈] 탭 → [셀] 그룹 → [서식]을 클릭하고 [행 높이]를 선택합니다.

참고 : 블록을 지정한 다음 마우스 오른쪽 단추를 눌러 나타난 바로 가기 메뉴에서 [행 높이]를 선택해도 됩니다.

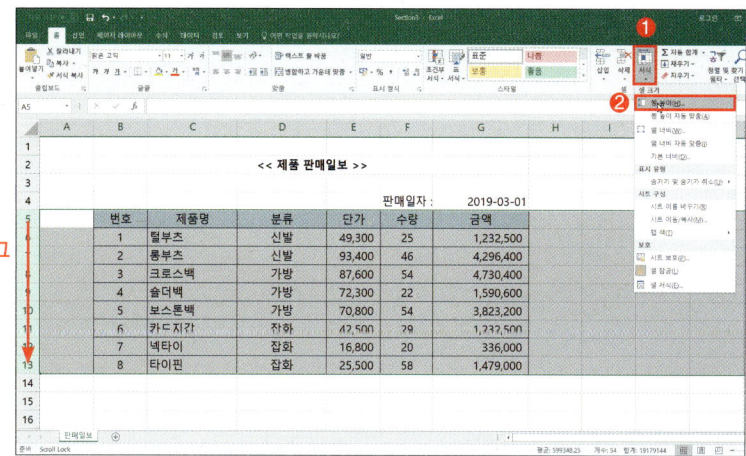

04 [행 높이] 대화상자가 실행되면 입력 상자에 '20'을 입력하고 [확인] 단추를 클릭합니다.

05 그림과 같이 블록으로 지정한 여러 개의 행 높이가 똑같이 '20'으로 변경됩니다.

따라하기 03 찾기와 바꾸기

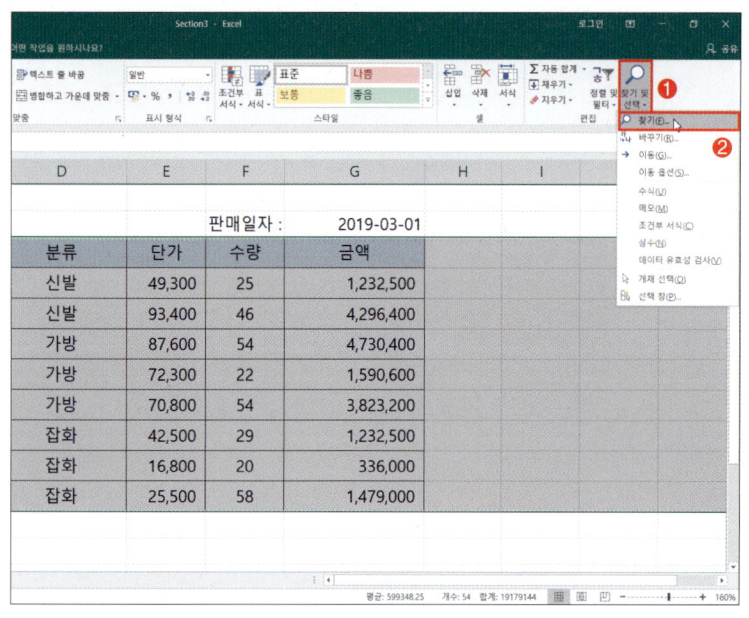

01 워크시트에서 특정 데이터가 입력되어 있는 셀로 빠르게 이동하는 방법입니다. [홈] 탭 → [편집] 그룹 → [찾기 및 선택]을 클릭하고 [찾기]를 선택합니다.

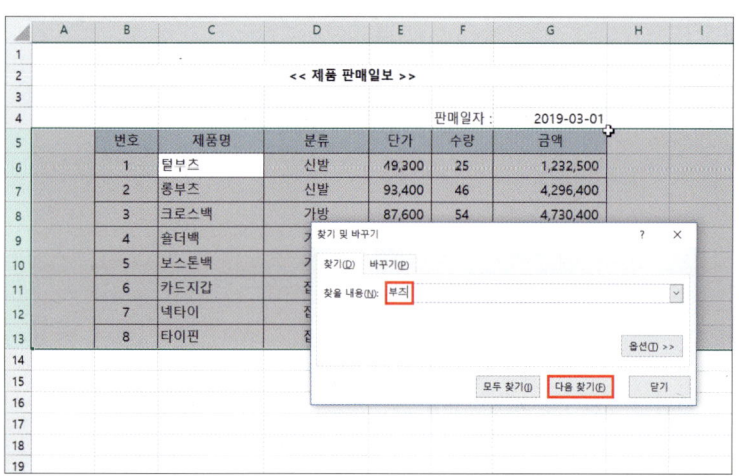

02 [찾기 및 바꾸기] 대화상자가 실행되면 찾을 내용에 '부츠'를 입력하고 [다음 찾기] 단추를 클릭합니다. 이렇게 하면 '부츠'가 입력되어 있는 셀로 셀 포인터가 이동됩니다.

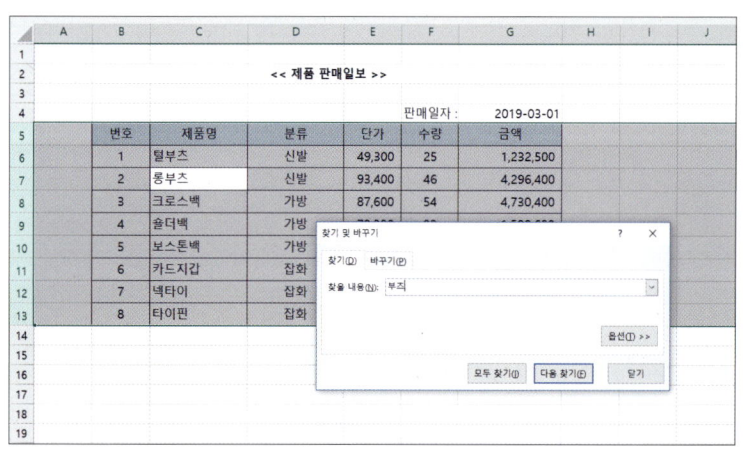

03 계속해서 [다음 찾기] 단추를 클릭하면 '부츠'가 입력되어 있는 다음 셀로 셀 포인터가 이동합니다. 이런 방법으로 원하는 셀로 빠르게 이동할 수 있습니다.

Section 03 워크시트 내용 편집하기

04 [찾기 및 바꾸기] 대화상자의 [바꾸기] 탭으로 이동한 다음 찾을 내용에 '잡화'를 입력하고, 바꿀 내용에 '기타'를 입력한 후 [다음 찾기] 단추를 클릭합니다. '잡화'가 있는 셀로 이동하면 [바꾸기] 단추를 클릭합니다.

> **TIP**
> [홈] 탭 → [편집] 그룹 → [찾기 및 선택]을 클릭하고 [바꾸기]를 선택하면 바로 [찾기 및 바꾸기] 대화상자의 [바꾸기] 탭이 열립니다.

05 '잡화'를 '기타'로 바꾼 후 다음 '잡화'가 있는 셀로 셀 포인터가 이동합니다. 이번에는 [모두 바꾸기] 단추를 클릭합니다.

> **TIP**
> [다음 찾기] 단추를 클릭해서 찾은 셀의 내용을 바꾸지 않으려면 [바꾸기] 단추 대신 [다음 찾기] 단추를 다시 클릭합니다.

06 워크시트에 있는 모든 '잡화'를 '기타'로 바꾼 다음 몇 개의 항목을 바꿨는지 결과를 알려주는 메시지가 표시되면 [확인] 단추를 클릭합니다. 이렇게 찾기 또는 바꾸기 작업이 모두 끝나면 [찾기 및 바꾸기] 대화상자에서 [닫기] 단추를 클릭해서 대화상자를 닫습니다.

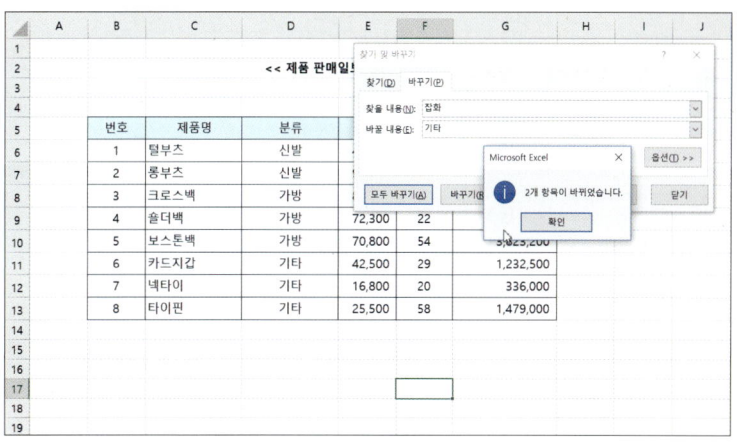

EXCEL 2016

기초문제

1

'Section3-1.xlsx' 파일을 열고 '용돈' 워크시트를 다음 지시대로 편집하세요.

① 날짜와 내용 사이에 새로운 열을 삽입하고 요일 입력(오른쪽과 같은 서식 사용)
② 요일 열의 너비를 입력 내용에 맞게 자동으로 조절
③ 수입, 지출, 잔액 열의 너비를 모두 '10'으로 변경

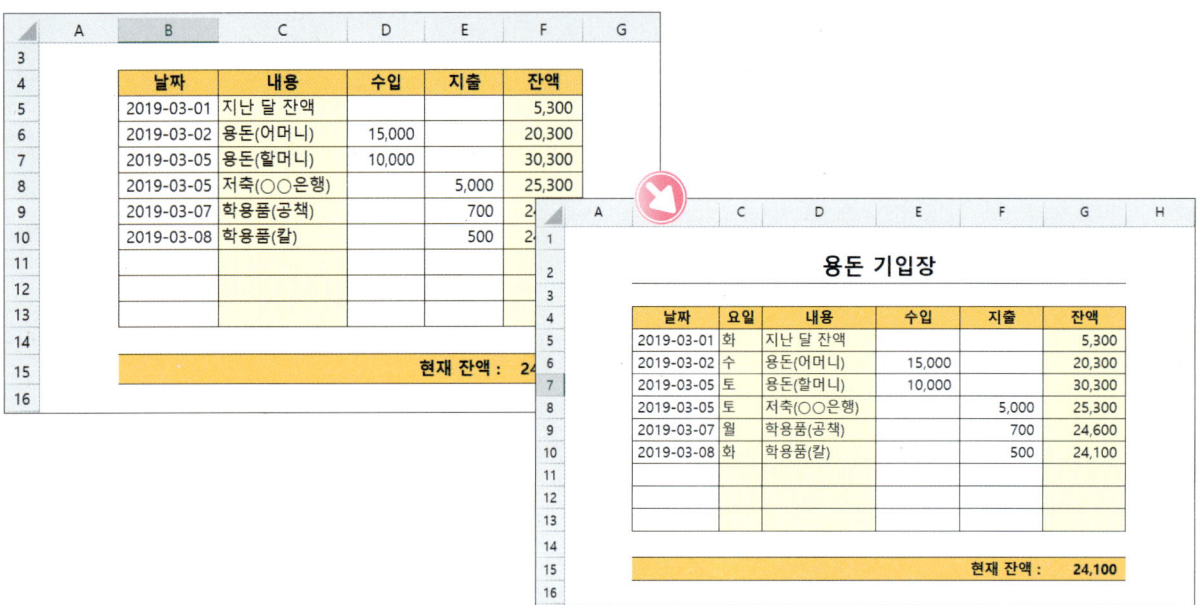

2

'Section3-1.xlsx' 파일의 '성적표' 워크시트를 다음 지시대로 편집하세요.

① 결과에서 '불합격'을 모두 '탈락'으로 바꾸기
② 성별에서 '남'과 '여'를 각각 '男'과 '女'로 바꾸기
③ 성명 앞에 번호를 삽입하고 1부터 차례대로 숫자 입력(채우기 핸들 사용)

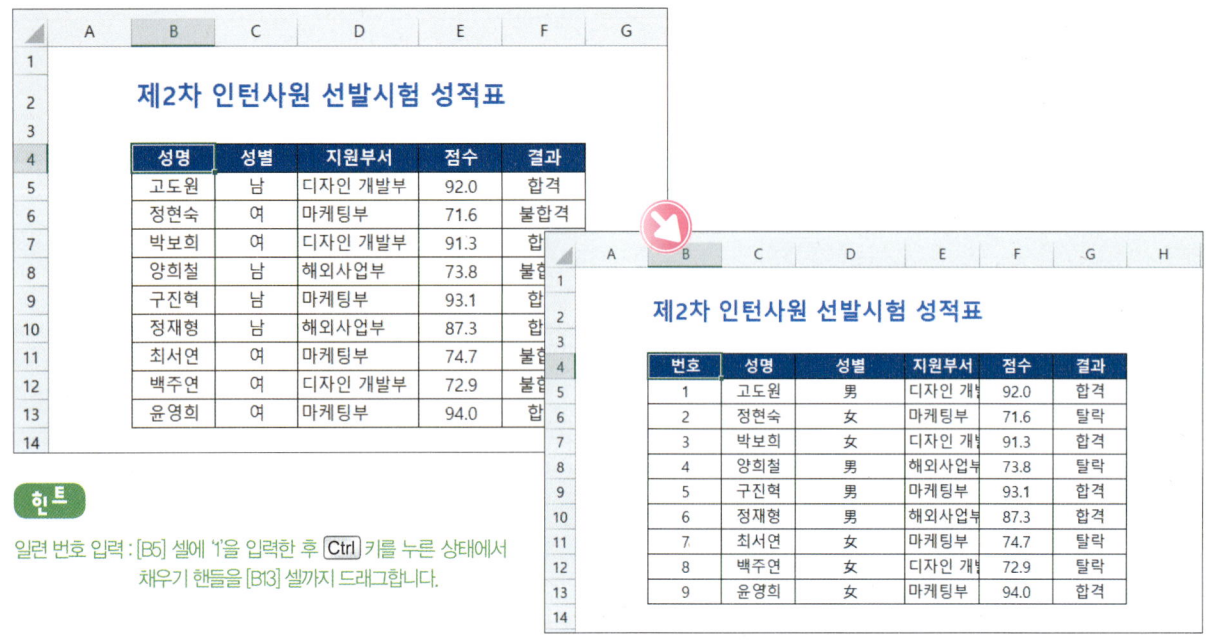

힌트

일련 번호 입력 : [B6] 셀에 '1'을 입력한 후 Ctrl 키를 누른 상태에서 채우기 핸들을 [B13] 셀까지 드래그합니다.

1) 'Section3-2.xlsx' 파일을 열고 '시간표' 워크시트를 다음 지시대로 편집하세요.

① H열 삭제
② [B6:G6] 영역만큼 셀을 삽입하고 데이터 입력
③ 4행부터 9행까지 행 높이를 '25'로 변경
④ '운기스쿨'을 '호흡수련'으로 모두 바꾸기

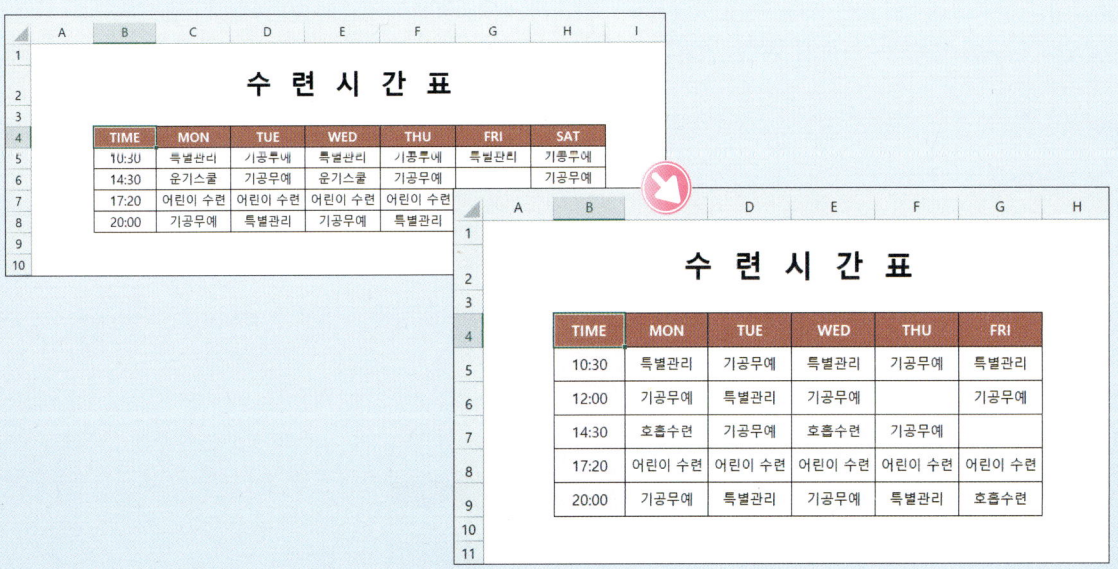

2) 'Section3-2.xlsx' 파일의 '취업현황' 워크시트를 다음 지시대로 편집하세요.

① [G5:G13]에서 '적극홍보'를 '홍보(弘報)'로 모두 바꾸기
② 바꾸기 기능을 이용하여 [G5:G13]의 빈 셀에 모두 '유지(維持)' 입력하기
③ B열부터 G열까지 열 너비를 데이터 길이에 맞게 자동 조절하기

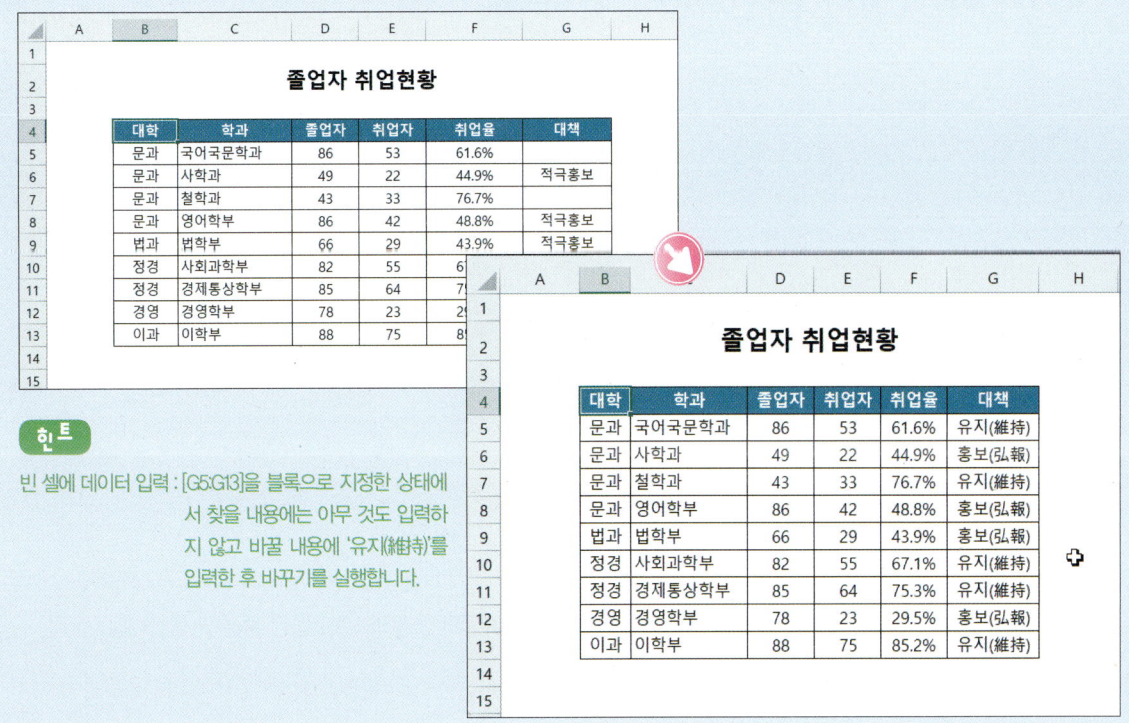

힌트

빈 셀에 데이터 입력 : [G5:G13]을 블록으로 지정한 상태에서 찾을 내용에는 아무 것도 입력하지 않고 바꿀 내용에 '유지(維持)'를 입력한 후 바꾸기를 실행합니다.

Section 04 셀 이동과 복사하기

문서를 편집할 때 꼭 알아두어야 할 기능이 바로 이동과 복사입니다. 이동은 선택한 영역을 다른 곳으로 옮기는 것이고, 복사는 말 그대로 선택한 영역을 다른 곳에 똑같이 복사하는 것입니다. 이동과 복사 명령을 실행하는 방법은 [홈] 탭 → [클립보드] 그룹에 있는 도구를 이용하는 가장 표준적인 방법부터 바로 가기 키나 마우스를 이용하는 방법 등 여러 가지가 있습니다.

Preview

〈학습내용〉

01. 이동하기
02. 복사하기
03. 선택하여 붙여넣기

▲ 완성파일 : Section4.xlsx

핵심내용

- 잘라내기(잘라내기)와 붙여넣기( )로 이동 명령을 실행합니다.
- 복사(복사)와 붙여넣기( )로 복사 명령을 실행합니다.
- [선택하여 붙여넣기]를 사용하여 복사 명령에서 여러 가지 붙여넣기 옵션과 연산 옵션 등을 지정합니다.

따라하기 01 이동하기

▶ 준비파일 : Section4.xlsx

01 [F3] 셀을 [B3] 셀의 위치로 이동하려고 합니다. [F3] 셀을 클릭하고 [홈] 탭 → [클립보드] 그룹 → [잘라내기](✂ 잘라내기)를 클릭합니다.

> **TIP** [잘라내기]의 바로 가기 키 : Ctrl + X

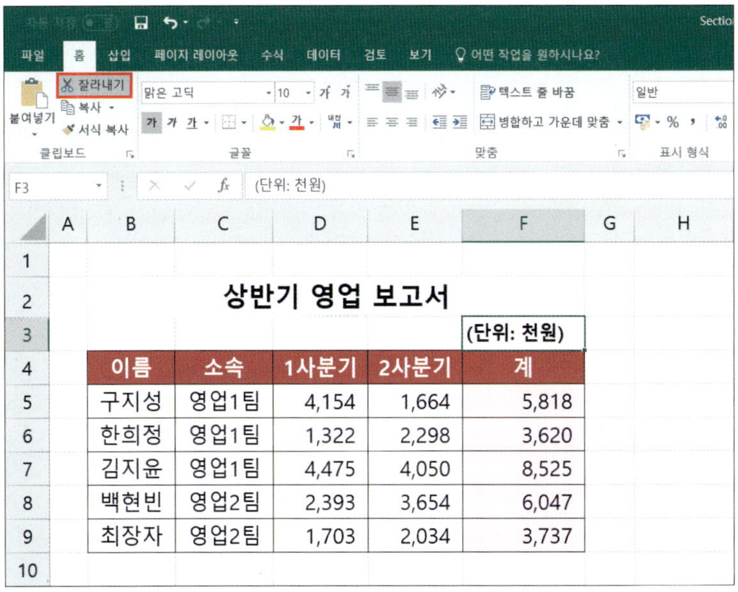

02 잘라내기를 한 셀 영역에는 움직이는 점선 테두리가 표시됩니다. 이제 [B3] 셀을 클릭하고 [붙여넣기](📋)를 클릭합니다.

> **TIP** [붙여넣기]의 바로 가기 키 : Ctrl + V

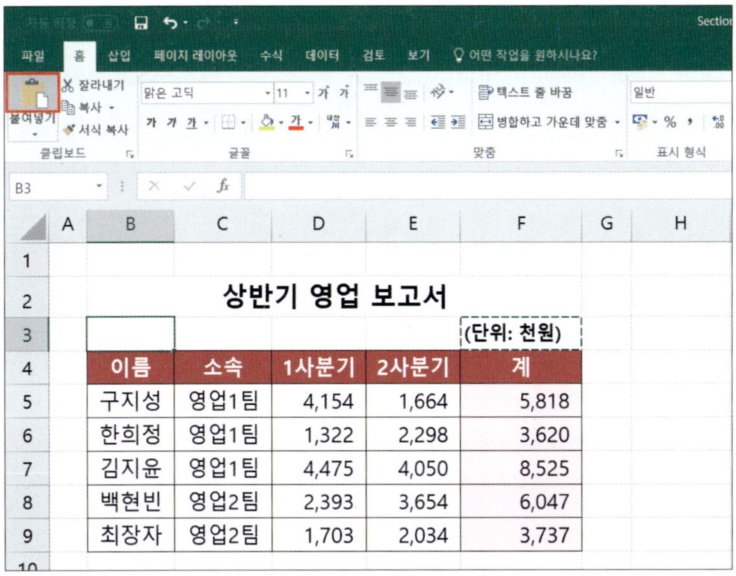

03 그림과 같이 [F3] 셀이 [B3] 셀로 이동되었습니다. 이렇게 셀 영역의 이동은 [잘라내기]와 [붙여넣기] 명령으로 실행됩니다.

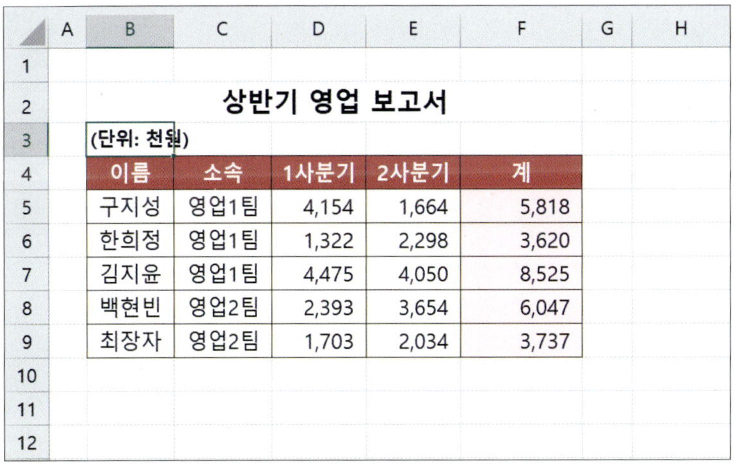

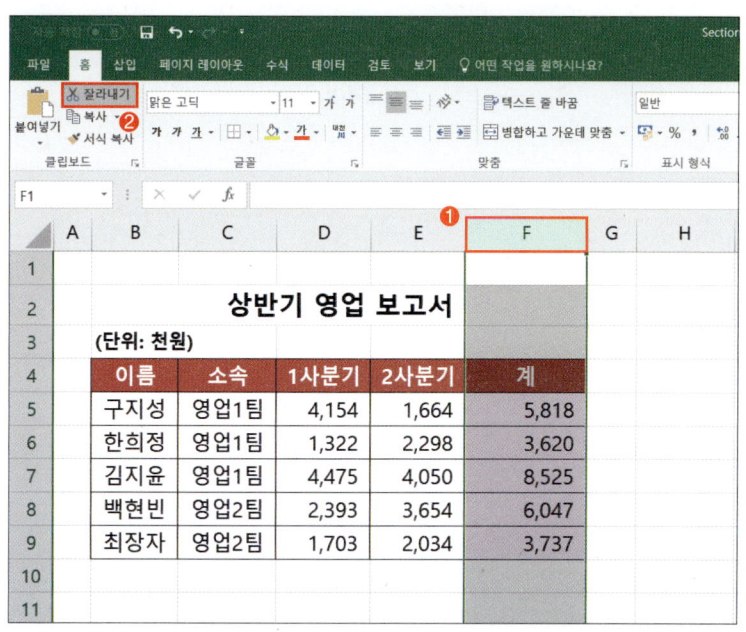

04 이번에는 F열 전체를 D열 앞으로 이동하려고 합니다. F열 머리글을 클릭해서 열을 선택한 다음 [잘라내기]를 클릭합니다.

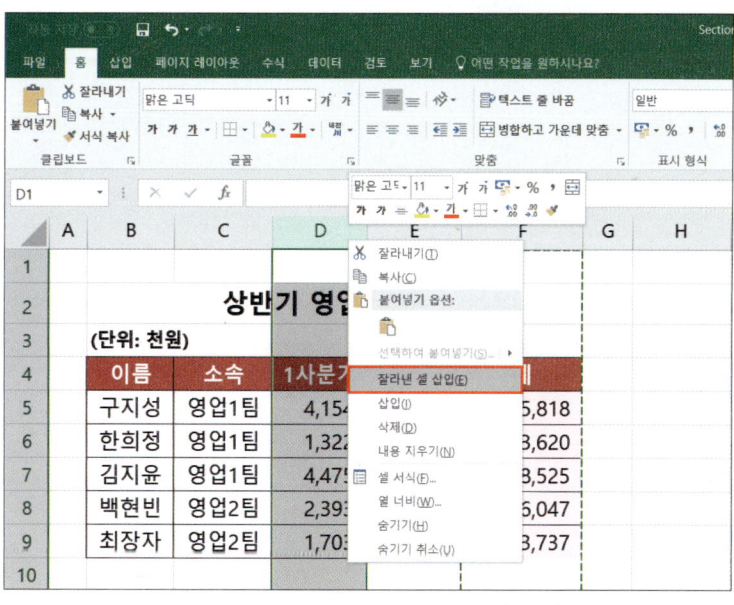

05 D열 머리글을 마우스 오른쪽 단추로 클릭하면 바로 가기 메뉴가 표시됩니다. 여기에서 [잘라낸 셀 삽입]을 선택합니다.

> **Tip**
> D열 머리글을 클릭한 다음 [홈] 탭 → [셀] 그룹 → [삽입]의 목록 단추를 클릭하고 [잘라낸 셀 삽입]을 선택해도 됩니다.

06 그림과 같이 F열 전체가 D열 앞에 삽입됩니다. 이렇게 [잘라내기]한 후에 [붙여넣기]를 실행하는 대신 [잘라낸 셀 삽입]을 실행할 수도 있습니다.

따라하기 02 복사하기

01 [B2:F3]을 블록으로 지정한 다음 [홈] 탭 → [클립보드] 그룹 → [복사](복사)를 클릭합니다.

> **TIP**
> [복사]의 바로 가기 키 : Ctrl + C

02 복사한 영역에 움직이는 점선 테두리가 생기면 [B11] 셀을 클릭하고 [붙여넣기]를 클릭합니다. 이렇게 [복사]와 [붙여넣기] 명령을 사용하여 셀 영역을 다른 곳에 복사합니다.

> **TIP**
> [붙여넣기]를 실행한 후에도 복사한 영역의 움직이는 점선 테두리는 사라지지 않습니다. 이것은 다른 곳에서 다시 붙여넣기를 실행할 수 있다는 의미입니다.

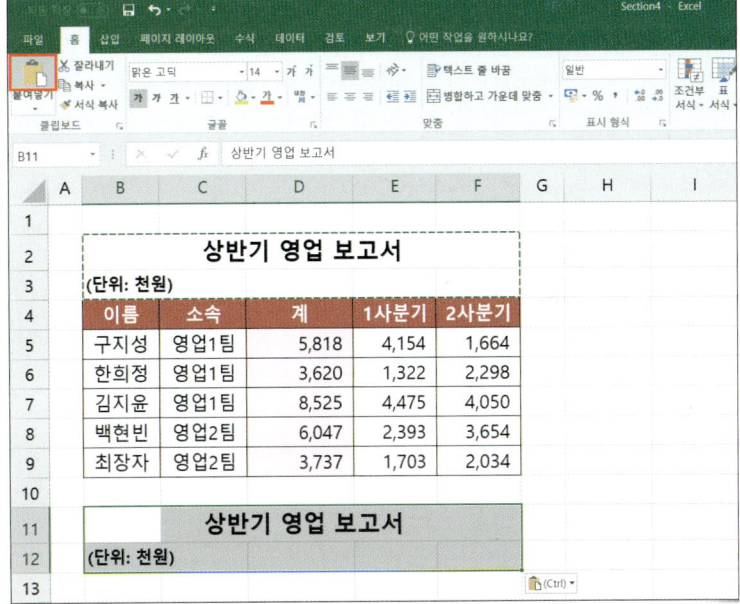

Power Upgrade — 이동과 복사 명령의 실행 방법

작업 순서	이동하기	복사하기
1단계	블록 지정	블록 지정
2단계	잘라내기(잘라내기) 또는 Ctrl + X	복사(복사) 또는 Ctrl + C
3단계	셀 선택	셀 선택
4단계	붙여넣기( ) 또는 Ctrl + V	붙여넣기( ) 또는 Ctrl + V

EXCEL 2016

엑셀2016

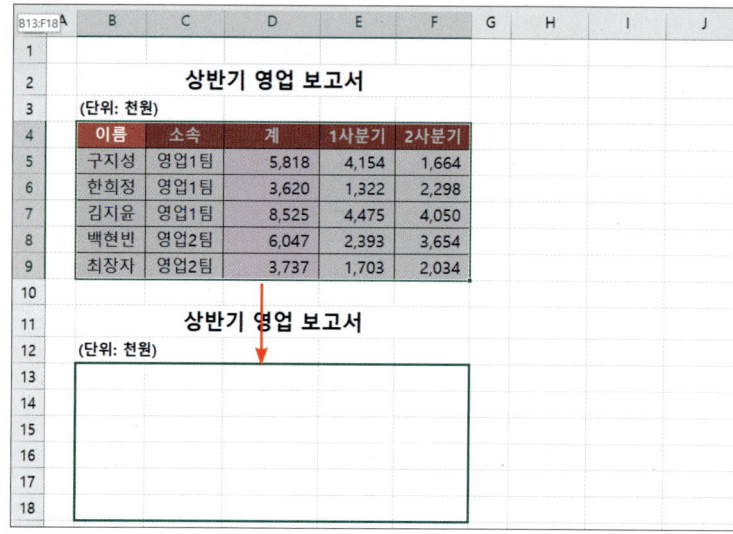

03 이번에는 마우스를 이용해서 복사하는 방법입니다. [B4:F9]를 블록으로 지정합니다. Ctrl 키를 누른 상태로 선택한 영역의 테두리에서 마우스 왼쪽 단추를 누른 채 [B13:F18] 영역으로 드래그합니다.

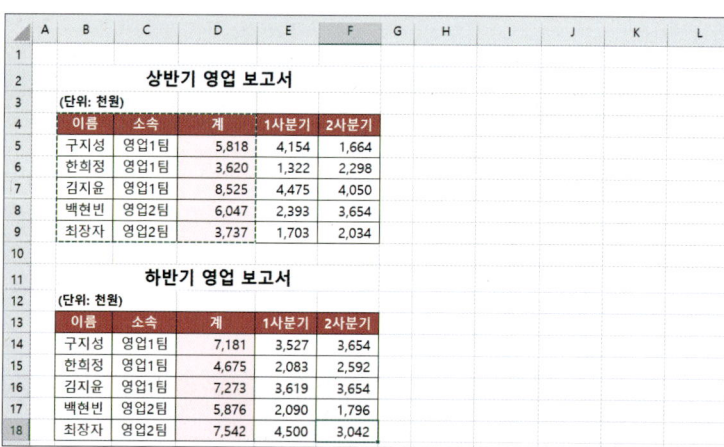

04 그림과 같이 복사가 완료되면 [B11] 셀의 제목을 '하반기 영업 보고서'로 수정하고 [E13:F18]의 데이터를 임의로 수정합니다.

> **TIP**
> [E14:F18]의 데이터를 수정하면 [D14:D18]의 수식 결과가 달라집니다.

Power Upgrade — 마우스를 이용한 이동과 복사

1) **이동하기** : 블록으로 지정한 영역의 테두리에서 마우스 왼쪽 단추를 누른 채 원하는 곳까지 드래그합니다.

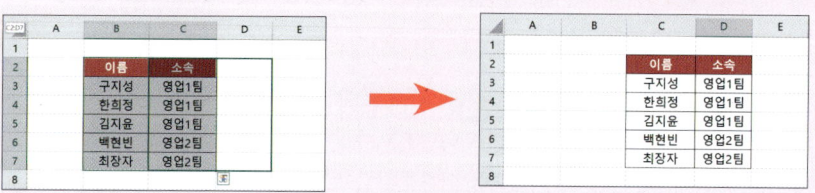

2) **복사하기** : 블록으로 지정한 영역을 Ctrl 키를 누른 상태에서 원하는 곳까지 드래그합니다.

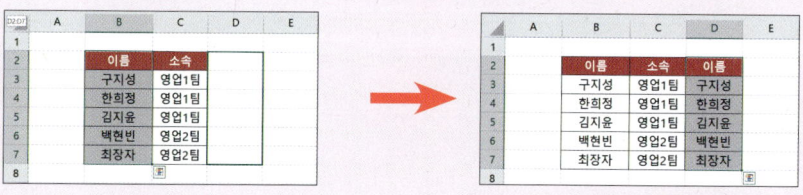

따라하기 03 선택하여 붙여넣기

01 [B4:D9]를 블록으로 지정하고 [홈] 탭 → [클립보드] 그룹 → [복사](📋 복사)를 클릭합니다.

> 참고: [선택하여 붙여넣기] 명령은 [복사] 명령을 실행한 후에만 선택할 수 있습니다.

02 [H4] 셀을 클릭하고 [붙여넣기]의 목록 단추를 클릭한 다음 [값 붙여넣기] 영역에서 [값 및 원본 서식] 옵션을 선택합니다.

> **TIP**
> 붙여넣기 옵션을 마우스 포인터로 가리키면 [H4] 셀부터 [값 및 원본 서식] 옵션으로 붙여넣기를 실행한 결과가 미리 표시됩니다.

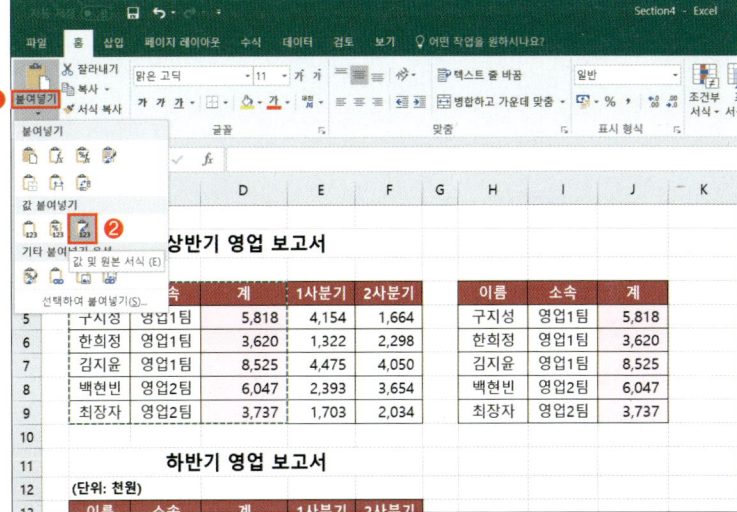

Power Upgrade — 붙여넣기 옵션의 의미

[붙여넣기]를 실행할 때 복사한 원본과 똑같이 붙여 넣지 않고 사용자가 원하는 항목만 붙여 넣는 것을 붙여넣기 옵션이라고 합니다. [복사] 명령을 실행한 후 [붙여넣기]의 목록 단추를 클릭한 다음 원하는 붙여넣기 옵션을 선택할 수 있습니다. 또는 [복사] 명령을 실행하고 원하는 곳에서 [붙여넣기]를 실행한 후 표시되는 [붙여넣기 옵션] 단추를 클릭한 다음에 붙여넣기 옵션을 선택해도 됩니다.

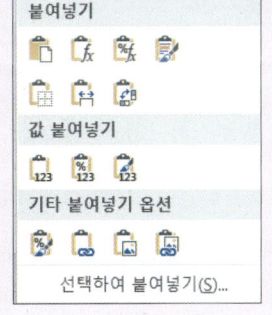

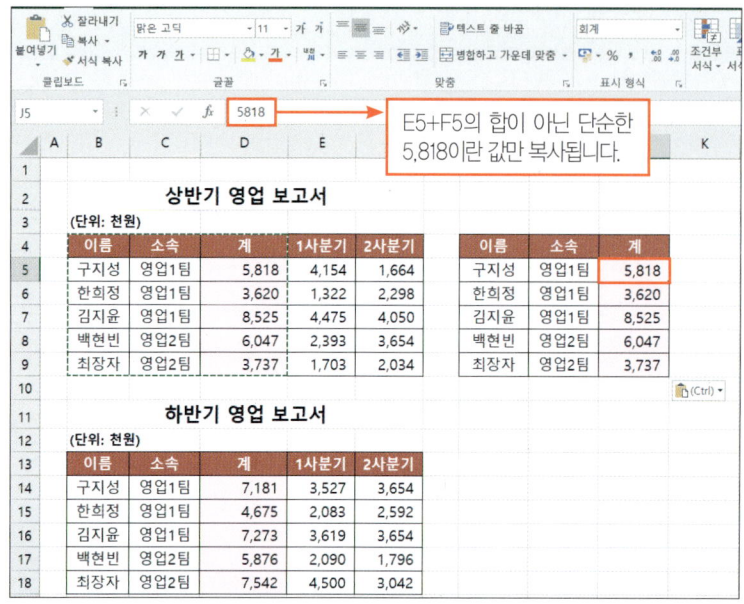

03 [값 및 원본 서식]으로 붙여넣기는 복사한 원본의 데이터와 서식을 똑같이 복사하지만 원본의 수식을 그대로 복사하는 것이 아니라 수식의 결과 값만을 복사하는 것입니다. 따라서 그림과 같이 [J5:J9]에는 [D5:D9]의 수식이 아닌 수식의 결과 값이 복사된 상태입니다.

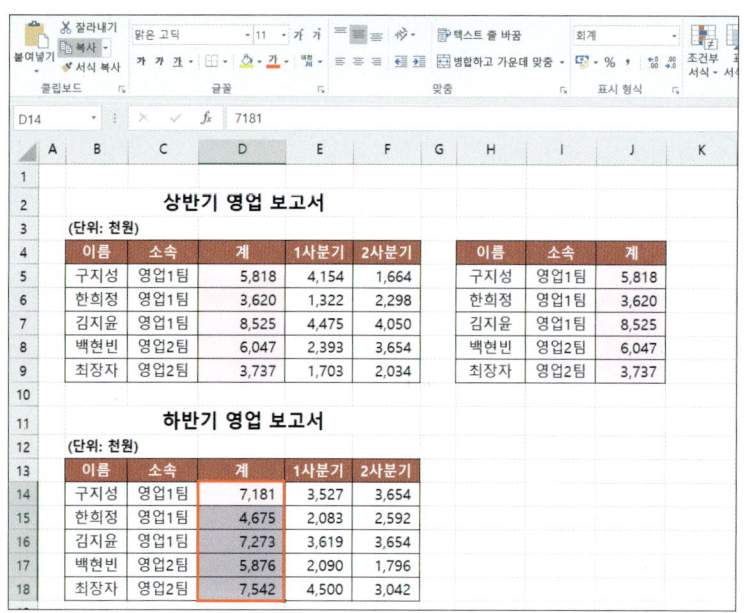

04 이번에는 [D14:D18]을 블록으로 지정하고 [복사]를 클릭합니다.

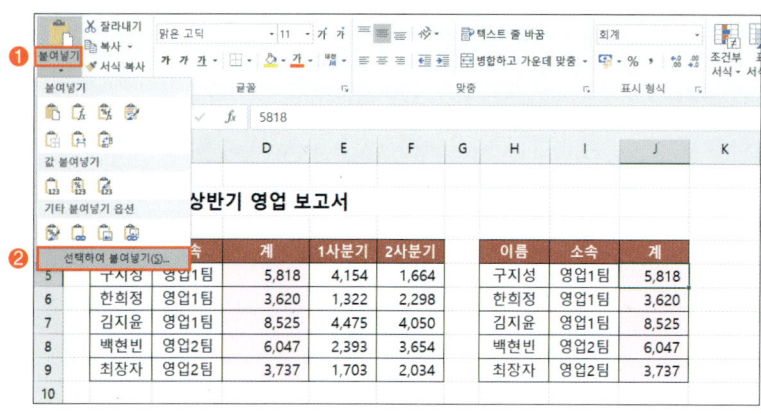

05 [J5] 셀을 클릭하고 [붙여넣기]의 목록 단추를 클릭한 다음 [선택하여 붙여넣기]를 선택합니다. 이것은 목록에 없는 붙여넣기 옵션을 선택하기 위한 것입니다.

06 [선택하여 붙여넣기] 대화상자가 실행되면 붙여넣기 옵션에서 [값]을 선택하고, 연산 옵션에서 [더하기]를 선택한 다음 [확인] 단추를 클릭합니다.

07 결과는 그림과 같습니다. 원래 [J5:J9] 영역에 있던 값에 복사한 영역 [D14:D18]의 값이 더해졌습니다.

> **참고** 붙여넣기를 실행한 후 복사한 영역에 남아있는 움직이는 점선 테두리를 해제하려면 Esc 키를 누릅니다.

엑셀의 기본 파일 위치 바꾸기

[선택하여 붙여넣기] 대화상자에서 여러 가지 붙여넣기 옵션과 연산 옵션을 선택할 수 있습니다.

- 붙여넣기 옵션 : 복사한 영역에서 수식이나 값, 서식, 메모, 열 너비 등 원하는 항목만 붙여 넣습니다.
- 연산 옵션 : 복사한 영역을 붙여 넣을 영역에 있던 값과 더하거나 빼고, 곱하거나 나눌 수 있습니다.
- 내용 있는 셀만 붙여넣기 : 복사한 영역에 빈 셀이 포함되어 있을 경우 붙여 넣기에서 제외시킵니다.
- 행/열 바꿈 : 복사한 영역의 행과 열을 서로 바꾸어 붙여 넣습니다.
- 연결하여 붙여넣기 : 복사한 영역의 각 셀의 값을 그대로 가져오는 수식을 붙여 넣을 영역에 입력합니다. 예를 들어 [A1] 셀을 복사한 다음 [C1] 셀에서 [연결하여 붙여넣기]를 실행하면 [C1] 셀에 '=A1'과 같은 수식이 입력되어 [A1] 셀의 값을 그대로 가져와 표시합니다.

기초문제

1

'Section4-1.xlsx' 파일의 '성적표' 워크시트를 다음 지시대로 편집하세요.

① 마우스를 이용하여 [H3] 셀을 [H15] 셀로 이동
② [H4:H14]를 [C4:C14]의 뒤로 이동

2

'Section4-1.xlsx' 파일의 '대여관리' 워크시트를 다음 지시대로 편집하세요.

① '분류'가 '액션'인 데이터만 복사하여 [G4] 셀부터 표시(4행의 제목 포함)
② B열부터 E열의 열 비를 G열부터 J열까지에 복사

힌트

- '분류'가 '액션'인 데이터를 Ctrl 키를 이용하여 블록으로 지정한 후 복사
- B열부터 E열까지 복사한 다음 [선택하여 붙여넣기]를 이용하여 열 너비 복사

심화문제

1) 'Section4-2.xlsx' 파일의 '급여명세서' 워크시트에서 다음 지시대로 작업하세요.

① [F4:F17]을 [H4:H17]로 복사(단, 서식은 제외할 것)
② [G4:G17]을 [H4:H17]로 복사(단, 서식은 제외하고 원래 값에 더할 것)

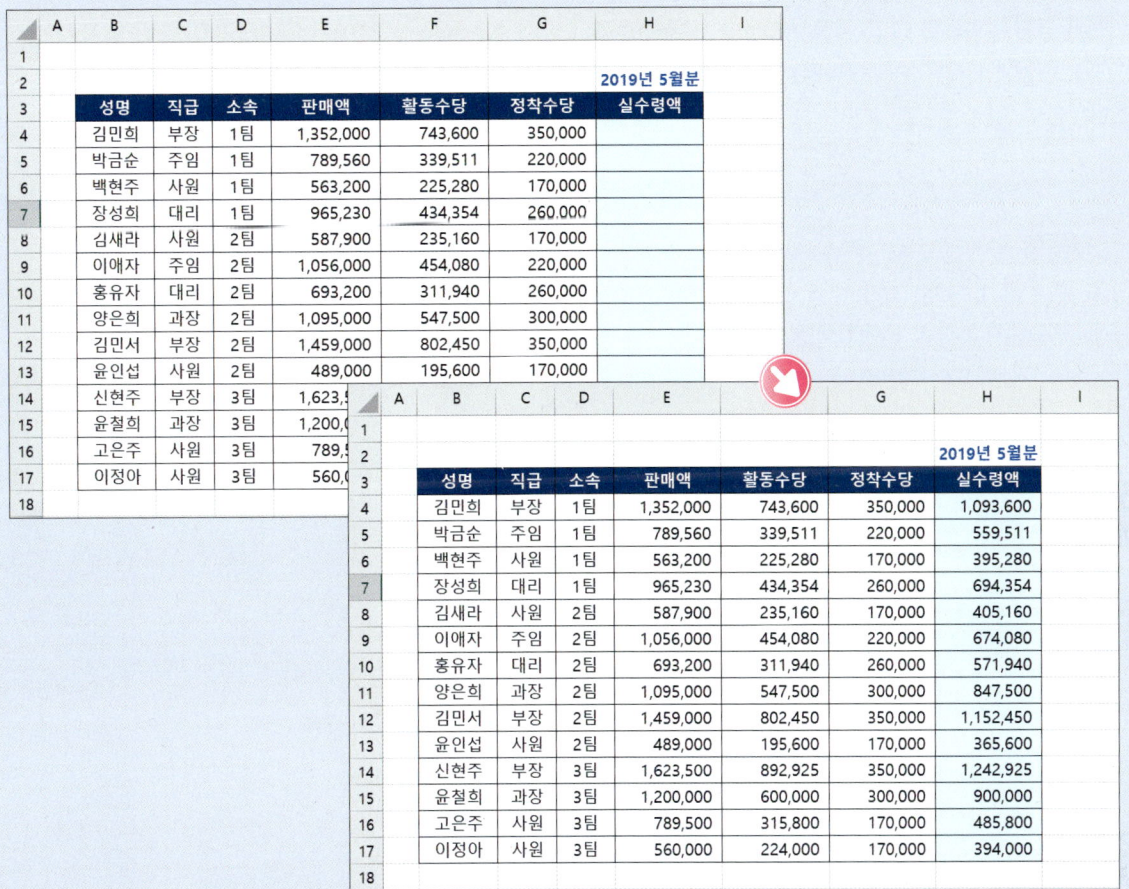

2) 'Section4-2.xlsx' 파일의 '급여명세서' 워크시트에서 소속에 따라 데이터를 복사하여 '팀별급여' 워크시트를 작성하세요. 단, B열~H열은 '급여명세서' 워크시트와 동일하게 설정하세요.

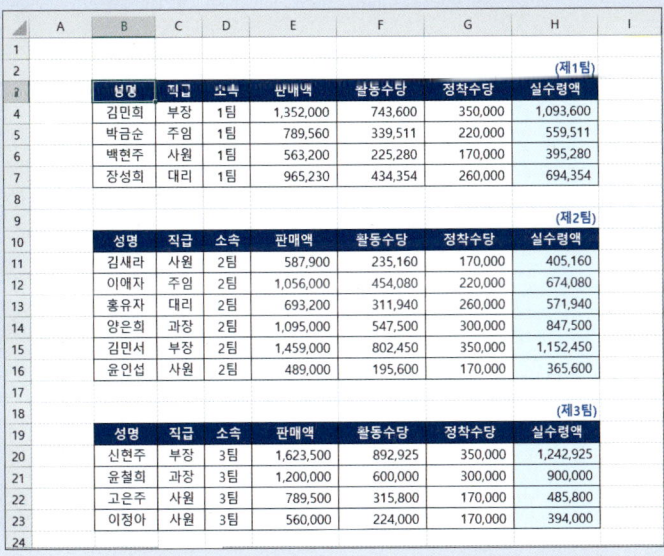

Section 05 셀 서식으로 문서 이쁘게 꾸미기

셀 서식은 글꼴의 종류와 크기, 글꼴 스타일을 비롯하여 셀의 배경색과 글꼴 색, 셀에서 데이터의 맞춤 방식, 표시 형식 등을 가리킵니다. 셀에 서식을 지정하면 문서를 보기 좋게 만들 수 있을 뿐만 아니라 문서 내용을 깔끔하게 정리하여 쉽게 문서 내용을 파악할 수 있게 도와줍니다.

〈학습내용〉
01. 글꼴 서식과 맞춤 서식
02. 테두리와 채우기
03. 쉼표(,)와 % 등의 표시 형식 설정하기

전국 대리점 판매실적 보고서

작성일 : 2019년 6월 30일

대리점명	대표	목표량	판매량	달성률
대림	배영환	9,200	10,212	111%
일원	신규건	9,500	10,070	106%
삼화	곽본창	9,500	8,455	89%
청수	정경빈	5,100	6,120	120%
대치	지리정	9,100	7,826	86%
유일	문여린	8,900	8,010	90%
강산	박도영	7,400	9,990	135%
대한	하동관	6,900	5,520	80%
민주	조송윤	5,500	4,125	75%
소망	심부광	6,500	7,930	122%

▲ 완성파일 : Section5.xlsx

핵심내용
- [홈] 탭의 [글꼴] 그룹과 [맞춤] 그룹, [표시 형식] 그룹에 있는 도구를 이용하여 셀 서식을 지정합니다.
- 리본 메뉴에서 제공하지 않는 셀 서식은 [셀 서식] 대화상자를 이용하여 지정합니다.
- 다른 셀에 지정되어 있는 셀 서식만 원하는 곳에 복사합니다.
- 사용자 지정 표시 형식으로 데이터를 원하는 형태로 표시합니다.

따라하기 01 글꼴 서식과 맞춤 서식

▶ 준비파일 : Section5.xlsx

01 [B2] 셀에 글꼴 서식을 지정하려고 합니다. [B2] 셀을 클릭한 후 [홈] 탭 → [글꼴] 그룹 → [글꼴](맑은 고딕)의 목록 단추를 클릭하고 원하는 글꼴 종류를 선택합니다. 여기서는 [HY견고딕]을 선택했습니다.

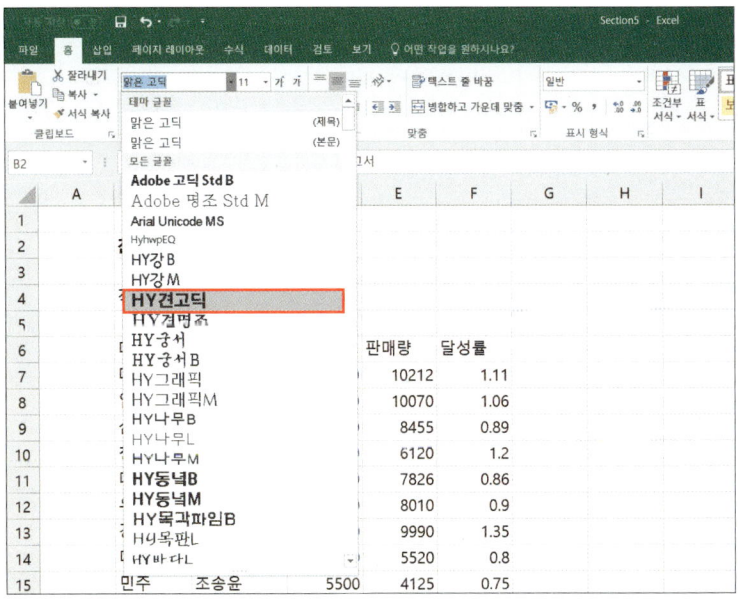

02 [B2] 셀의 글꼴이 바뀌면 이번에는 [글꼴 크기](11)의 목록 단추를 클릭하고 [16]을 선택하여 글꼴 크기를 변경합니다. 글꼴 크기를 마우스 포인터로 가리키면 아직 글꼴 크기를 결정하지 않았더라도 셀에 실시간으로 미리 서식이 적용되어 표시됩니다.

> 참고 [글꼴 크기 크게]와 [글꼴 크기 작게](가 가)를 이용하면 글꼴 크기(11)의 목록 단추를 클릭했을 때 표시되는 목록대로 한 단계씩 글꼴 크기를 크게 또는 작게 조절합니다.

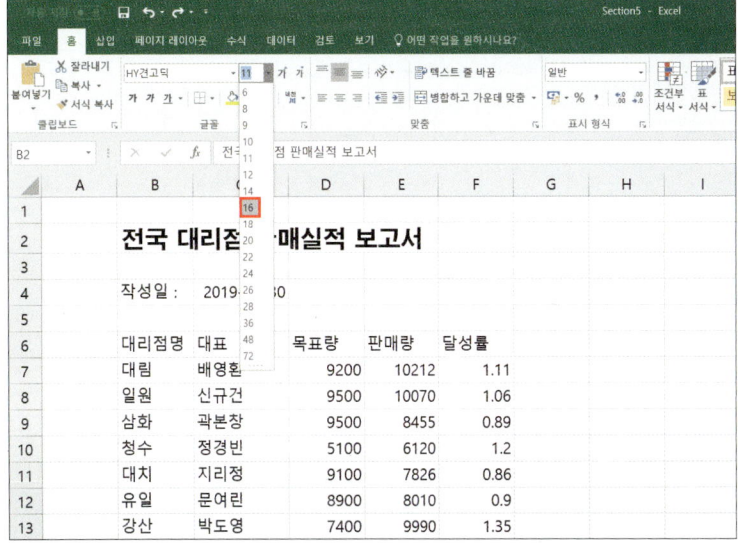

03 계속해서 [글꼴 색](가)의 목록 단추를 클릭하고 원하는 글꼴 색을 선택합니다.

> 참고 목록에 표시되는 테마 색은 [페이지 레이아웃] 탭 → [테마] 그룹에서 설정한 테마에 따라 달라집니다.

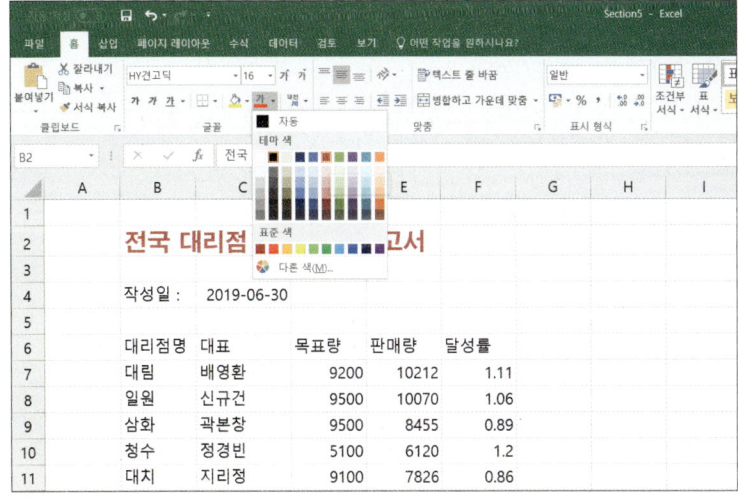

엑셀 2016

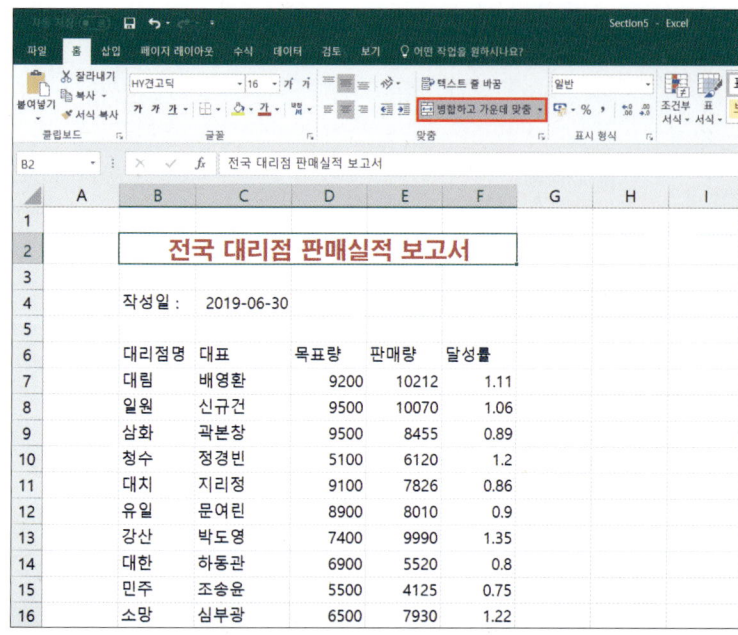

04 [B2:F2]를 블록으로 지정한 다음 [홈] 탭 → [맞춤] 그룹 → 병합하고 가운데 맞춤을 클릭합니다. 그러면 블록으로 지정한 영역이 하나의 셀로 합쳐지고 입력 내용은 셀 가운데에 맞춰 표시됩니다.

참고 [병합하고 가운데 맞춤]의 목록 단추를 클릭하면 [전체 병합], [셀 병합], [셀 분할] 등 병합 형식을 선택할 수 있습니다.

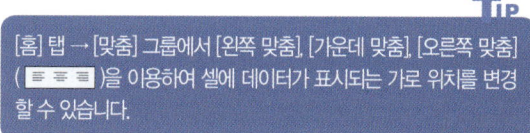

05 [B6:F6]을 블록으로 지정하고 [홈] 탭 → [글꼴] 그룹 → [굵게](가)를 클릭하여 글자를 진하게 표시하고, [맞춤] 그룹에서 [가운데 맞춤]을 클릭하여 셀 가운데에 맞춰 표시합니다.

TIP [홈] 탭 → [맞춤] 그룹에서 [왼쪽 맞춤], [가운데 맞춤], [오른쪽 맞춤]을 이용하여 셀에 데이터가 표시되는 가로 위치를 변경할 수 있습니다.

06 [B7:C16]을 블록으로 지정한 다음 [가운데 맞춤]을 클릭하여 셀 가운데에 내용이 표시되도록 조정합니다.

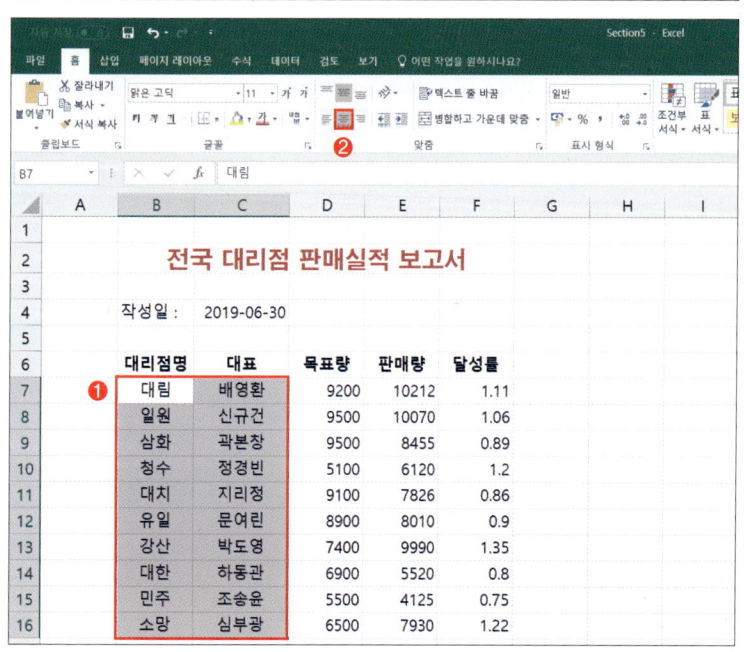

따라하기 02 테두리와 채우기

01 [B6:F16]을 블록으로 지정하고 [홈] 탭 → [글꼴] 그룹 → [테두리](⊞▼)의 목록 단추를 클릭하고 [모든 테두리]를 선택합니다.

> 참고 워크시트에 표시되어 있는 눈금선은 기본적으로 용지에는 인쇄되지 않습니다.

02 [B6:F16]이 블록으로 지정되어 있는 상태에서 이번에는 [테두리](⊞▼)의 목록 단추를 클릭하고 [다른 테두리]를 선택합니다.

03 [셀 서식] 대화상자가 나타나면 [테두리] 탭에서 선 스타일을 굵은 실선으로 선택하고 색을 지정합니다. 그런 다음 미리 '설정 영역'에서 [윤곽선] 단추를 클릭해서 현재 선택한 스타일과 색으로 윤곽선에 테두리를 그린 다음 [확인] 단추를 클릭합니다.

> **TIP**
> 선의 스타일과 색을 먼저 지정하고 미리 설정이나 테두리 영역에 있는 단추를 이용하여 테두리를 그립니다.

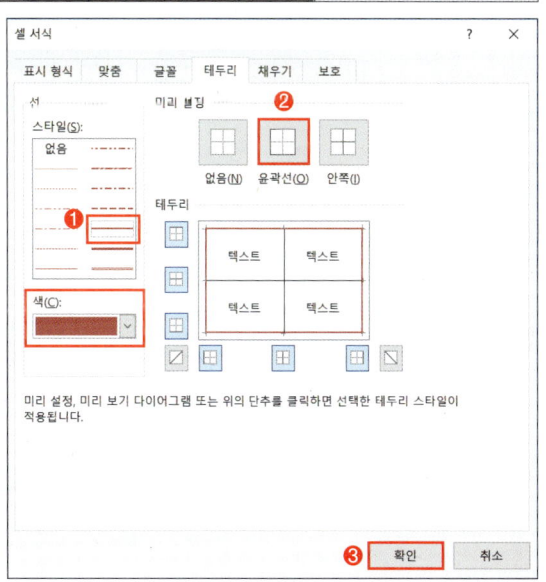

EXCEL 2016 **51**

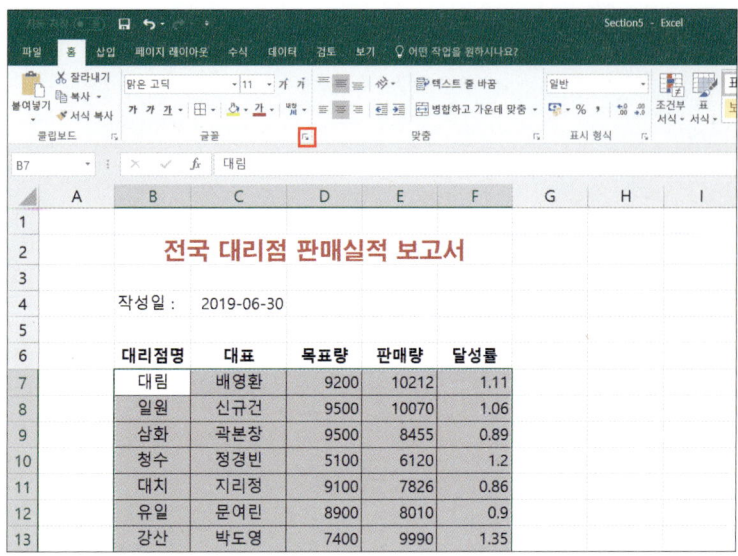

04 그림과 같이 선택한 영역의 윤곽선에 테두리가 그려졌습니다. 이번에는 [B7:F16]을 블록으로 지정하고 [홈] 탭 → [글꼴] 그룹에서 [대화상자 표시] 단추를 클릭합니다.

> **TIP**
> [대화상자 표시] 단추를 클릭하면 [셀 서식] 대화상자가 실행됩니다.

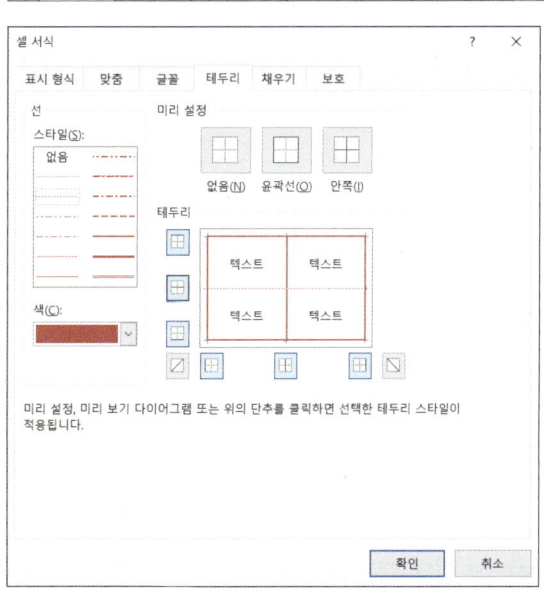

05 [셀 서식] 대화상자가 실행되면 [테두리] 탭으로 이동하여 위쪽 가로 테두리를 굵은 실선으로 그려주고, 안쪽의 가로 테두리를 모두 점선으로 그린 다음 [확인] 단추를 클릭합니다.

> **TIP**
> 선 스타일을 지정하고 테두리 단추를 클릭해서 테두리를 그립니다.

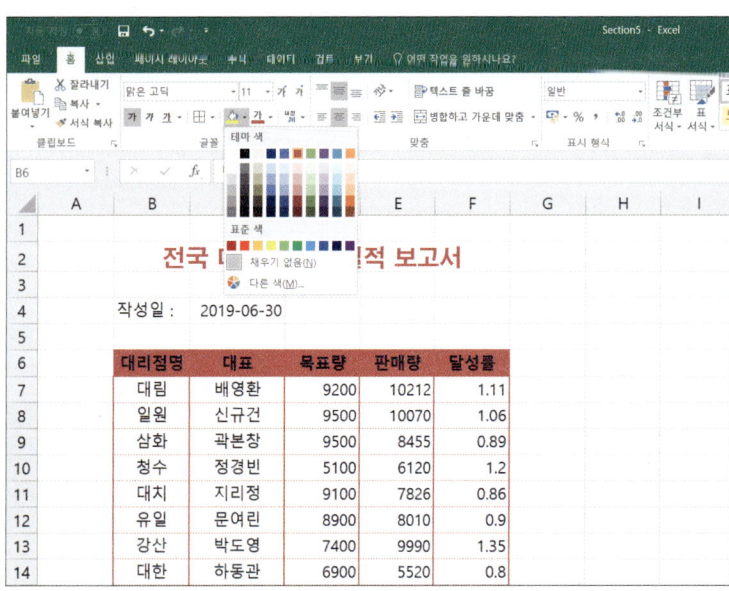

06 기본적으로 셀 배경색은 없음으로 설정되어 있습니다. 셀에 배경색, 즉 채우기 색을 설정해 보겠습니다. [B6:F6]을 블록으로 지정한 다음 [채우기 색](🎨▼)의 목록 단추를 클릭하고 배경색으로 사용할 색을 선택합니다.

07 채우기 색이 설정되면 [글꼴 색](가 ˅)을 흰색으로 설정합니다. 채우기 색이 진하면 글꼴 색을 연한 색으로 지정해야 텍스트가 잘 보입니다.

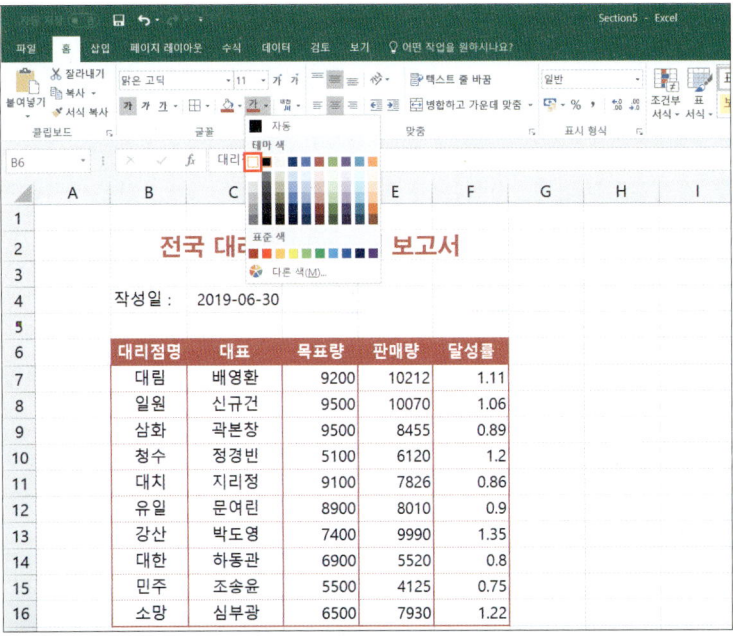

08 [B7:B16]을 블록으로 지정하고 [홈] 탭 → [글꼴] 그룹의 [대화상자 표시] 단추를 클릭합니다.

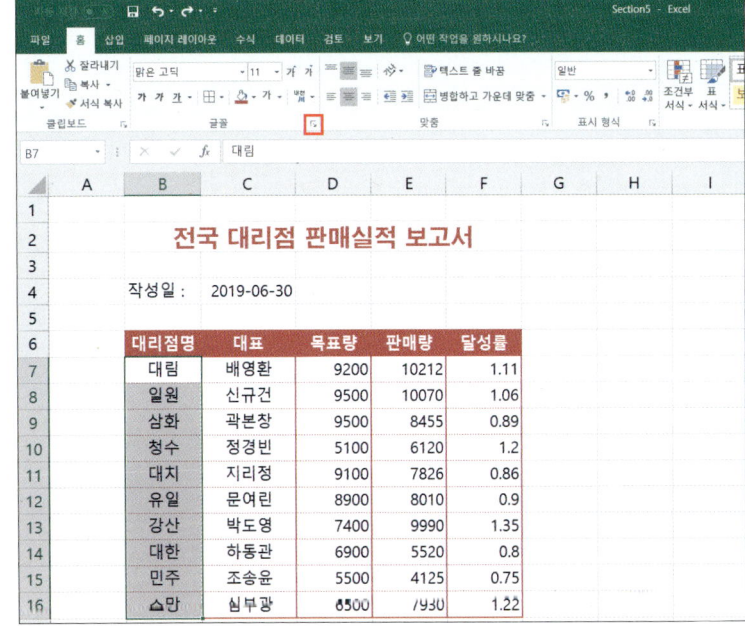

09 [셀 서식] 대화상자가 실행되면 [채우기] 탭으로 이동합니다. 여기서 바로 배경색을 지정할 수도 있지만 우리는 채우기 효과를 사용하여 배경색을 지정하려고 합니다. [채우기 효과] 단추를 클릭합니다.

> **TIP**
> 배경색과 무늬 색, 무늬 스타일을 지정하여 셀에 무늬를 그릴 수 있습니다.

엑셀2016

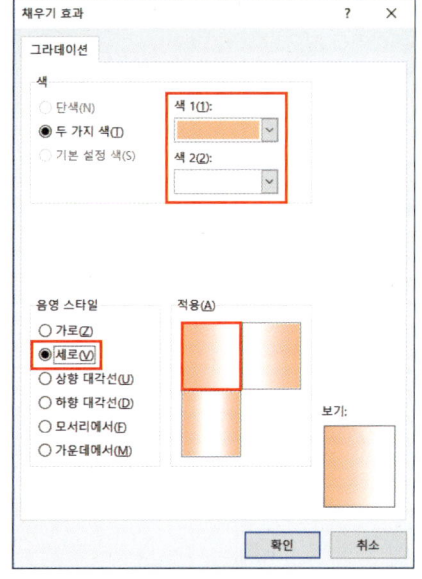

10 [채우기 효과] 대화상자가 실행되면 [색 1]과 [색 2]에서 목록 단추를 클릭하고 원하는 색을 선택합니다. 그런 다음 음영 스타일을 [세로]로 지정하고, 적용에서 원하는 그라데이션 효과를 선택한 후 [확인] 단추를 클릭합니다.

> **참고** 채우기 효과는 그라데이션 질감, 무늬, 그림 등 여러 가지가 있지만 셀 배경색으로는 두 가지 색으로 된 그라데이션 효과만 사용할 수 있습니다.

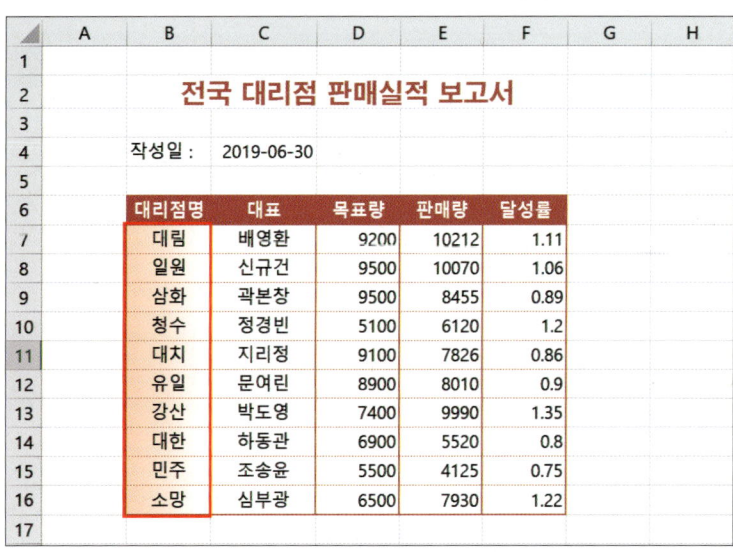

11 그림과 같이 [B7:B16] 영역에 두 가지 색으로 지정한 그라데이션 효과가 채워집니다.

Power Upgrade

다른 색 선택하기

글꼴 색이나 채우기 색 등을 지정할 때 목록 단추를 클릭하면 기본적으로 테마 색과 표준 색이 표시됩니다. 여기에서 원하는 색을 찾을 수 없으면 [다른 색]을 선택하여 [색] 대화상자를 이용합니다. [색] 대화상자의 [표준] 탭이나 [사용자 지정] 탭에서 원하는 색을 선택할 수 있습니다.

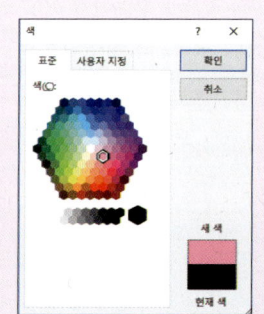

따라하기 03 쉼표(,)와 % 등의 표시 형식 설정하기

01 셀에 입력한 데이터의 값은 그대로 유지하면서 셀에만 원하는 형태로 표시할 수 있습니다. 제일 먼저 [D7:E16]을 블록으로 지정한 다음 [홈] 탭 → [표시 형식] 그룹 → 쉼표 스타일(,)을 클릭합니다. 이렇게 하면 숫자의 천 단위마다 쉼표가 삽입됩니다.

02 [F7:F16]을 블록으로 지정하고 백분율 스타일(%)을 클릭합니다. 백분율 스타일(%)은 원래 값에 100을 곱한 후 뒤에 '%'를 붙인 형태로 숫자를 표시합니다.

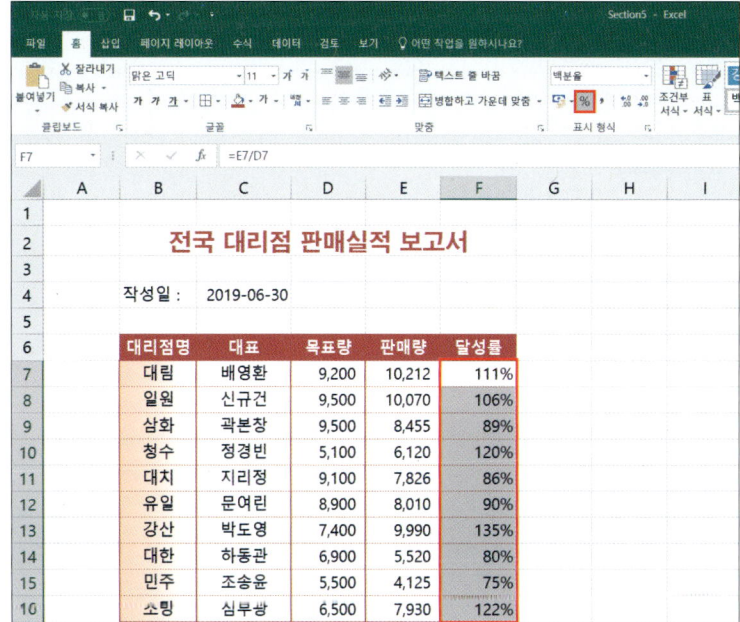

Power Upgrade

서식 복사하기

어떤 셀에 지정한 서식을 다른 셀에 똑같이 지정해야 할 때 서식 복사 기능을 사용하면 빠르게 원하는 작업을 수행할 수 있습니다. 다음 순서대로 셀 서식만 다른 곳에 복사합니다.

① 복사할 셀 서식이 있는 셀을 선택합니다.

② [홈] 탭 → [클립보드] 그룹 → [서식 복사](서식 복사)를 클릭합니다.

③ 셀 포인터가 모양으로 변하면 복사한 서식을 적용할 셀을 클릭하거나 셀 범위를 드래그합니다.

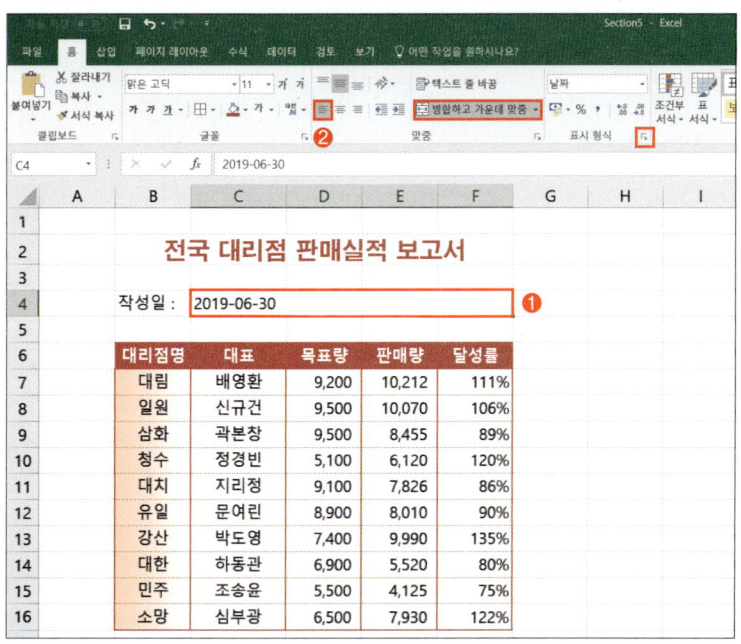

03 [C4:F4]를 블록으로 지정한 다음 [홈] 탭 → [맞춤] 그룹 → [병합하고 가운데 맞춤](병합하고 가운데 맞춤 ▼)을 클릭한 다음 [왼쪽 맞춤]을 클릭합니다. 이렇게 한 다음 [홈] 탭 → [표시 형식] 그룹의 [대화상자 표시] 단추를 클릭합니다.

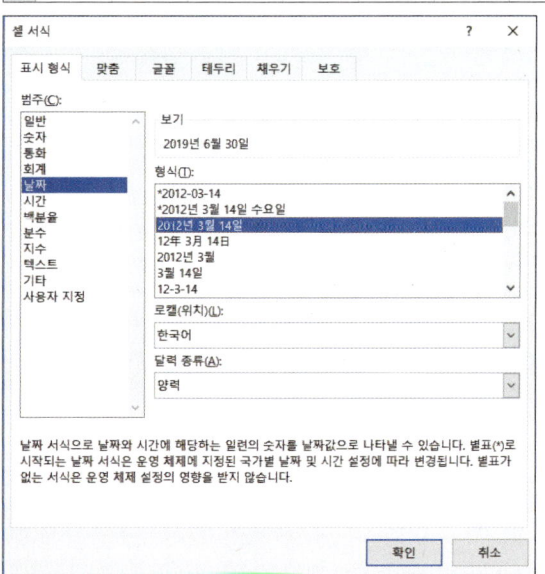

04 [셀 서식] 대화상자의 [표시 형식] 탭이 실행되면 [날짜] 범주가 선택되어 있는 상태에서 [2012년 3월 14일] 형식을 선택하고 [확인] 단추를 클릭합니다.

> **TIP**
> 선택한 범주에 따라 오른쪽에 표시되는 세부 설정 사항이 달라집니다. 예를 들어 [통화] 범주를 선택하면 소수 자릿수와 통화 기호, 음수 표시 형식 등을 설정할 수 있습니다.

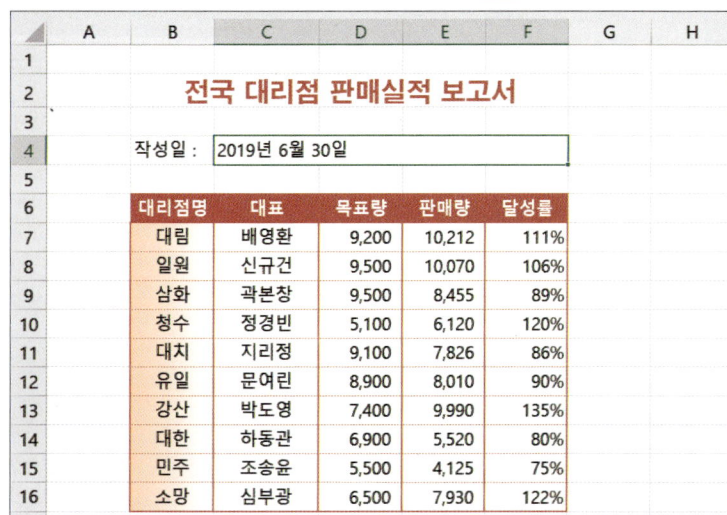

05 그림과 같이 날짜의 표시 형식이 변경되었습니다. 표시 형식은 셀에 데이터를 표시하는 형식만을 의미하므로 표시 형식을 바꿨다고 해서 실제 셀에 입력한 원본 데이터가 변경되는 것은 아닙니다.

사용자 임의로 지정하기

[홈] 탭 → [표시 형식] 그룹에 있는 도구를 이용하거나 [셀 서식] 대화상자의 [표시 형식] 탭에서 대부분의 데이터 표시 형식을 지정할 수 있습니다. 하지만 어디에서도 여러분이 원하는 표시 형식을 찾을 수 없다면 [셀 서식] 대화상자의 [표시 형식] 탭에서 [사용자 지정] 범주를 선택하고 형식 입력 상자에 직접 표시 형식을 지정하는 서식 코드를 입력합니다.

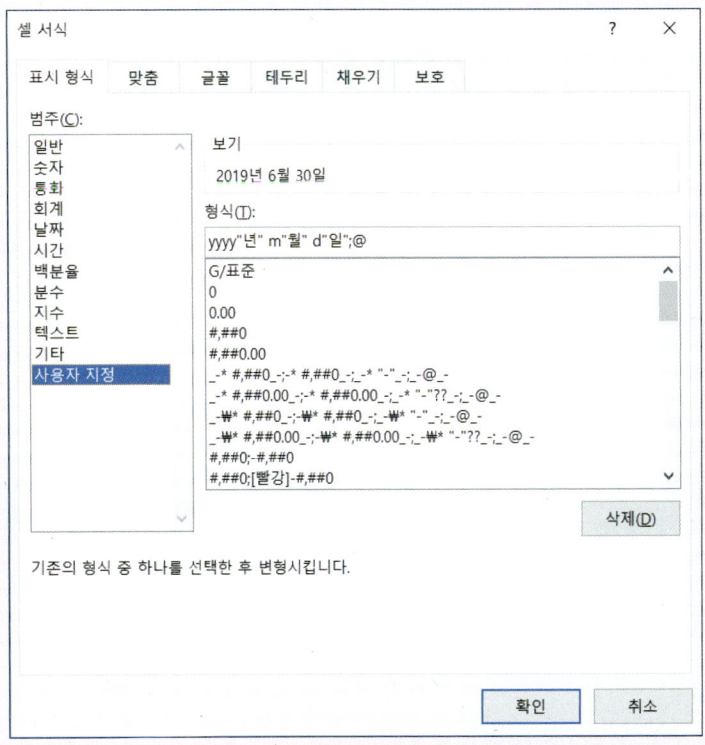

■ 숫자의 사용자 지정 표시 형식 예

서식 코드	입력 데이터	표시 결과	설명
0.00	15.2	15.20	소수이하 2째 자리까지 표시합니다.
#,##0	12345	12,345	#은 숫자를 표시하는 자리입니다. 쉼표(,)는 천 단위 구분 기호로 사용합니다.

■ 날짜의 사용자 지정 표시 형식 예

서식 코드	입력 데이터	표시 결과	설명
yyyy/mm/dd	2019-01-30	2019/01/30	'/'를 구분자로 표시합니다.
mm-dd	2019-01-30	08-31	월일만 표시됩니다.
mm-dd-yy	2019-01-30	08-31-19	월-일-년도순으로 표시됩니다.

기초문제

1

'Section5-1.xlsx' 파일의 '손익계산서' 워크시트에서 다음과 같이 서식을 지정하세요.

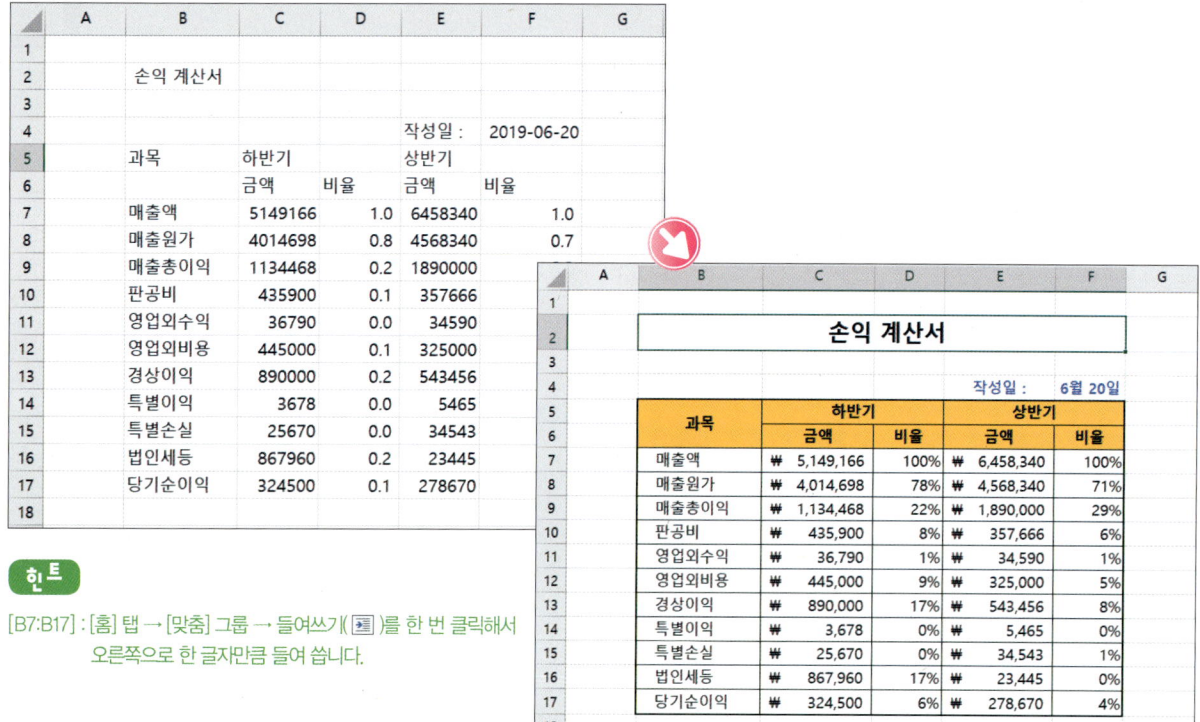

힌트

[B7:B17] : [홈] 탭 → [맞춤] 그룹 → 들여쓰기(▤)를 한 번 클릭해서 오른쪽으로 한 글자만큼 들여 씁니다.

2

'Section5-1.xlsx' 파일의 '부품분석' 워크시트에서 다음과 같이 서식을 지정하세요.

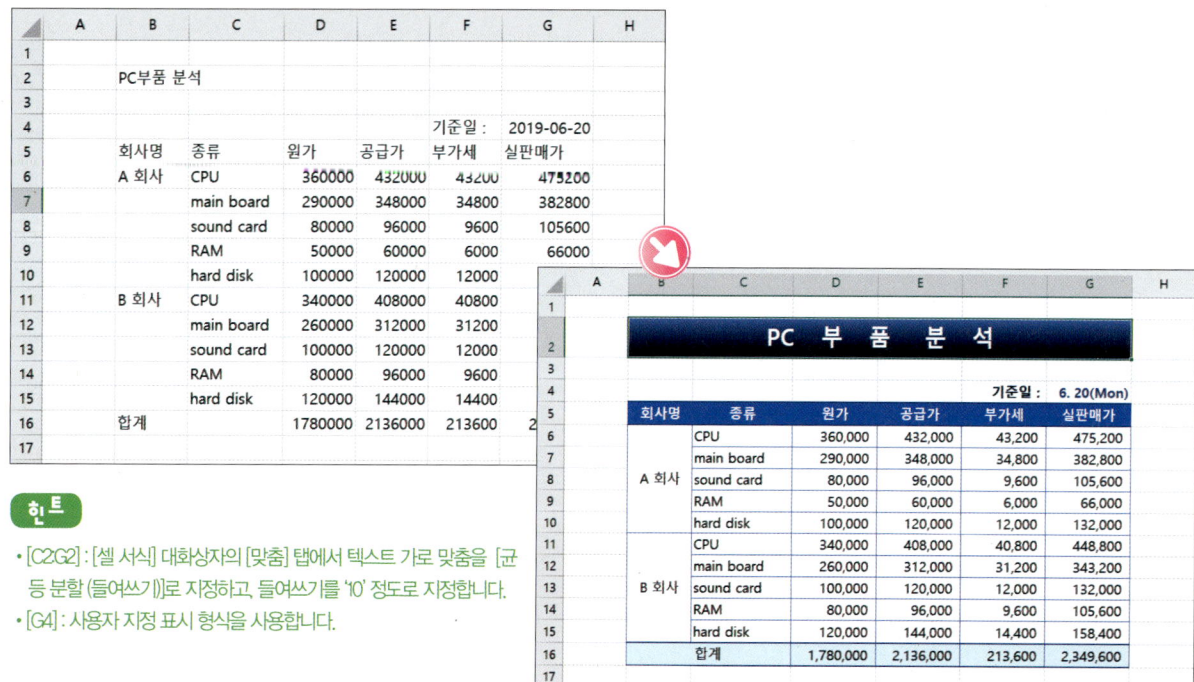

힌트

- [C2:G2] : [셀 서식] 대화상자의 [맞춤] 탭에서 텍스트 가로 맞춤을 [균등 분할(들여쓰기)]로 지정하고, 들여쓰기를 '10' 정도로 지정합니다.
- [G4] : 사용자 지정 표시 형식을 사용합니다.

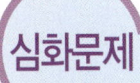

1) 'Section5-2.xlsx' 파일의 '손익분석' 워크시트에서 다음과 같이 서식을 지정하세요.

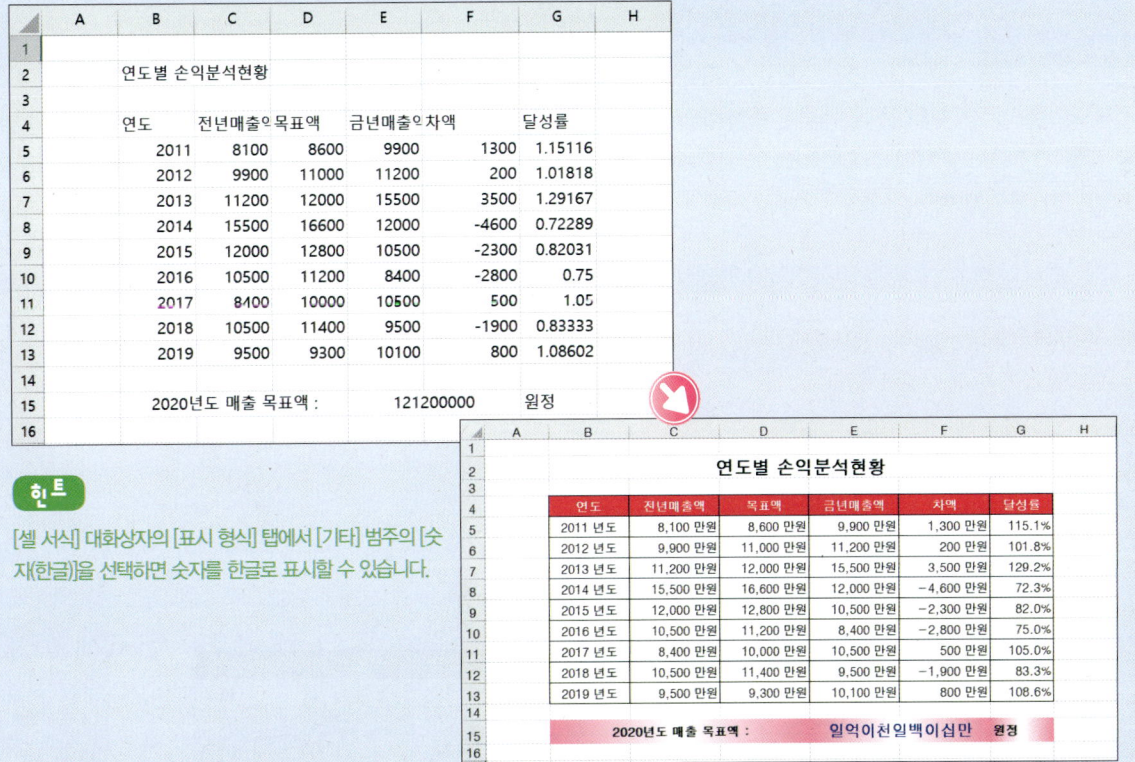

힌트

[셀 서식] 대화상자의 [표시 형식] 탭에서 [기타] 범주의 [숫자(한글)]을 선택하면 숫자를 한글로 표시할 수 있습니다.

2) 'Section5-2.xlsx' 파일의 '회원명부' 워크시트에 다음과 같이 서식을 지정하세요.

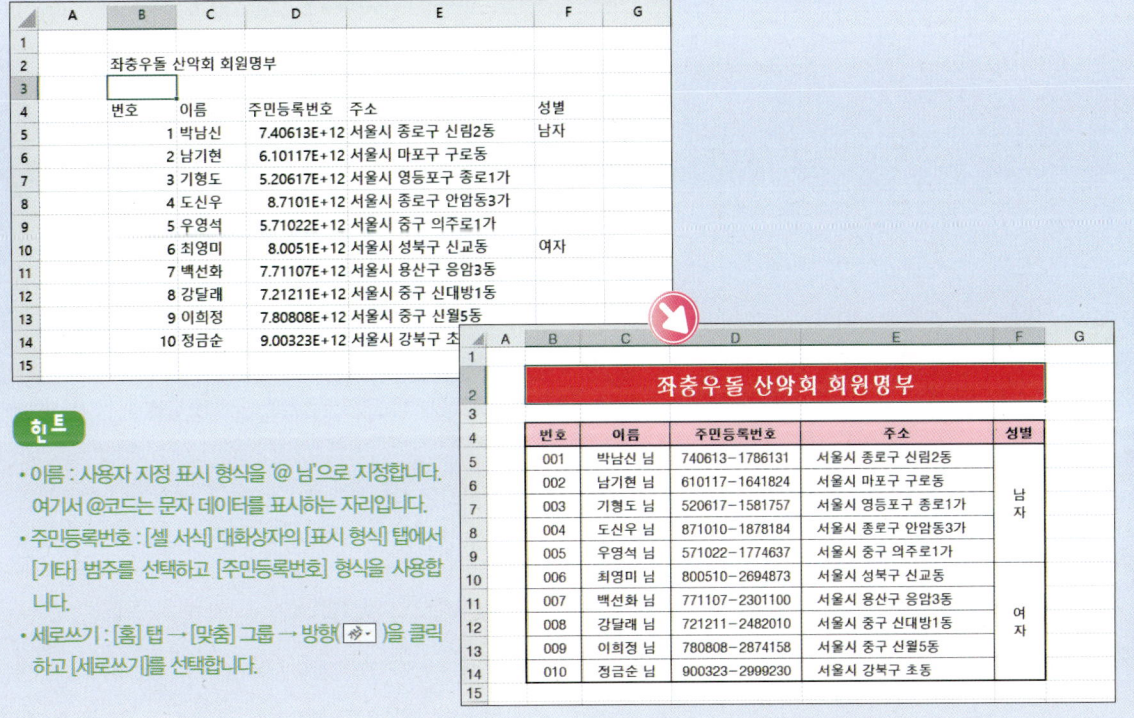

힌트

- 이름 : 사용자 지정 표시 형식을 '@ 님'으로 지정합니다. 여기서 @코드는 문자 데이터를 표시하는 자리입니다.
- 주민등록번호 : [셀 서식] 대화상자의 [표시 형식] 탭에서 [기타] 범주를 선택하고 [주민등록번호] 형식을 사용합니다.
- 세로쓰기 : [홈] 탭 → [맞춤] 그룹 → 방향( )을 클릭하고 [세로쓰기]를 선택합니다.

Section 06 조건부 서식 사용하기

조건부 서식은 셀 값이 주어진 조건을 만족할 때만 적용되는 특별한 서식입니다. 예를 들어 매출액이 5억 이상일 때만 빨간 색으로 값을 강조해서 표시할 수 있습니다. 더욱 강화된 색조와 아이콘 집합, 데이터 막대 등의 조건부 서식은 데이터의 범위를 쉽게 파악할 수 있게 되었습니다.

Preview

〈학습내용〉

01. 셀 강조 규칙 이용하기
02. 상위/하위 규칙 적용하기
03. 데이터 막대/색조/아이콘 집합

▲ 완성파일 : Section6.xlsx

핵심내용

- 조건부 서식을 지정할 범위를 먼저 블록으로 지정하고 조건부 서식을 실행합니다.
- 주어진 조건을 만족하는 셀에만 지정한 서식이 적용되고, 조건을 만족하지 못하는 셀은 원래 서식이 그대로 유지됩니다.
- 데이터가 변경되면 자동으로 조건부 서식이 조건의 참/거짓 여부를 다시 판단합니다.

# 셀 강조 규칙 이용하기

▶ 준비파일 : Section6.xlsx

01 [C5:C16]을 블록으로 지정하고 [홈] 탭 → [스타일] 그룹 → [조건부 서식]을 클릭한 다음 [셀 강조 규칙]-[보다 큼]을 선택합니다.

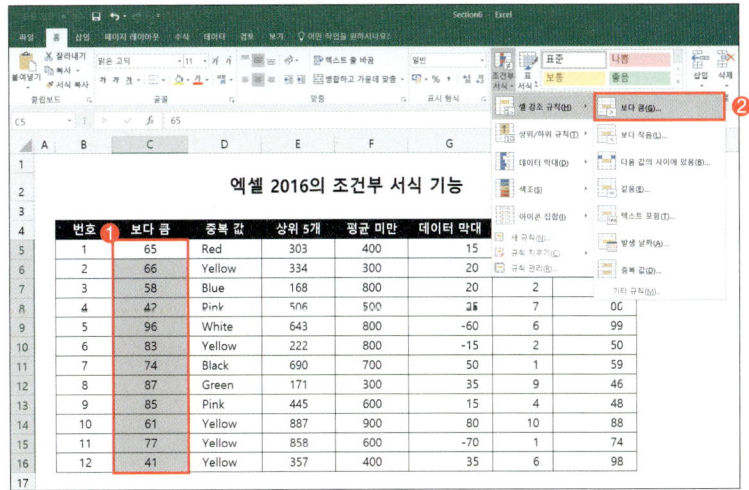

02 [보다 큼] 대화상자가 실행되고 현재 선택한 영역의 평균값이 비교할 값으로 자동 설정되어 표시됩니다.

03 비교할 값에 '80'을 입력하고, 적용할 서식의 목록 단추를 클릭해서 원하는 서식을 선택한 다음 [확인] 단추를 클릭합니다. 그러면 80보다 큰 값만 구분됩니다.

참고 : 설정한 조건과 서식에 의해 블록으로 지정한 셀 범위에 조건부 서식의 적용 결과가 미리 표시됩니다.

EXCEL 2016 **61**

엑셀 2016

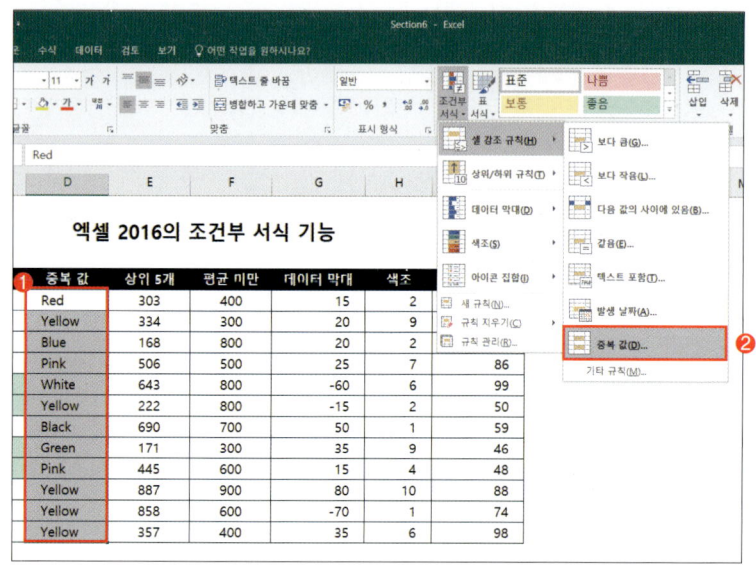

04 이번에는 [D5:D16]을 블록으로 지정하고 [조건부 서식]을 클릭한 다음 [셀 강조 규칙]-[중복 값]을 선택합니다.

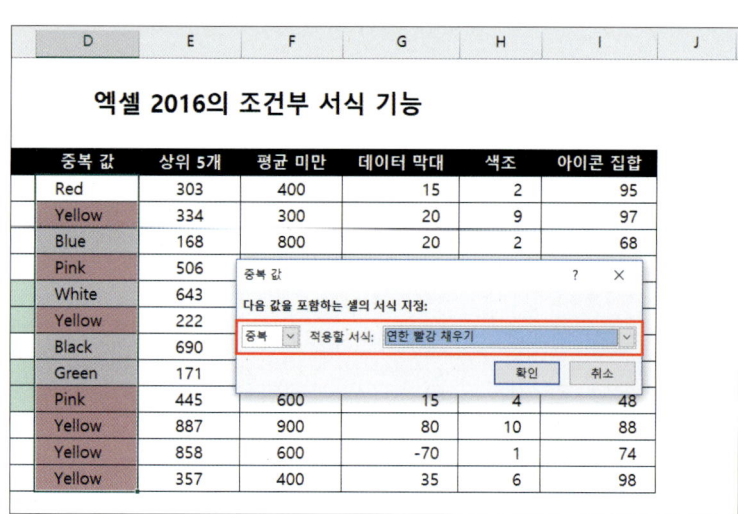

05 [중복 값] 대화상자가 실행되면 [중복]이 선택되어 있는 상태에서 적용할 서식을 선택하고 [확인] 단추를 클릭합니다.

> **TIP**
> [중복] 대신 [고유]를 선택하여 중복되지 않고 고유한 값에만 서식을 적용할 수도 있습니다.

06 중복 값에 서식을 지정한 결과입니다. 이 상태에서 서식이 적용되어 있는 셀, 즉 중복된 값이 들어 있는 셀에 중복되지 않는 고유한 값을 입력하면(여기서는 D14셀에 'Gray'를 입력)적용되어 있던 서식이 자동으로 해제됩니다.

> **참고** 조건부 서식은 셀 값이 바뀌면 자동으로 다시 판단하여 서식의 적용 여부를 결정합니다.

따라하기 02 상위/하위 규칙 적용하기

01 [E5:E16]을 블록으로 지정하고 [조건부 서식]을 클릭한 다음 [상위/하위 규칙]-[상위 10개 항목]을 선택합니다.

> **TIP**
> 큰 값에 서식을 지정하려면 [상위 10개 항목], 작은 값에 서식을 지정하려면 [하위 10개 항목]을 선택합니다.

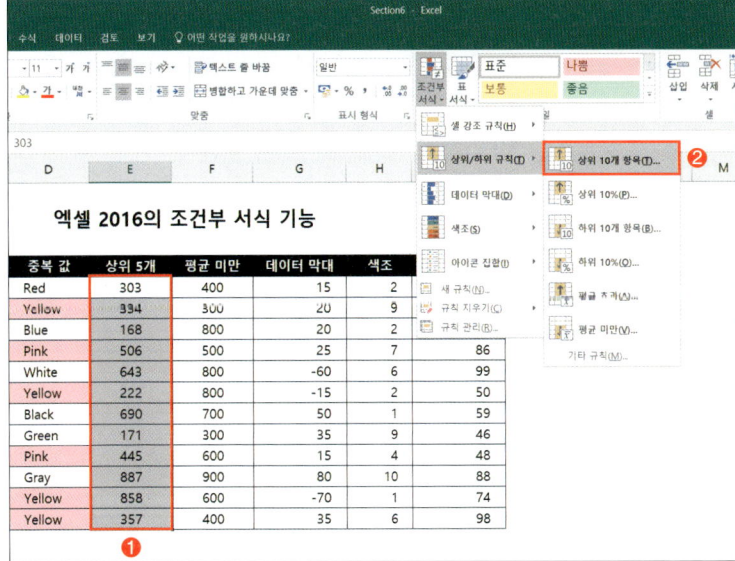

02 [상위 10개 항목] 대화상자가 실행되면 상위 항목을 '5'로 지정하고 적용할 서식을 선택한 후 [확인] 단추를 클릭합니다. 이렇게 하면 블록으로 지정한 셀 범위에서 값이 큰 순서로 5개의 셀에 서식이 적용됩니다.

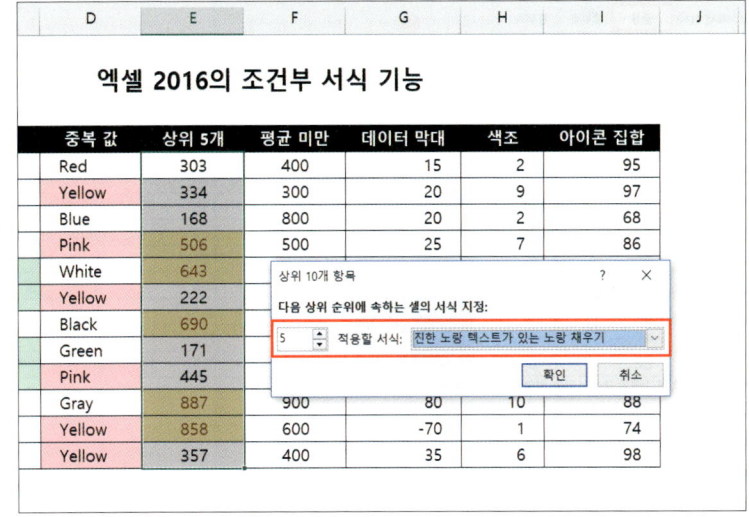

03 이번에는 [F5:F16]을 블록으로 지정하고 [조건부 서식]에서 [상위/하위 규칙]-[평균 미만]을 선택합니다. [평균 미만] 대화상자가 실행되면 적용할 서식의 목록 단추를 클릭하고 [사용자 지정 서식]을 선택합니다.

> **참고** 목록에 원하는 서식이 있으면 바로 선택해도 됩니다.

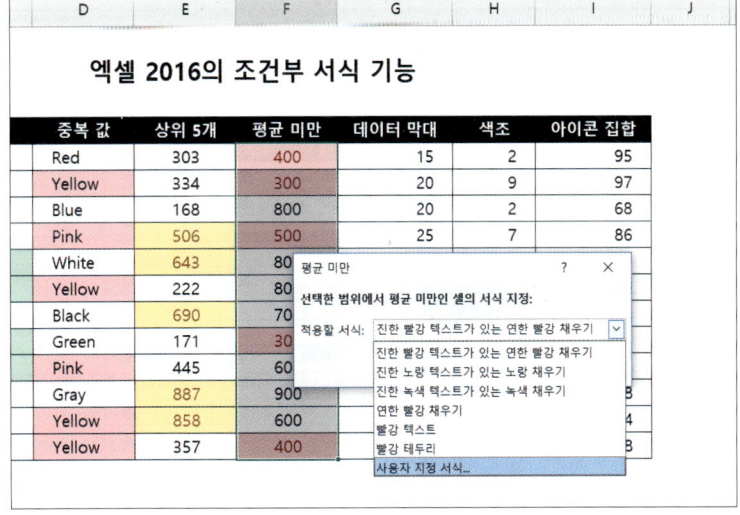

EXCEL 2016 **63**

엑셀2016

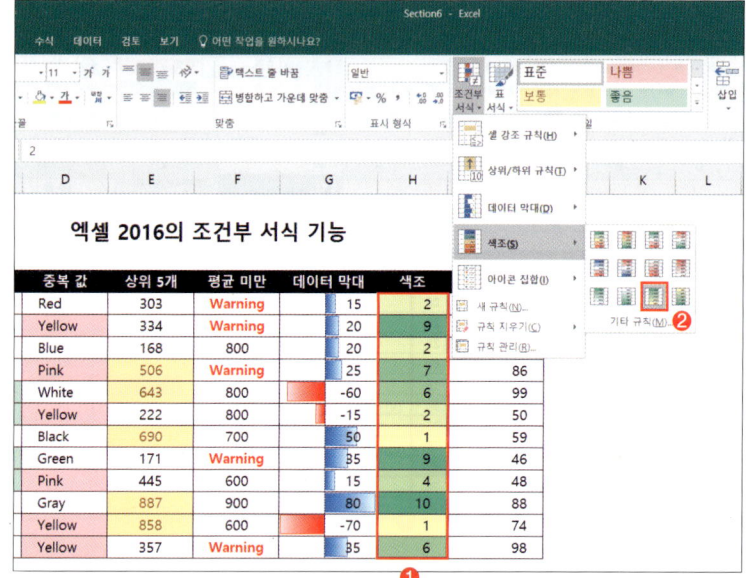

03 [H5:H16]을 블록으로 지정하고 [조건부 서식]을 클릭한 다음 [색조]에서 원하는 색조를 선택합니다. 여기서는 [녹색 - 노랑 색조]를 선택했습니다.

04 [녹색 - 노랑 색조] 조건부 서식을 적용한 결과는 그림과 같습니다. 셀 값이 클수록 녹색에 가깝고, 셀 값이 작을수록 노랑에 가까운 색조로 채우기 색이 적용됩니다.

> **참고** 3가지 색으로 된 색조는 최댓값과 최솟값 외에 중간값에 해당되는 색조가 하나 더 있습니다.

색조의 사용자 지정

[조건부 서식]을 클릭한 다음 [색조]-[기타 규칙]을 선택하면 [새 서식 규칙] 대화상자가 실행됩니다. 여기서 서식 스타일(2가지 색조/3가지 색조)을 먼저 선택한 다음 최솟값, 중간값(3가지 색조일 경우), 최댓값에 해당되는 색을 사용자가 직접 지정할 수 있습니다.

Section 06 조건부 서식 사용하기

05 [I5:I16]을 블록으로 지정하고 [조건부 서식]을 클릭한 다음 [아이콘 집합]에서 원하는 아이콘 집합을 선택합니다. 여기서는 [3가지 기호(원 없음)] 아이콘 집합을 선택했습니다.

06 3가지 기호로 된 아이콘 집합 조건부 서식을 적용한 결과입니다. 아이콘이 세 종류이기 때문에 선택한 영역의 값의 범위를 3개로 나누어 각각의 범위에 해당되는 셀에 서로 다른 아이콘을 표시합니다.

아이콘 집합의 사용자 지정

Power Upgrade

[조건부 서식]을 클릭한 다음 [색조]-[기타 규칙]을 선택하면 [새 서식 규칙] 대화상자가 실행됩니다. 여기서 '서식 스타일'을 '아이콘 집합'으로 지정하고 각 아이콘을 어떤 규칙에 의해 표시할 것인지를 직접 지정할 수 있습니다. 예를 들어 어떤 아이콘의 표시 규칙을 ">=", "100", "숫자"로 지정하면 셀 값이 100 이상일 때 해당 아이콘이 표시됩니다. 또 아이콘 스타일과 상관없이 표시하고 싶은 아이콘을 따로 선택할 수도 있고, [셀 아이콘 없음]을 선택해서 아이콘을 표시하지 않도록 설정할 수도 있습니다. [아이콘만 표시] 확인란을 선택하면 셀 값은 숨기고 아이콘만 셀에 표시됩니다.

기초문제

1

'Section6-1.xlsx' 파일의 '급여명세서' 워크시트에서 다음 지시대로 조건부 서식을 설정하세요.

① 직급이 부장일 때와 과장일 때에 각각 서식 지정(적용할 서식은 임의로 선택)
② 실수령액이 상위 30% 이내에 들 경우 채우기 색(노랑)과 글꼴 색(파랑), 글꼴 스타일(굵게) 설정

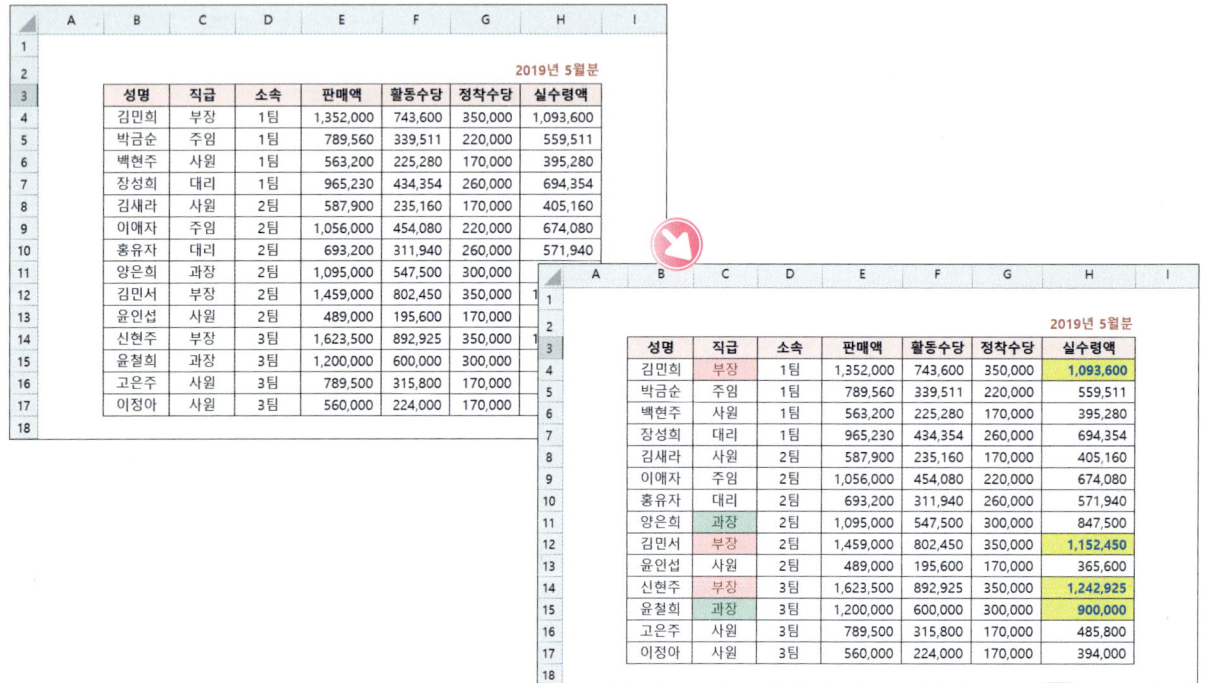

2

'Section6-1.xlsx' 파일의 '급여명세서' 워크시트에서 다음 지시대로 조건부 서식을 설정하세요.

① 각 과목의 점수(E6:G16)가 평균보다 클 때 글꼴 색(파랑)과 글꼴 스타일(굵게) 설정
② 종합점수(H6:H16)가 [H4] 셀의 값보다 클 때 '진한 빨강 텍스트가 있는 연한 빨강 채우기' 서식 지정

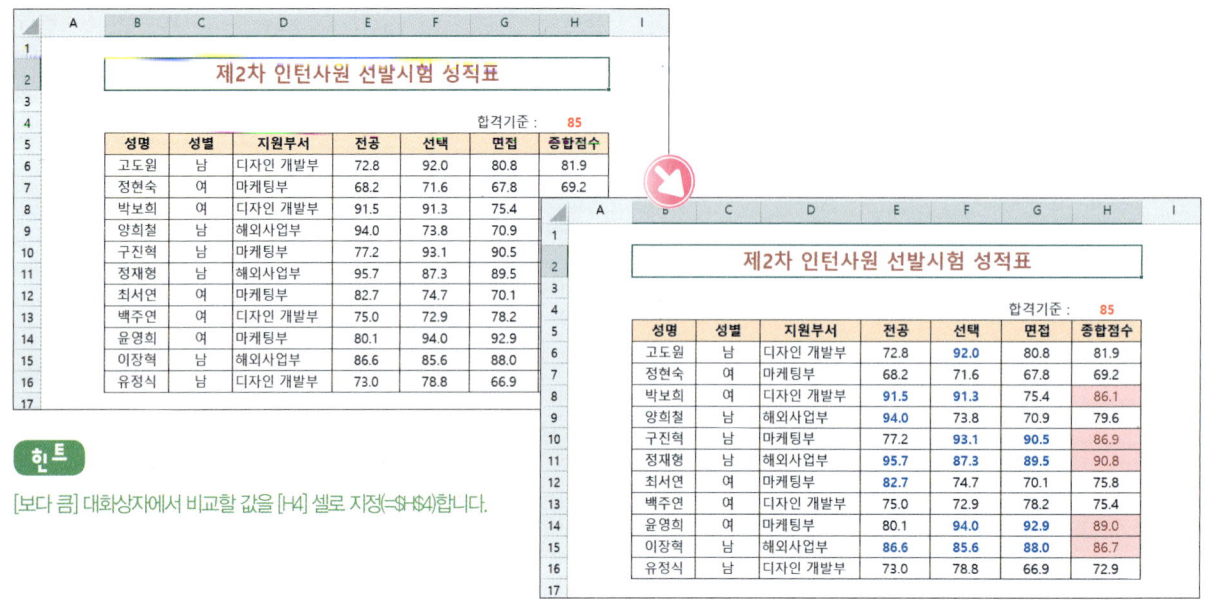

힌트

[보다 큼] 대화상자에서 비교할 값을 [H4] 셀로 지정(=$H$4)합니다.

1) 'Section6-2.xlsx' 파일의 '취업현황' 워크시트에서 다음 지시대로 조건부 서식을 설정하세요.

① 취업률(F5:F13)이 [F15] 셀보다 큰 셀에 채우기 색(노랑) 설정
② 홍보대상(G5:G13)에 '3색 신호등(테두리)' 아이콘 집합을 설정(단, 아이콘만 표시할 것)

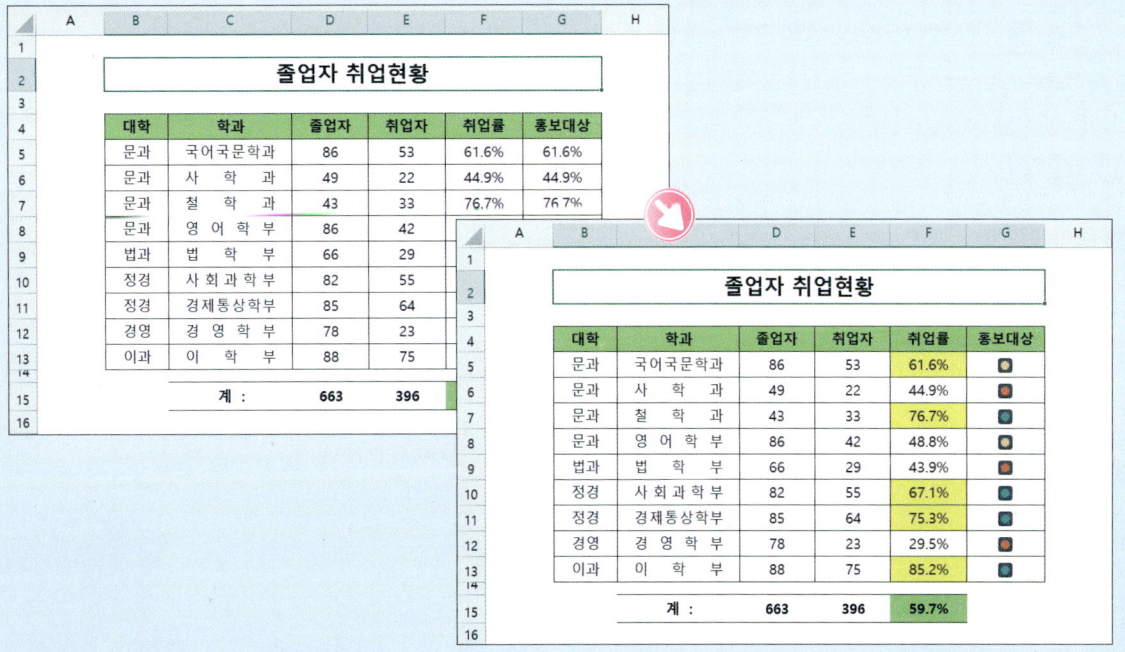

2) 'Section6-2.xlsx' 파일의 '목표대실적' 워크시트에서 다음 지시대로 조건부 서식을 설정하세요.

① 목표(C5:C16)와 실적(D5:D16)에 [빨강, 흰색, 파랑 색조] 설정
② 차이(E5:E16)에 빨강 데이터 막대(그라데이션 채우기) 설정, 음수 막대는 파랑 색으로 표시
③ 달성률(F5:F16)이 100% 이상일 때만 '녹색 플래그' 아이콘 표시

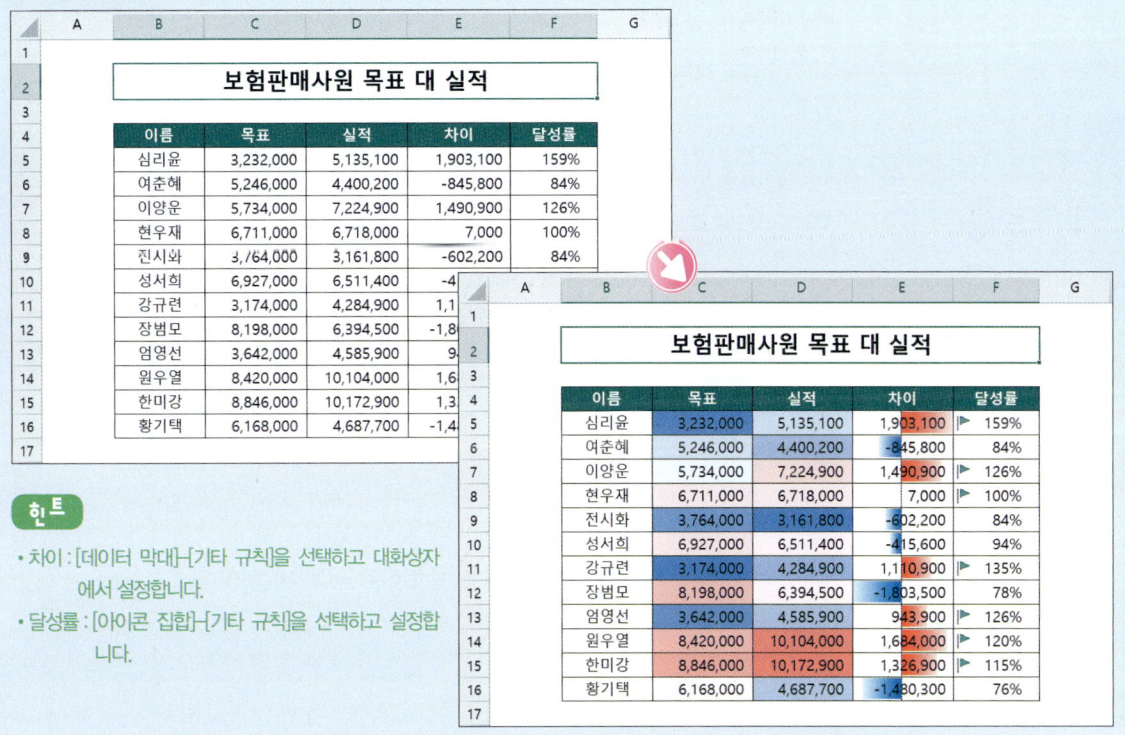

힌트

- 차이 : [데이터 막대]-[기타 규칙]을 선택하고 대화상자에서 설정합니다.
- 달성률 : [아이콘 집합]-[기타 규칙]을 선택하고 설정합니다.

Section 07 효율적인 워크시트 관리법

엑셀 파일을 '통합 문서(Workbook)'라고 하는데 이것은 여러 개의 워크시트를 하나의 파일에 통합시킬 수 있다는 의미로 해석할 수 있습니다. 통합 문서는 최소한 한 개 이상의 워크시트로 구성됩니다. 이번 섹션에서는 워크시트의 이름을 바꾸는 방법부터 시트를 이동하거나 복사하고, 새로운 시트를 삽입하거나 필요 없는 시트를 삭제하는 등 시트 관리에 대한 여러 가지 기능을 학습합니다.

Preview

〈학습내용〉

01. 시트 이름 바꾸기
02. 시트 이동과 복사하기
03. 시트 삽입과 삭제하기
04. 시트 보호하기

▲ 완성파일 : Section7.xlsx

핵심내용

- 시트 이름을 더블 클릭하고 새 이름을 입력합니다.
- 시트 이름을 드래그하여 다른 곳으로 이동하고 Ctrl 키와 함께 드래그하여 복사합니다.
- [이동/복사] 대화상자로 시트를 열려 있는 다른 통합 문서나 새 통합 문서로 이동하고 복사합니다.
- 새로운 시트를 추가하고 필요 없는 시트를 삭제합니다.
- 셀의 잠금 속성을 이해하고 시트를 보호합니다.

따라하기 01 시트 이름 바꾸기

▶ 준비파일 : Section7.xlsx

01 원래 시트 이름은 Sheet1, Sheet2, Sheet3과 같이 자동 설정되는데 시트에 작성한 문서를 설명할 수 있게 이름을 바꾸는 것이 좋습니다. 시트 탭에서 이름을 바꿀 시트 이름을 더블 클릭합니다. 이렇게 하면 시트 이름이 블록 지정되면서 커서가 표시되어 입력 상태가 됩니다.

 시트 이름을 마우스 오른쪽 단추로 클릭한 후 나타난 바로 가기 메뉴에서 [이름 바꾸기] 메뉴를 선택해도 됩니다.

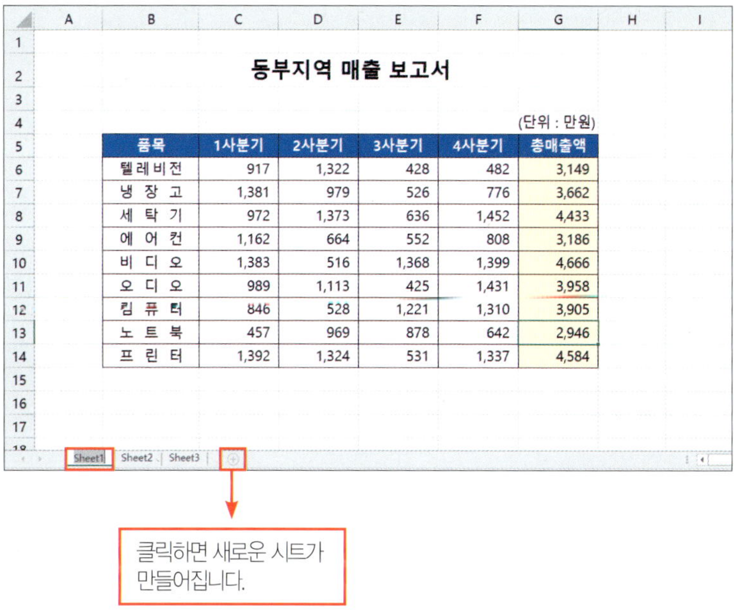

클릭하면 새로운 시트가 만들어집니다.

02 시트 이름이 반전된 상태에서 '동부'라고 새로운 이름을 입력한 다음 Enter 키를 누르면 시트 이름이 변경됩니다.

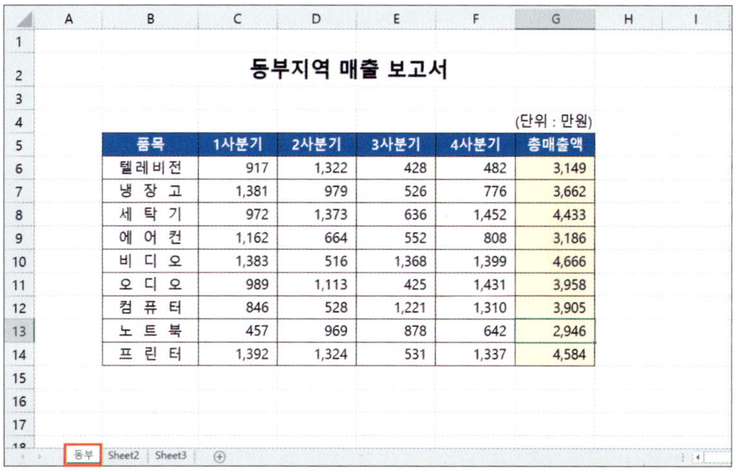

03 같은 방법으로 그림과 같이 'Sheet2'는 '북부', 'Sheet3'은 '남부'로 시트 이름을 변경합니다.

TIP
하나의 통합 문서 안에서 같은 시트 이름을 중복해서 사용할 수 없습니다.

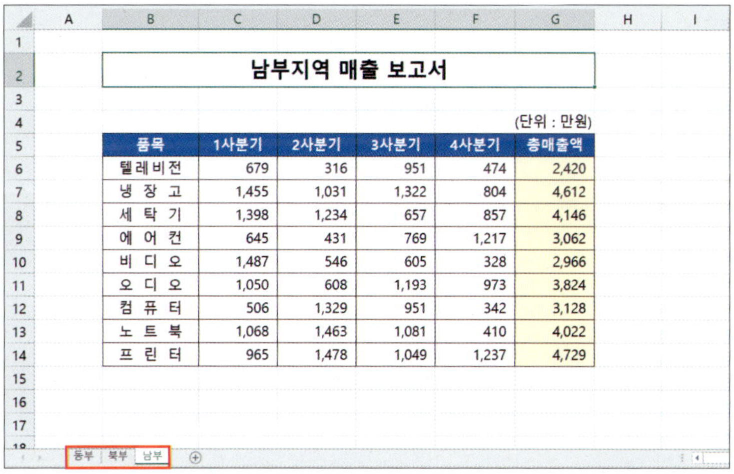

따라하기 02 시트 이동과 복사하기

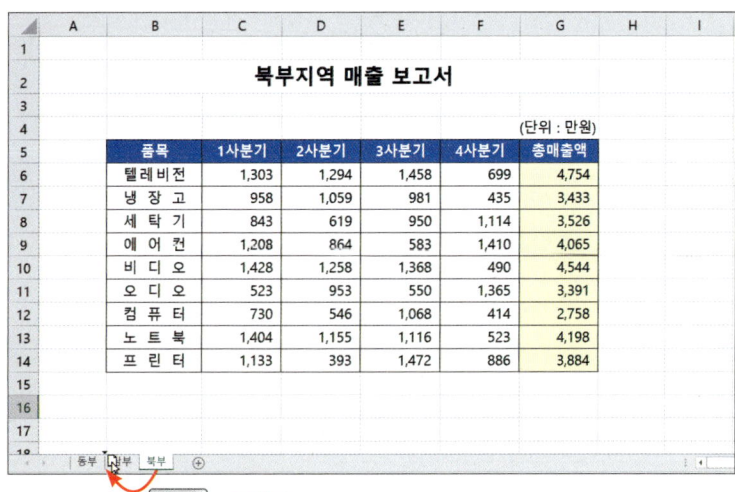

01 시트 탭의 '남부'에서 마우스 왼쪽 단추를 누른 채 '북부' 앞으로 드래그 합니다. 이렇게 하면 시트 위치를 원하는 곳으로 빠르게 이동할 수 있습니다.

02 시트를 복사할 때는 Ctrl 키를 함께 사용해야 합니다. Ctrl 키를 누른 상태에서 '북부'를 '남부' 앞으로 드래그 합니다.

> **TIP**
> Ctrl 키를 함께 사용할 때는 드래그한 다음 마우스 단추에서 먼저 손을 땐 후 Ctrl 키에서 손을 떼어야 합니다.

시트 탭의 색 바꾸기

Power Upgrade

통합 문서에 여러 개의 시트가 포함되어 있을 때 특정 시트를 강조하거나 작업 성격에 따라 분류하기 위해 탭 색을 사용할 수 있습니다. 시트 이름을 마우스 오른쪽 단추로 클릭한 다음 바로 가기 메뉴에서 [탭 색]을 가리키고 원하는 색을 선택합니다. 설정한 탭 색을 취소하고 싶을 때는 [탭 색]에서 [색 없음]을 선택하면 됩니다.

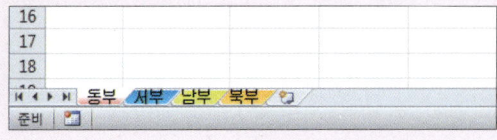

Section 07 효율적인 워크시트 관리법

03 시트를 복사하면 같은 시트 이름을 사용할 수 없기 때문에 '북부 (2)'와 같이 원래 시트 이름 뒤에 번호가 붙게 됩니다.

> 참고: 시트 복사는 같은 형식의 문서를 빠르게 만들기 위해 사용합니다. 시트를 복사한 후 원하는 부분만 편집하면 됩니다.

04 시트 이름 '북부 (2)'를 더블 클릭한 다음 '서부'로 새 이름을 입력하고 Enter 키를 누릅니다. 그리고 워크시트에서 필요한 부분을 수정합니다. 다음은 문서 제목과 데이터를 수정한 것입니다.

Power Upgrade — [이동/복사] 대화상자를 이용한 시트의 이동/복사

시트를 다른 통합 문서로 이동하거나 복사할 필요가 있으면 마우스로 드래그하는 방법 대신 대화상자를 사용하면 편리합니다. 시트 이름을 마우스 오른쪽 단추로 클릭한 다음 바로 가기 메뉴에서 [이동/복사]를 선택하면 다음과 같이 [이동/복사] 대화상자가 실행됩니다.

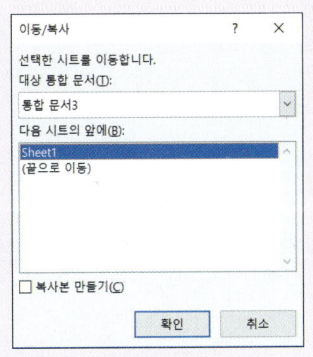

- 대상 통합 문서의 목록 단추를 클릭하고 현재 시트를 이동/복사하고 싶은 통합 문서를 선택합니다. 대상 통합 문서는 현재 열려 있는 통합 문서나 새 통합 문서 중에서 선택할 수 있습니다.
- 현재 열려 있는 통합 문서 중 하나를 대상 통합 문서로 선택한 경우에는 어떤 시트의 앞으로 이동/복사할 것인지 위치를 지정합니다.
- [복사본 만들기] 확인란을 선택하지 않으면 시트가 이동되고 선택하면 시트가 복사됩니다.

따라하기 03 시트 삽입과 삭제하기

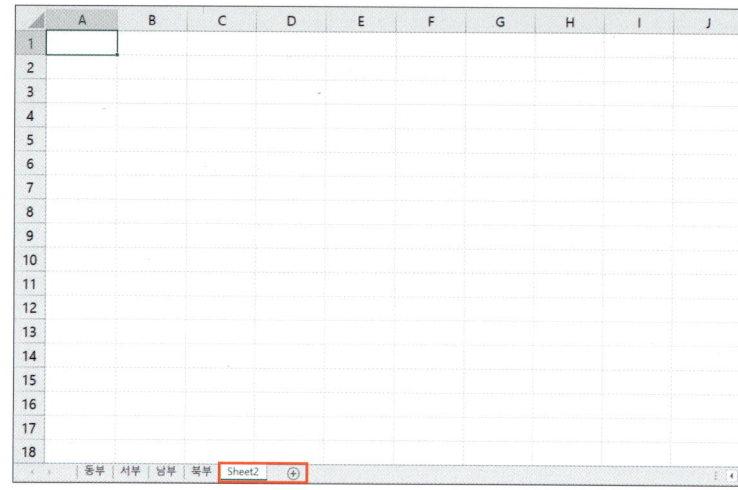

01 하나의 통합 문서에는 필요에 따라 여러 개의 시트를 포함할 수 있습니다. 더 많은 시트가 필요하면 시트 탭에서 [새 시트](+)를 클릭합니다. 그러면 현재 시트 위치 바로 다음에 새로운 시트가 추가됩니다.

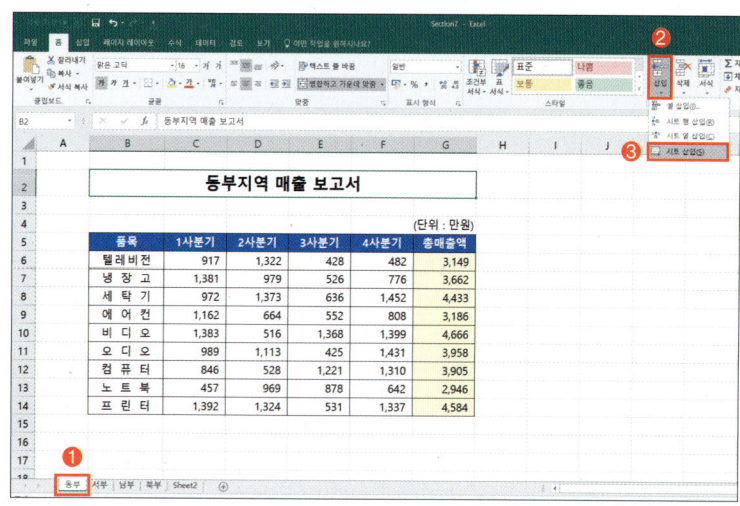

02 이번에는 맨 앞에 추가해 보기로 합니다. 시트 이름 '동부'를 클릭해서 이동한 다음 [홈] 탭 → [셀] 그룹 → [삽입]의 목록 단추를 클릭하고 [시트 삽입]을 선택합니다.

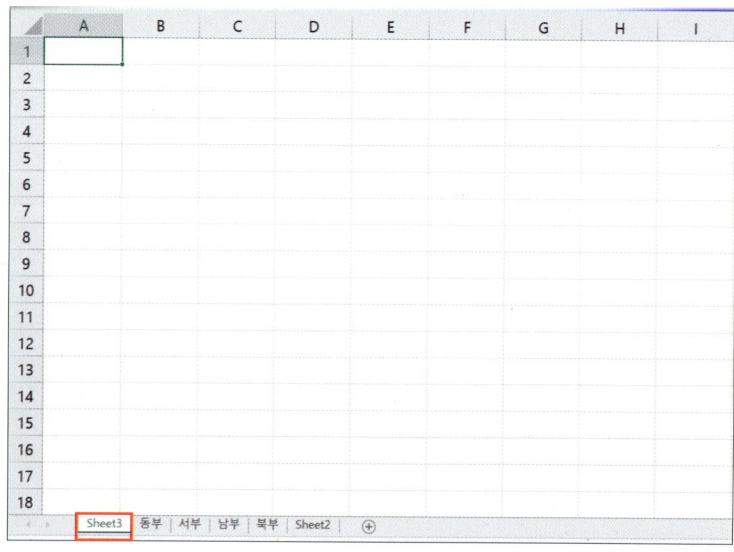

03 그림과 같이 '동부' 시트 앞에 새 워크시트가 삽입됩니다. 이렇게 [삽입]에서 [시트 삽입]을 클릭하면 현재 워크시트 바로 앞에 새 워크시트를 삽입하게 됩니다.

Section 07 효율적인 워크시트 관리법

04 이번에는 더 이상 필요가 없어진 시트를 삭제하는 방법입니다. 먼저 '동부' 앞에 삽입한 워크시트에서 [홈] 탭 → [셀] 그룹 → [삭제]의 목록 단추를 클릭하고 [시트 삭제]를 선택하여 워크시트를 삭제합니다.

> **Tip**
> 시트 이름을 마우스 오른쪽 단추로 클릭하고 [삭제] 메뉴를 선택해도 됩니다. 워크시트가 비어 있을 경우 바로 워크시트가 삭제됩니다.

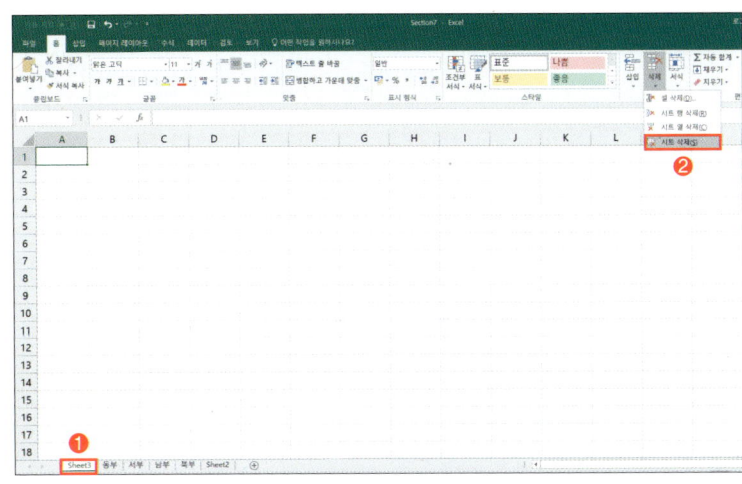

05 단축 메뉴를 이용하여 삭제를 해보기로 합니다. 마지막에 추가한 워크시트에 임의로 데이터를 입력해 봅니다. 그런 다음 삭제하려는 워크시트에서 마우스 오른쪽 단추로 클릭하고 [삭제] 메뉴를 선택합니다.

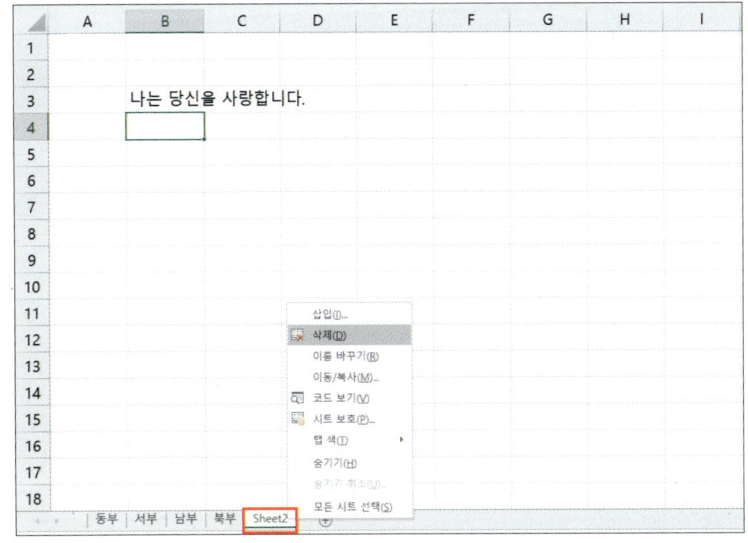

06 워크시트에 데이터가 있을 경우에는 바로 삭제되지 않고 그림과 같이 경고 메시지가 나타납니다. 여기서 [삭제] 단추를 클릭해야 워크시트가 삭제됩니다.

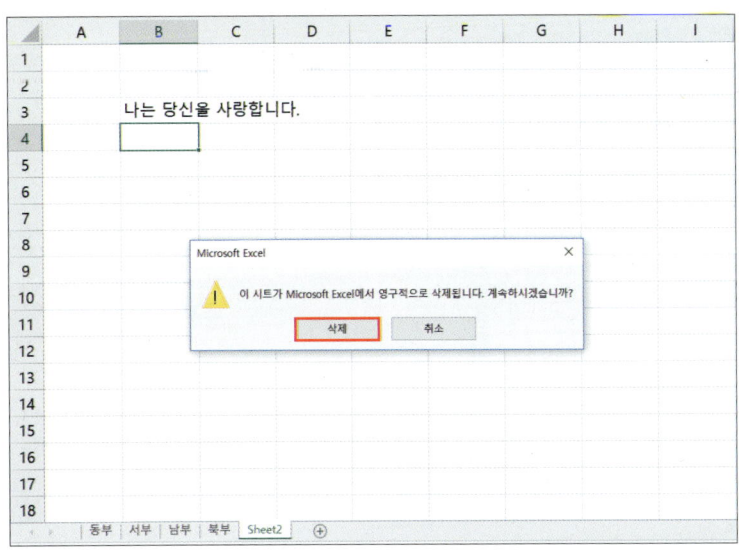

따라하기 04 시트 보호하기

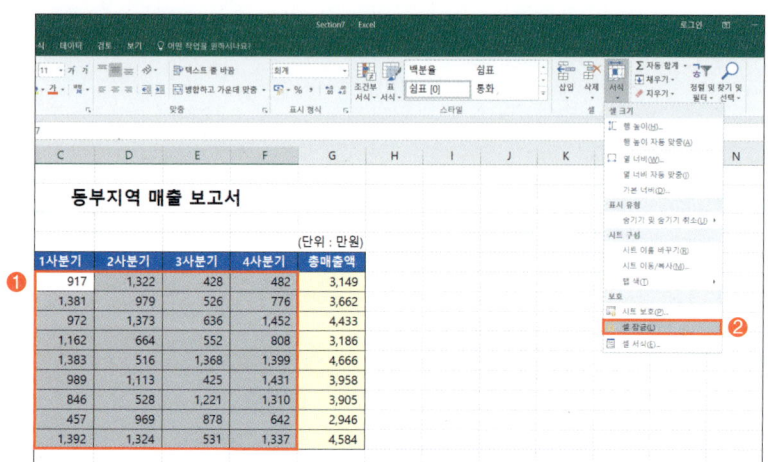

01 워크시트에 입력한 데이터나 수식을 보호하는 방법에 대해 알아보겠습니다. '동부' 워크시트에서 [C6:F14]를 블록으로 지정한 다음 [홈] 탭 → [셀] 그룹 → [서식]을 클릭하고 [셀 잠금]을 클릭합니다.

> **TIP** 기본적으로 모든 셀은 '셀 잠금'이 설정되어 있습니다. 따라서 지금 이 과정은 [C6:F14]의 '셀 잠금'을 해제하는 것입니다.

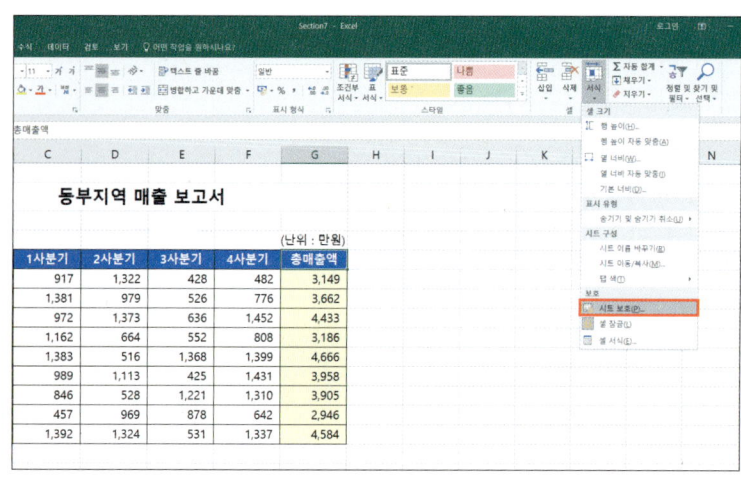

02 임의의 셀을 클릭해서 블록을 해제한 다음 [서식]을 클릭하고 [시트 보호]를 선택합니다.

> **TIP** '셀 잠금'은 셀을 변경하지 못하도록 보호하는 역할을 합니다. 하지만 '셀 잠금'이 설정되어 있더라도 시트가 보호되어 있지 않으면 '셀 잠금'의 역할을 하지 못합니다.

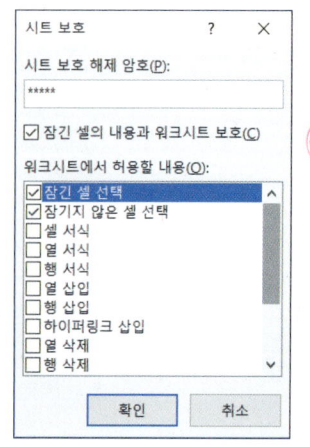 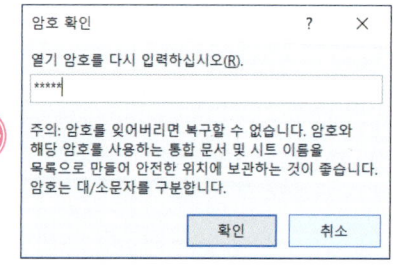

03 [시트 보호] 대화상자가 실행되면 시트 보호 해제 암호로 '12345'를 입력하고 [확인] 단추를 클릭합니다. 시트 보호 해제 암호를 입력한 경우에만 [암호 확인] 대화상자가 나오는데 다시 동일한 암호 '12345'를 입력하고 [확인] 단추를 클릭합니다.

> **TIP** '시트보호'를 통해 '셀 잠금'이 설정되어 있는 셀만 보호됩니다. 원한다면 워크시트에서 허용할 내용 목록에서 보호된 시트에서도 사용할 수 있는 명령을 선택할 수 있습니다.

07
효율적인 워크시트 관리법 Section

04 지금까지 과정을 통해 '동부' 워크시트가 보호된 상태입니다. [C6:F14]은 '셀 잠금'이 해제된 셀이므로 이 영역을 제외한 나머지 셀에서 임의로 데이터를 입력하려고 시도할 경우 다음과 같이 경고 메시지가 나타납니다.

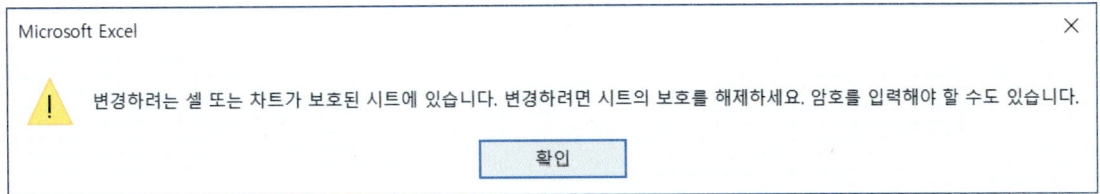

05 보호된 워크시트에서 잠겨있는 셀을 변경하기 위해서는 먼저 시트 보호를 해제해야 합니다. 시트 보호를 해제하려면 [서식]을 클릭하고 [시트 보호 해제]를 선택합니다.

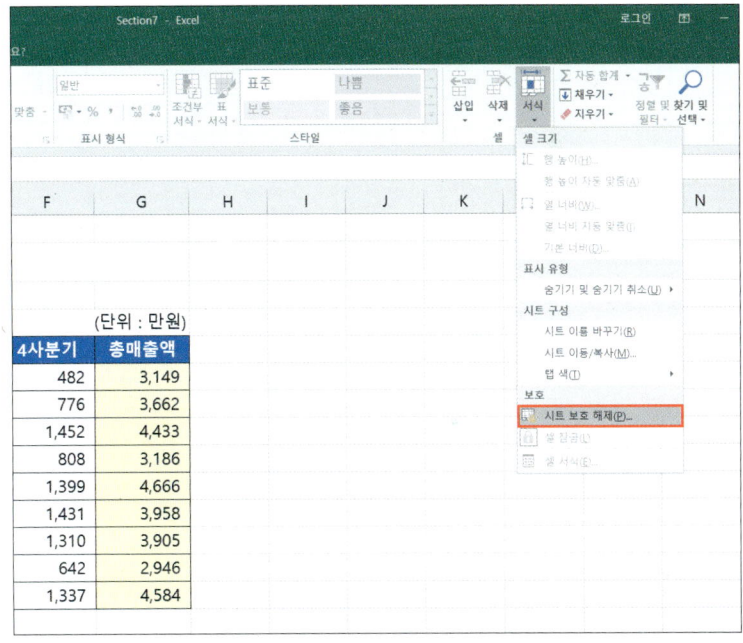

06 시트를 보호할 때 암호를 설정했을 경우 그림과 같이 [시트 보호 해제] 대화상자가 실행됩니다. 여기에 설정했던 암호를 정확하게 입력하고 [확인] 단추를 클릭해서 시트 보호를 해제합니다.

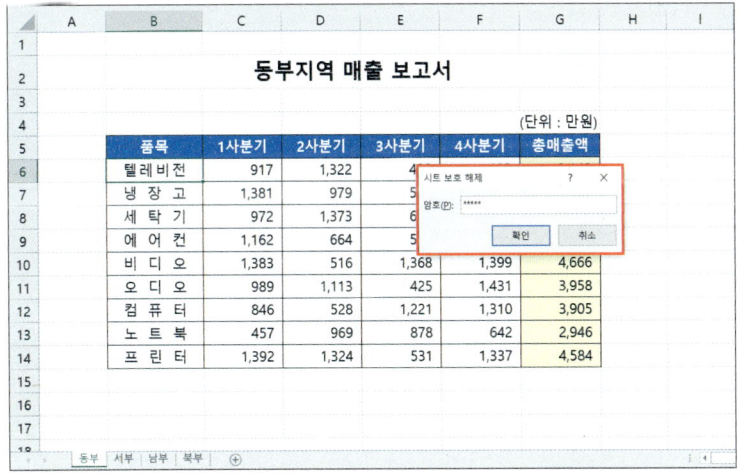

> **참고** 암호가 틀리면 시트 보호를 해제할 수 없으므로 암호를 잊어버리지 않도록 세심한 주의가 필요합니다.

EXCEL 2016 **77**

기초문제

1

'Section7-1.xlsx' 파일을 열고 다음 지시대로 작업하세요.

① '건강식품' 워크시트의 이름을 '거래처 관리'로 변경
② '실적보고서' 워크시트에 탭 색 설정(파랑)
③ 'Sheet3'과 'Sheet4' 워크시트 삭제

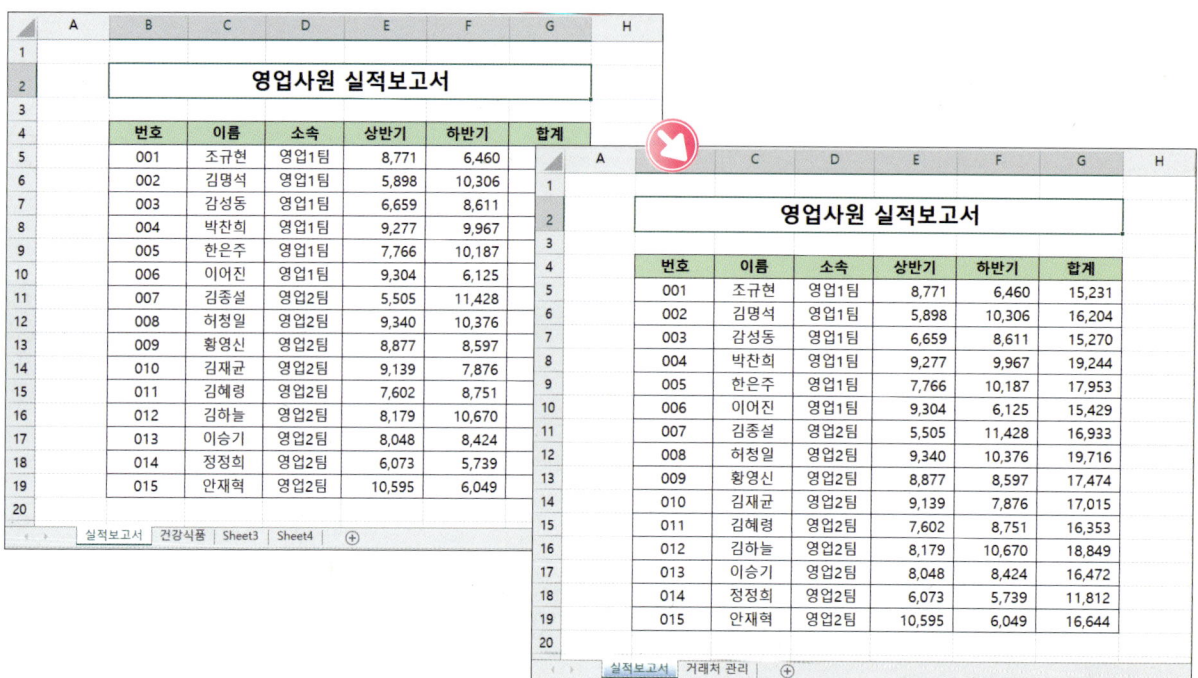

2

'Section7-1.xlsx' 파일에서 다음 지시대로 작업하세요.

① '실적보고서' 워크시트를 '거래처 관리' 워크시트 뒤로 복사
② 복사한 워크시트의 이름을 '영업2팀'으로 변경하고 다음과 같이 영업2팀 만으로 편집할 것

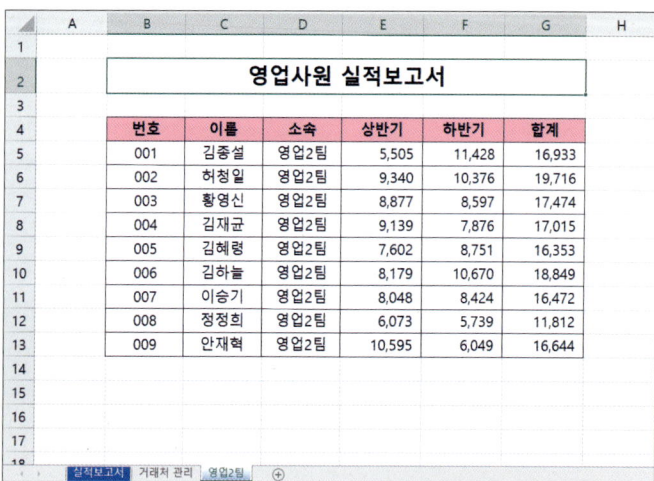

1) 'Section7-2.xlsx' 파일을 열고 다음 지시대로 작업하세요.

① '실적보고' 워크시트의 [F4:J13] 영역만 제외하고 나머지 셀의 '셀 잠금'을 해제
② '실적보고' 워크시트에 암호 '007'을 사용하여 시트 보호

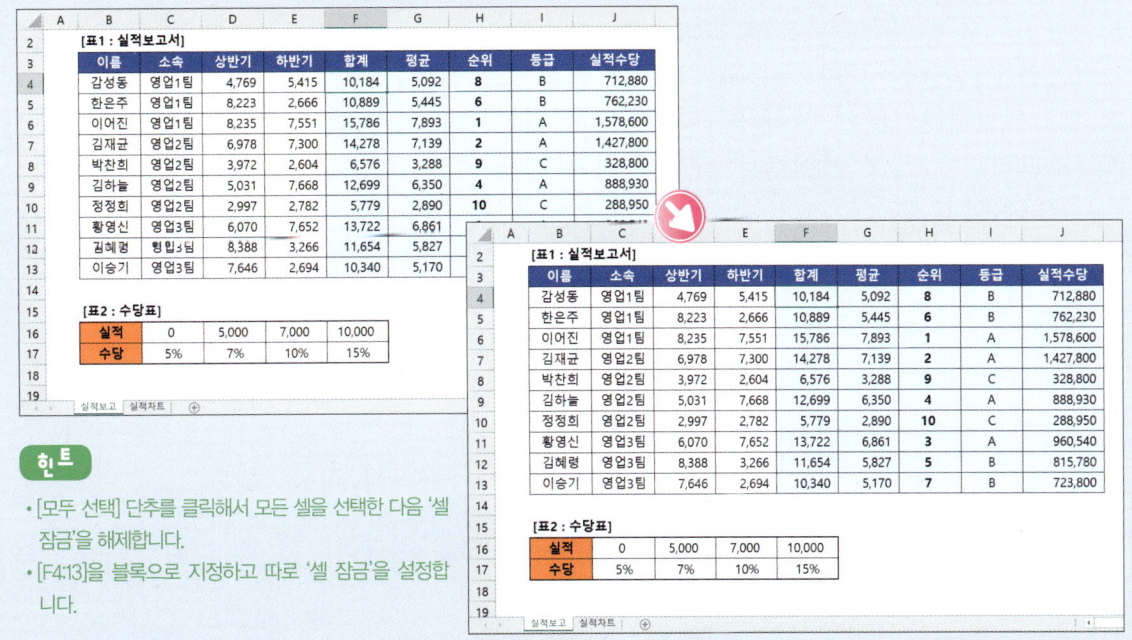

힌트
- [모두 선택] 단추를 클릭해서 모든 셀을 선택한 다음 '셀 잠금'을 해제합니다.
- [F4:J13]을 블록으로 지정하고 따로 '셀 잠금'을 설정합니다.

2) 'Section7-2.xlsx' 파일에서 다음 지시대로 작업하세요.

① '실적보고' 워크시트와 '실적차트' 워크시트를 함께 새 통합 문서로 복사
② 새 통합 문서에서 '실적차트' 워크시트 보호(암호 없음)

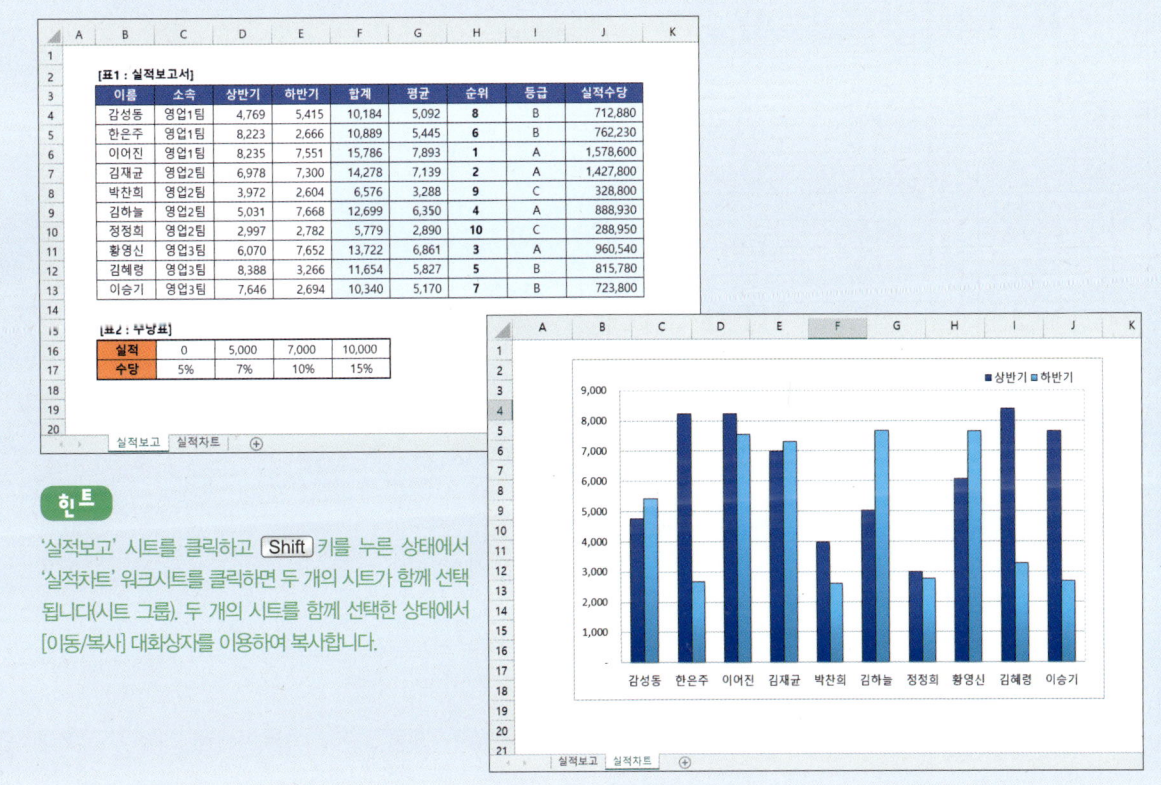

힌트

'실적보고' 시트를 클릭하고 Shift 키를 누른 상태에서 '실적차트' 워크시트를 클릭하면 두 개의 시트가 함께 선택됩니다(시트 그룹). 두 개의 시트를 함께 선택한 상태에서 [이동/복사] 대화상자를 이용하여 복사합니다.

Section 08 워크시트 인쇄하기

문서를 작성하는 최종 목적은 대부분의 경우 종이에 결과물을 출력하는 것입니다. 여기서는 인쇄용지에 더 깔끔하고 보기 좋게 문서를 인쇄하기 위한 여러 가지 기능을 배우게 됩니다. 인쇄 작업의 특성을 고려하여 대부분의 작업은 기본 보기가 아닌 페이지 레이아웃 보기에서 진행됩니다. 페이지 레이아웃 보기는 용지 여백과 머리글/바닥글의 내용, 한 페이지에 들어가는 문서 분량 등을 미리 알 수 있도록 인쇄 페이지 그대로 화면에 표시합니다.

Preview

〈학습내용〉

01. 인쇄 모양 미리 보기
02. 인쇄 페이지 설정하기
03. 머리글/바닥글 작성하기

▶ 완성파일 : Section8.xlsx

핵심내용

- [파일] 탭의 [인쇄]에서 문서의 인쇄 모양을 화면으로 확인하고 인쇄합니다.
- 용지의 크기와 방향, 여백, 인쇄 배율 등을 지정합니다.
- 인쇄 영역과 인쇄 제목을 설정합니다.
- 페이지 레이아웃 보기에서 머리글과 바닥글을 작성합니다.

인쇄 모양 미리 보기

▶ 준비파일 : Section8.xlsx

01 [파일] 탭에서 [인쇄]를 선택하면 화면의 오른쪽에 현재 워크시트의 인쇄 모양이 나타나서 미리 확인할 수 있습니다. 왼쪽 영역에서 필요한 인쇄 옵션을 설정하고 [인쇄] 단추를 클릭해서 바로 프린터로 인쇄가 가능합니다.

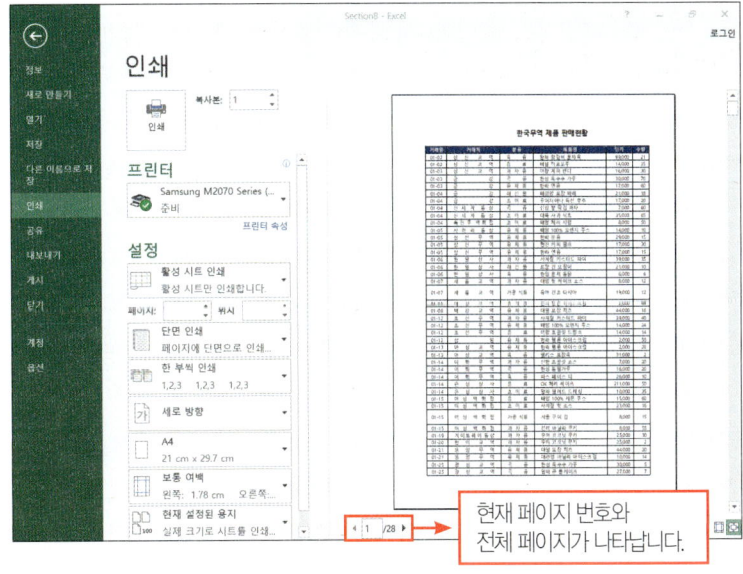

현재 페이지 번호와 전체 페이지가 나타납니다.

02 인쇄 페이지는 한 페이지가 화면에 모두 표시되도록 축소된 상태로 나타납니다. [페이지 확대/축소] 단추를 클릭하여 선택을 해제하면 100% 크기로 인쇄 모양을 확인할 수 있습니다. 다시 [페이지 확대/축소] 단추를 클릭하여 선택하면 원래대로 한 페이지가 모두 표시됩니다.

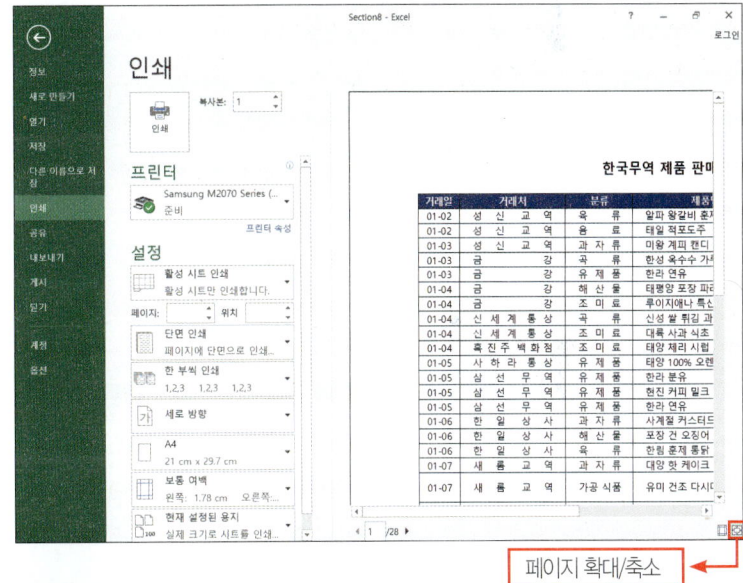

페이지 확대/축소

03 [여백 표시] 단추를 클릭하면 인쇄 페이지에 여백을 표시하는 선과 여백을 조절할 수 있는 핸들이 표시됩니다. 여백 표시 선에서 마우스 왼쪽 단추를 클릭한 채 드래그하면 여백의 크기를 바로 조절할 수 있습니다.

> **TIP** 여백은 용지 가장자리와 실제 문서 사이의 빈 공간을 의미합니다.

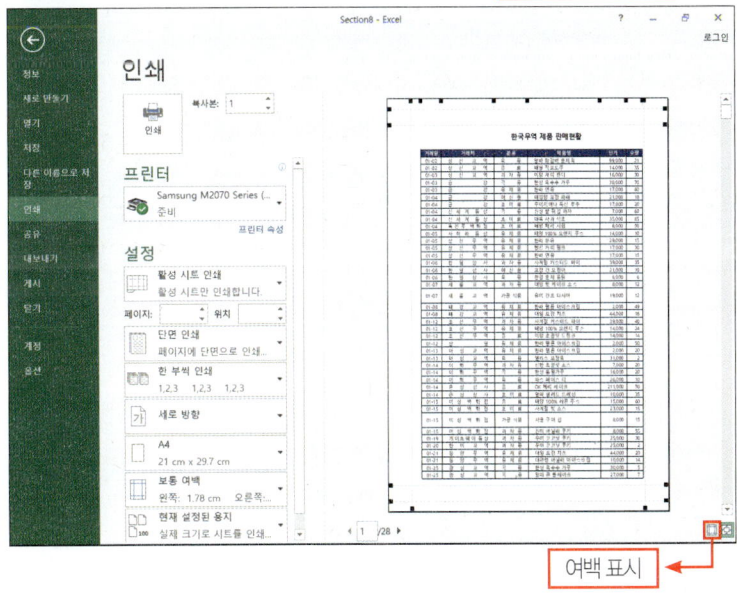

여백 표시

따라하기 02 인쇄 페이지 설정하기

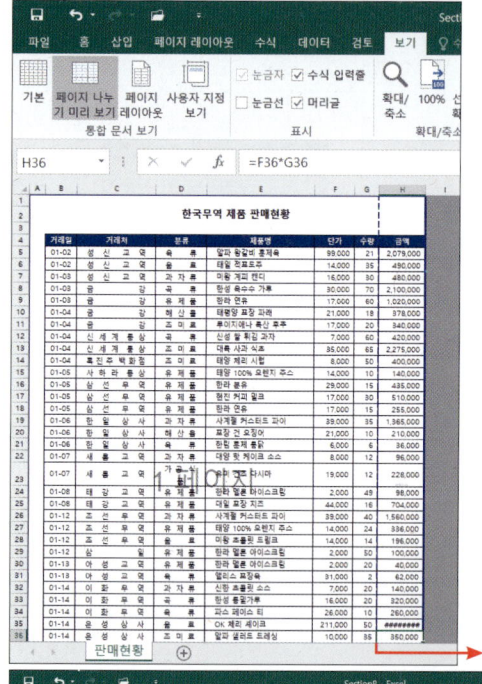

01 [보기] 탭 → [통합 문서 보기] 그룹 → [페이지 나누기 미리 보기]를 클릭합니다. 그러면 기본 보기에서 페이지 나누기 미리 보기로 전환됩니다. 이곳에서 인쇄될 페이지 형태를 미리 볼 수 있습니다. 살펴보니 문서 내용이 모두 표시되지 않고 '금액' 부분은 별도 페이지에 인쇄되고 있습니다.

> **TIP**
> 페이지 나누기 미리 보기는 문서의 어느 부분에서 페이지가 나눠지는지를 표시하는 보기입니다. 파란 색 점선으로 표시되는 부분이 자동으로 페이지가 나눠지는 곳입니다.

02 [보기] 탭 → [통합 문서 보기] 그룹 → [페이지 레이아웃]을 클릭하여 페이지 레이아웃 보기로 전환합니다. '금액' 부분이 별도 페이지에 인쇄되면 안 되므로 한 페이지에 인쇄되도록 조정할 필요가 있습니다.

> **참고**
> 페이지 레이아웃 보기는 워크시트를 인쇄 모양 그대로 표시합니다. 인쇄 용지의 가장자리도 볼 수 있으며 문서와 용지 사이의 여백도 바로 확인할 수 있습니다.

03 용지 여백을 조정해 보겠습니다. [페이지 레이아웃] 탭 → [페이지 설정] 그룹 → [여백]을 클릭하고 [사용자 지정 여백]을 선택합니다.

04 [페이지 설정] 대화상자의 [여백] 탭이 실행되면 좌우 여백을 늘리기 위해 왼쪽과 오른쪽 여백을 '1.3'으로 조정하고, 페이지 가운데 맞춤에서 [가로] 확인란을 선택한 다음 [확인] 단추를 클릭합니다.

> **TIP**
> 페이지 가운데 맞춤은 인쇄 내용을 용지의 가로 또는 세로 방향에 대해 가운데로 맞춰 인쇄하는 것을 의미합니다. 한 페이지 문서라면 [가로]와 [세로]를 모두 선택하는 것이 좋습니다.

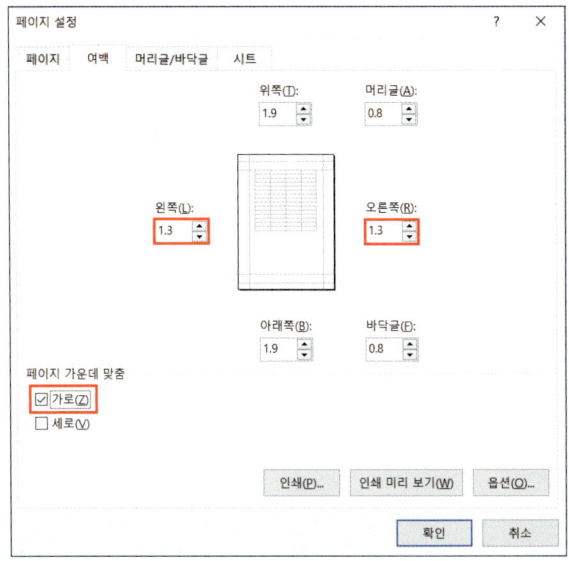

05 이번에는 [페이지 레이아웃] 탭, [크기 조정] 그룹에서 [너비]의 목록 단추를 클릭하고 [1페이지]를 선택합니다. 이것은 문서 너비가 한 페이지에 모두 들어가도록 인쇄 배율을 자동으로 조정한다는 의미입니다.

> **TIP**
> [크기 조정] 그룹에서 [너비]와 [높이]가 모두 '자동'일 때는 [배율]을 10%~400% 범위에서 조절하여 문서를 축소 인쇄하거나 확대 인쇄할 수 있습니다.

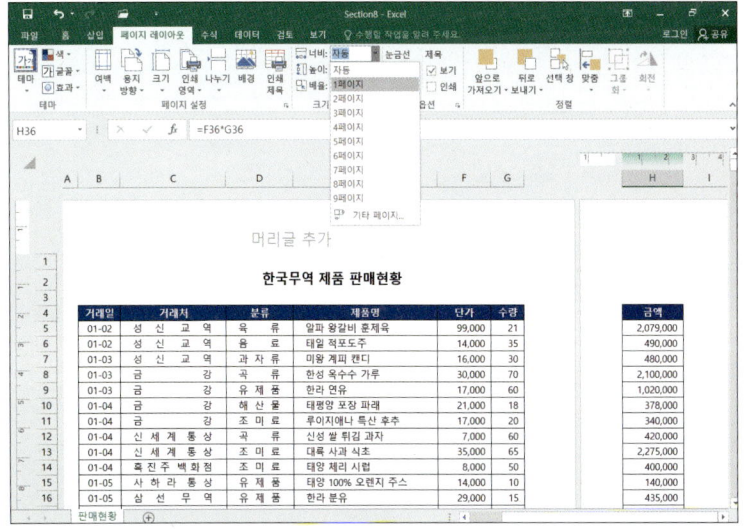

06 '금액' 부분이 한 페이지에 인쇄되도록 조정되었습니다. 이번에는 4행의 제목 부분이 모든 페이지마다 자동으로 인쇄되도록 조정해 보겠습니다.

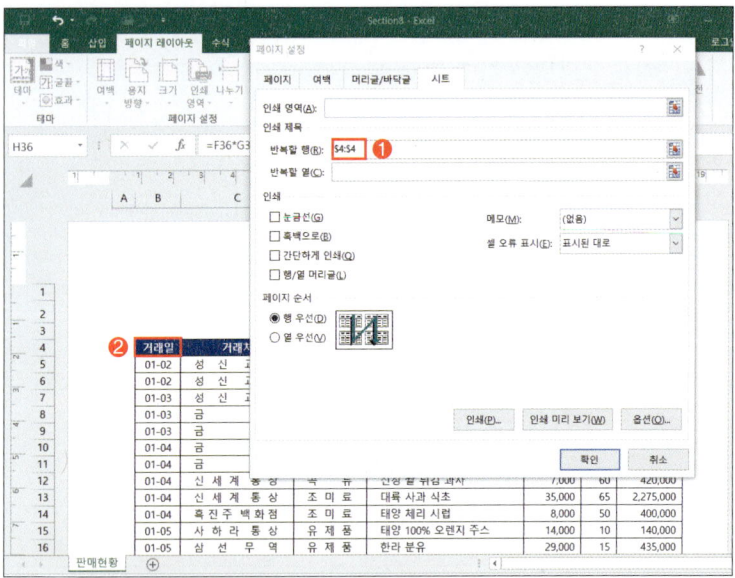

07 [페이지 레이아웃] 탭 → [페이지 설정] 그룹 → [인쇄 제목]을 클릭하면 [페이지 설정] 대화상자의 [시트] 탭이 실행됩니다. 인쇄 제목의 반복할 행 상자를 클릭한 다음 워크시트에서 4행을 클릭합니다. 반복할 행이 '$4:$4'로 설정되면 [확인] 단추를 클릭합니다.

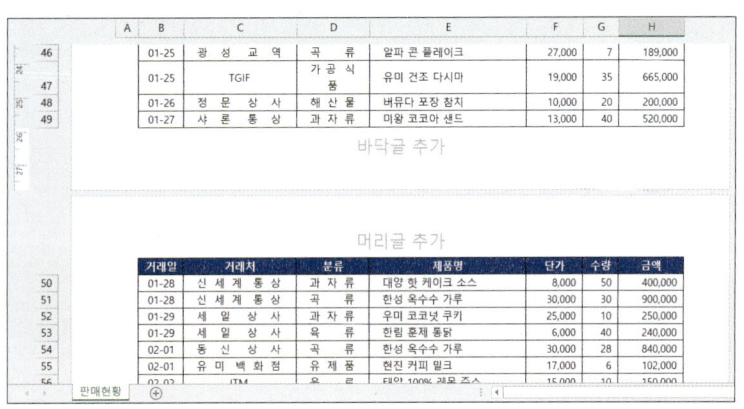

08 두 번째 페이지로 이동해 보면 인쇄 제목으로 설정한 2행이 두 번째 페이지의 시작 부분에서 반복되는 것을 확인할 수 있습니다.

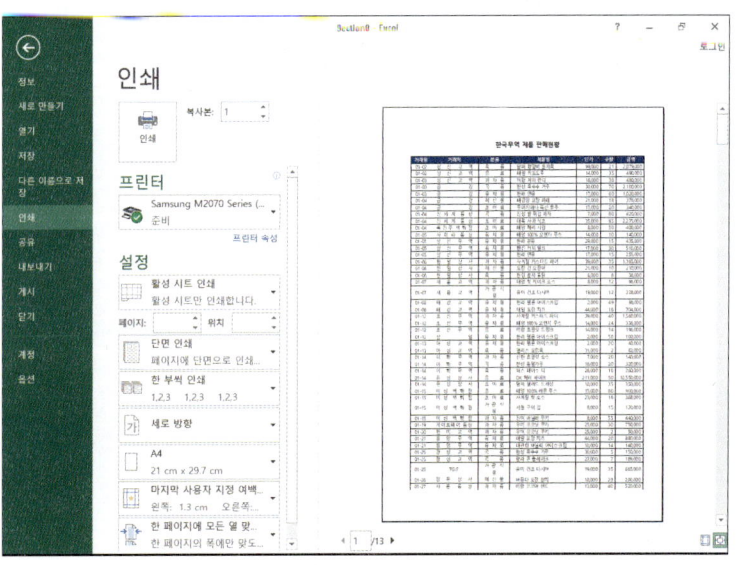

09 모든 작업이 완료되면 [파일] 탭에서 [인쇄]를 선택합니다.

10 인쇄 미리 보기 페이지의 하단에서 [다음 페이지] 단추를 클릭해서 두 번째 페이지로 이동해 봅니다. 여기서 인쇄 제목으로 설정한 반복할 행이 바르게 표시되는지 확인합니다.

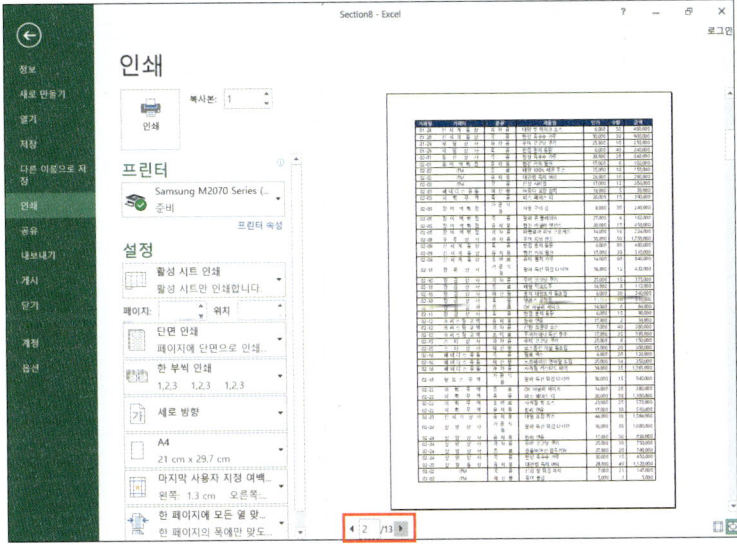

[페이지 설정] 대화상자의 기능

Power Upgrade

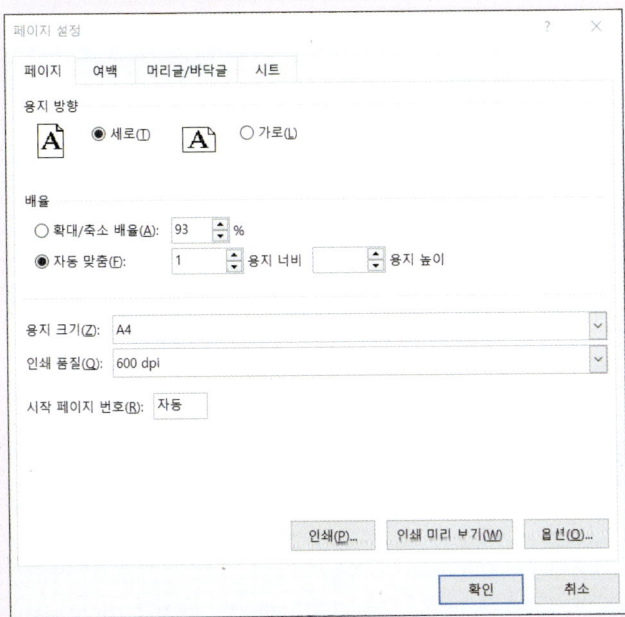

[페이지 레이아웃] 탭, [페이지 설정] 그룹에서 [대화상자 표시] 단추를 클릭하면 [페이지 설정] 대화상자가 실행됩니다. 이 대화상자의 각 탭에서 인쇄에 필요한 여러 옵션을 지정합니다.

- [페이지] 탭 : 용지의 방향과 인쇄 배율, 용지 크기, 시작 페이지 번호 등을 지정합니다.
- [여백] 탭 : 용지의 상하 좌우 여백과 머리글/바닥글 여백, 페이지 가운데 맞춤을 설정합니다.
- [머리글/바닥글] 탭 : 모든 페이지의 상단과 하단에 인쇄할 내용을 작성합니다.
- [시트] 탭 : 인쇄 영역과 인쇄 제목, 인쇄에 포함시킬 내용과 페이지 순서 등을 지정합니다.

따라하기 03 머리글/바닥글 작성하기

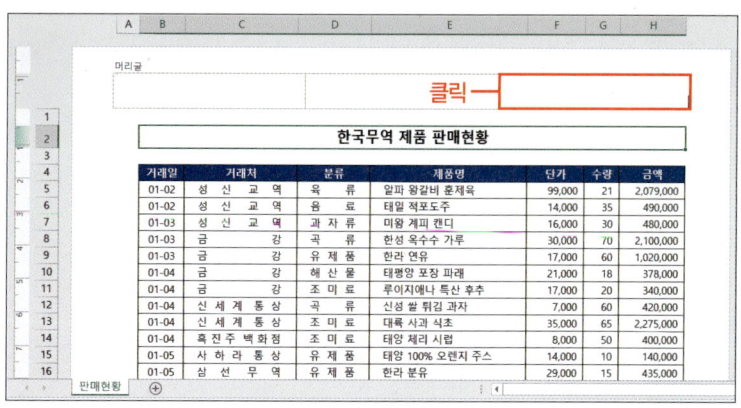

01 페이지 레이아웃 보기에서 머리글과 바닥글을 바로 작성할 수 있습니다. 먼저 머리글의 오른쪽 구역을 클릭합니다.

> **참고** 왼쪽, 가운데, 오른쪽 구역 중 머리글이 들어가기 원하는 부분을 클릭하고 머리글을 작성하면 됩니다.

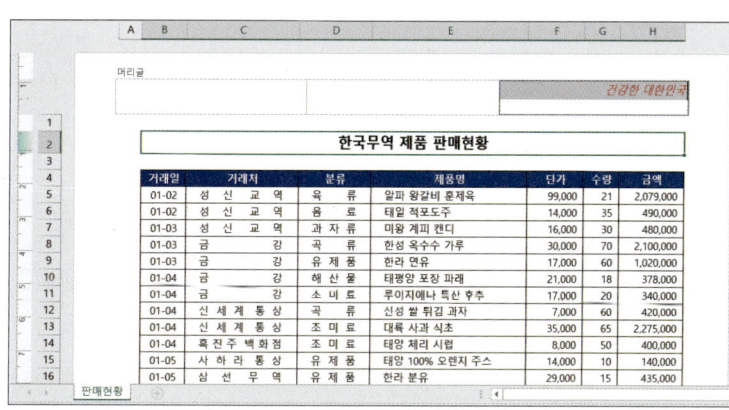

02 머리글 편집 상태가 되면 '건강한 대한민국'을 입력합니다. 입력한 텍스트를 마우스로 드래그해서 블록으로 지정한 다음 [홈] 탭 → [글꼴] 그룹에 있는 도구를 사용하여 글꼴 서식을 지정할 수 있습니다.

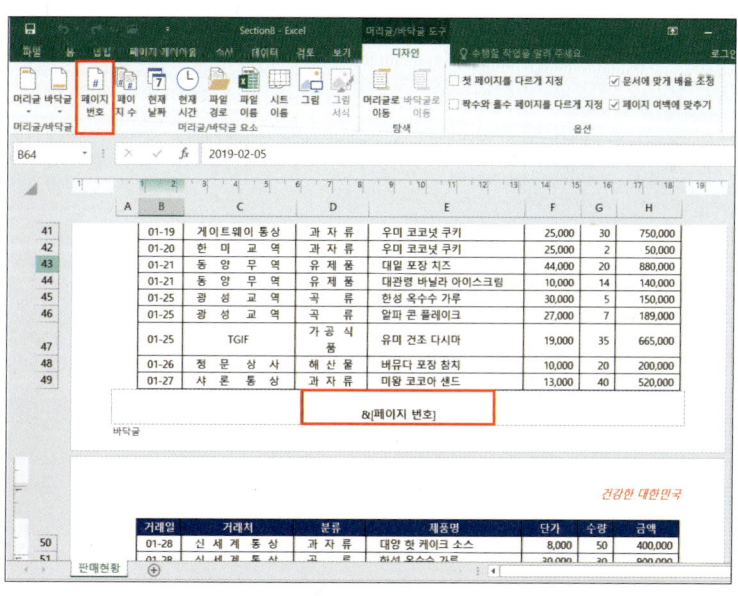

03 이번에는 페이지 하단의 바닥글에서 가운데 구역을 클릭합니다. 가운데 구역에 커서가 표시되면 [머리글/바닥글 도구]의 [디자인] 탭 → [머리글/바닥글 요소] 그룹 → [페이지 번호]를 클릭합니다. 그러면 '&[페이지 번호]'와 같은 인쇄 코드가 표시됩니다.

> **TIP** 머리글/바닥글에 삽입한 인쇄 코드는 실제 인쇄할 때는 해당 내용으로 자동 변환됩니다.

Section 08 워크시트 인쇄하기

04 인쇄 코드 다음에 공백을 한 칸 띄우고 'Page'를 입력합니다. 그리고 '&[페이지 번호]'만 마우스로 드래그해서 블록을 지정한 다음 원하는 글꼴 서식을 지정합니다.

05 바닥글 작성이 모두 끝나면 임의의 셀을 클릭하여 바닥글 편집을 종료합니다. 그러면 실제 인쇄 코드가 어떻게 인쇄되는지 바로 확인할 수 있습니다.

Power Upgrade — 머리글/바닥글 요소

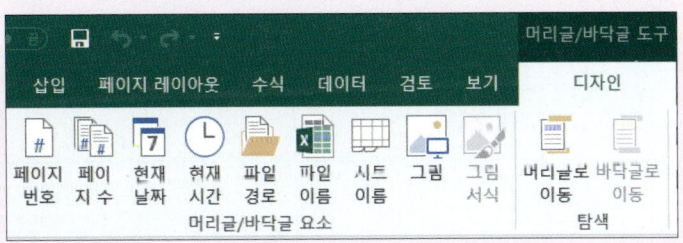

페이지 레이아웃 보기에서 머리글이나 바닥글을 편집할 때 리본 메뉴에 [머리글/바닥글 도구]의 [디자인] 탭이 표시됩니다. 이 탭의 [머리글/바닥글 요소] 그룹에 있는 도구는 머리글이나 바닥글에 페이지 번호나 시트 이름, 날짜와 시간 등의 내용을 표시할 때 사용됩니다.

머리글이나 바닥글에서 [머리글/바닥글 요소] 그룹에 있는 도구를 클릭하면 '&[페이지 번호]'나 '&[날짜]'와 같이 인쇄 코드가 커서 위치에 입력됩니다. 이런 인쇄 코드는 실제 문서를 인쇄할 때 해당되는 내용으로 자동 변환됩니다. 예를 들어 [현재 날짜]를 클릭하면 커서 위치에 '&[날짜]'가 입력되며, 이 인쇄 코드는 문서를 2019년 1월 24일에 인쇄할 경우 '2019-01-24'로 변환됩니다. 또 2019년 12월 25일에 문서를 인쇄하면 '2019-12-25'로 변환됩니다.

EXCEL 2016 **87**

기초문제

1

'Section8-1.xlsx' 파일의 '기안용지' 워크시트를 다음 지시에 따라 인쇄하세요.

① 인쇄 영역 : [B2:I35]로 설정
② 페이지 가운데 맞춤 : [가로]와 [세로] 가운데 맞춤으로 설정

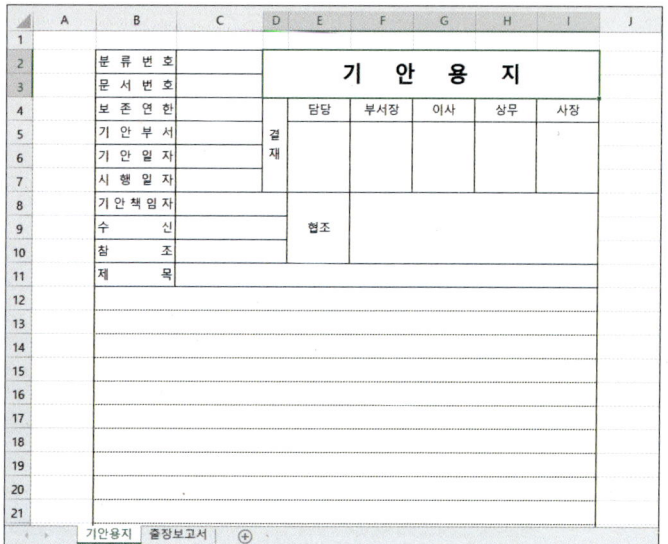
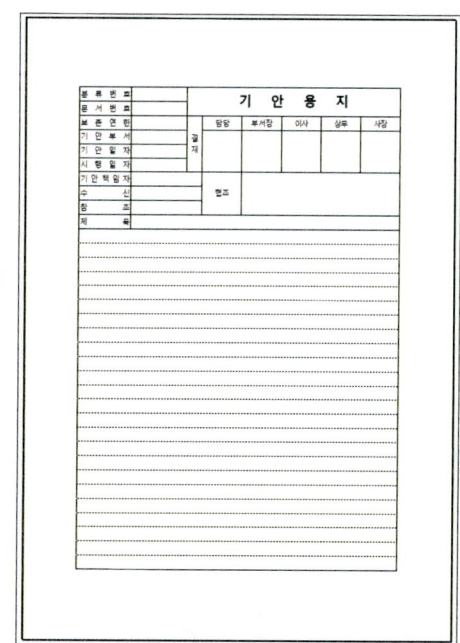

2

'Section8-1.xlsx' 파일의 '출장보고서' 워크시트를 다음 지시에 따라 인쇄하세요.

① 인쇄 영역 : [B2:P24]로 설정
② 용지 방향 : 가로 방향으로 설정
③ 페이지 가운데 맞춤 : [가로]와 [세로] 가운데 맞춤으로 설정
④ 바닥글 : 오른쪽에 '문의 : 총무과(☎ 333-0000)' 인쇄

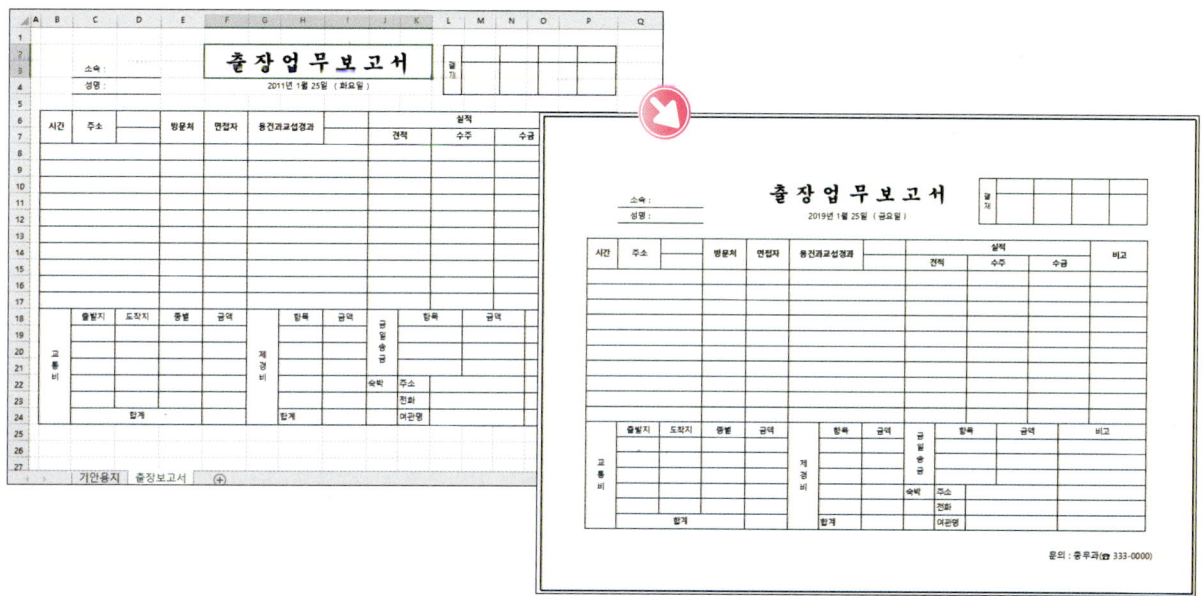

심화문제

1) 'Section8-2.xlsx' 파일의 '데이터' 워크시트를 다음 지시에 따라 인쇄하세요.

① 인쇄 영역 : [B2:J104]로 설정
② 페이지 가운데 맞춤 : [가로] 가운데 맞춤
③ 모든 열이 한 페이지에 표시되도록 크기 조정
④ 바닥글 : 가운데 구역에 '1 / 3' 형식으로 현재 페이지 번호와 전체 페이지 수 인쇄

2) 'Section8-2.xlsx' 파일의 '성적집계' 워크시트에 있는 차트를 다음 지시에 따라 인쇄하세요.

① 머리글 : 오른쪽 구역에 '처리담당 : 〈총무과〉 박은영' 인쇄
② 바닥글 : 왼쪽 구역에 'Date : 2019-10-03' 형식으로 현재 날짜 인쇄

힌트

- 차트를 클릭해서 선택한 다음 [페이지 레이아웃] 탭, [페이지 설정] 그룹의 [대화상자 표시] 단추를 클릭하여 [페이지 설정] 대화상자를 실행합니다. [페이지 설정] 대화상자의 [머리글/바닥글] 탭에서 [머리글 편집] 단추와 [바닥글 편집] 단추를 클릭하고 머리글과 바닥글을 작성합니다.
- 인쇄할 때도 워크시트에서 차트를 클릭해서 선택한 다음 [파일] 탭에서 [인쇄]를 선택합니다.

Section 09 상대 주소와 절대 주소의 차이

엑셀에서 수식과 함수는 매우 중요한 부분 중 하나로 꼽힙니다. 엑셀 프로그램의 가장 큰 특징이 계산 작업에 있다는 것을 생각해 보면 이것은 당연한 이야기입니다. 여기서는 각종 연산자와 함수를 이용하여 원하는 결과를 얻기 위한 수식을 빠르고 정확하게 만들기 위해서 반드시 알아 두어야 할 기본 사항을 정리합니다.

〈학습내용〉

01. 상대 주소와 절대 주소
02. 자동 합계로 함수 입력하기
03. 키보드로 직접 함수 입력하기
04. 알아보기 쉽게 이름 사용하기

	제품명	규격	정가	판매량	판매액	할인금액
					할인율 :	25%
	한우 효도 세트	3.2kg	232,000	13	3,016,000	2,262,000
	곰탕 선물 세트	350ml*10	46,000	23	1,058,000	793,500
	한우 양념불고기	500g*2	79,000	21	1,659,000	1,244,250
	떡 갈 비	1.2kg	39,600	38	1,504,800	1,128,600
	사 골 선 물 세 트	2kg	42,500	36	1,530,000	1,147,500
	토종한우 도가니	1kg	21,000	5	105,000	78,750
	보 신 세 트	4.3kg	81,000	17	1,377,000	1,032,750
	1 등 급 양 지	500g	27,000	5	135,000	101,250
	스테이크용 안심	300g	25,000	35	875,000	656,250
	토종한우 사 태	500g	17,800	20	356,000	267,000
	토종한우 우족	2kg	44,000	17	748,000	561,000
			합계	230	12,363,800	9,272,850

 완성파일 : Section9.xlsx

핵심내용

- 상대 주소와 절대 주소의 차이점에 대해 공부합니다.
- [자동 합계]를 사용하여 합계, 평균, 숫자 개수, 최댓값 및 최솟값을 구하는 함수를 빠르게 입력합니다.
- 함수 이름과 용도를 알고 있을 때는 키보드로 직접 함수를 입력하는 것이 더 효율적입니다.
- 셀이나 셀 범위에 이름을 정의해 놓고 수식에서 셀 주소로 범위를 지정하는 대신 이름을 사용할 수 있습니다.

따라하기 01   상대 주소와 절대 주소

▶ 준비파일 : Section9.xlsx

01 [F5] 셀에 '=D5*E5'를 입력한 다음 Ctrl 키를 누릅니다. 이 수식은 [D5] 셀의 정가와 [E5] 셀의 판매량을 곱하여 판매액을 계산합니다.

> **TIP**
> 수식을 입력할 때 원하는 셀을 마우스로 클릭하면 자동으로 셀 주소가 입력됩니다.

02 [F5] 셀의 채우기 핸들을 [F15] 셀까지 드래그해서 수식을 복사합니다. 이렇게 하면 각 행에서 정가와 판매량을 곱한 결과를 얻을 수 있습니다.

03 [수식] 탭 → [수식 분석] 그룹 → [수식 표시]()를 클릭해서 [F5] 셀에 입력한 수식이 아래로 복사되면서 셀 주소가 어떻게 달라졌는지 확인해 봅니다. 아래로 복사했기 때문에 열 문자는 그대로 있지만 행 번호가 하나씩 증가된 것을 알 수 있습니다. 이러한 셀 주소를 '상대 주소'라고 합니다.

> **TIP**
> [수식 표시]() 메뉴는 셀에 입력한 수식을 그대로 표시해 줍니다.

EXCEL 2016 **91**

엑셀2016

04 수식 표시(수식 표시)를 다시 클릭해서 원래대로 돌아간 다음 이번에는 [G5] 셀에 '=F5*(1-$G$3)'을 입력합니다. 이때 '$G$3'은 일일이 입력할 필요 없이 먼저 '=F5*(1-'를 입력한 후 [G3] 셀을 클릭한 다음 F4 키를 누르면 자동으로 '$G$3'과 같이 절대 주소로 변환되어 처리됩니다.

> **TIP**
> '$G$3'과 같이 열 문자와 행 번호 앞에 $가 붙는 셀 주소를 절대 주소라고 합니다. F4 키를 한 번 누를 때마다 'G3 → $G$3 → G$3 → $G3 → G3' 순서로 셀 주소의 형식이 자동으로 변환됩니다.

05 '=F5*(1-$G$3)'은 [F5] 셀의 판매액에 '1-$G$3', 즉 75%를 곱한 값으로 할인금액을 계산합니다. [G5] 셀의 채우기 핸들을 [G15] 셀까지 드래그하여 수식을 복사하면 각 행에서 판매액의 75%로 할인금액을 구할 수 있습니다.

06 [수식] 탭 → [수식 분석] 그룹 → [수식 표시]를 클릭해서 [G5:G15] 영역의 수식을 확인합니다. 상대 주소 [F5]는 아래로 복사되면서 행 번호가 1씩 증가했지만 절대 주소 ($G$3)는 변하지 않은 것을 알 수 있습니다.

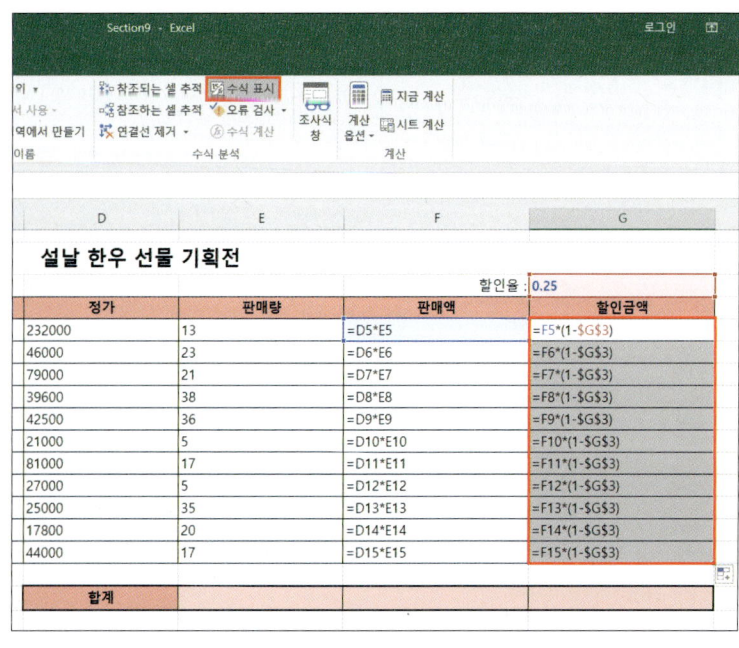

따라하기 02 자동 합계로 함수 입력하기

01 [E17] 셀에서 [수식] 탭 → [함수 라이브러리] 그룹 → [자동 합계](Σ)를 클릭하면 '=SUM(E5:E16)'과 같이 자동으로 합계를 구하는 SUM 함수식이 입력됩니다. 그런데 원하지 않는 E16셀까지 포함되고 있습니다. 현재 합계를 구할 범위가 바르지 않게 설정되었으므로 아직 Enter 키를 누르지 않습니다.

> **TIP**
> 'SUM(범위)' 함수는 지정한 범위의 합계를 계산합니다.

02 계산 범위가 블록으로 지정되어 있는 상태에서 [E5:E15]를 마우스로 드래그하여 '=SUM(E5:E15)'로 수식이 수정되면 Enter 키를 눌러 입력을 완료합니다.

> **TIP**
> [자동 합계](Σ)로 함수를 입력하면 인접한 숫자 셀 범위를 계산 범위로 자동 설정합니다. 계산 범위가 바르게 설정되면 그대로 사용하지만, 그렇지 않을 경우 반드시 계산 범위를 수정해야 합니다.

03 [E17] 셀에 '=SUM(E5:E15)'를 입력하여 [E5:E15]의 합계를 구한 결과는 그림과 같습니다.

> **TIP**
> [자동 합계](Σ)의 목록 단추를 클릭한 다음 평균(AVERAGE), 숫자 개수(COUNT), 최댓값(MAX), 최솟값(MIN) 중에서 선택하여 각각 해당되는 함수를 빠르게 입력할 수 있습니다.

따라하기 03 키보드로 직접 함수 입력하기

01 함수 이름을 알고 있다면 직접 함수식을 입력할 수 있습니다. [F17] 셀에서 '=SU'까지 입력하면 'SU'로 시작되는 함수 목록이 표시됩니다. 그리고 목록에서 특정 함수를 클릭하면 그 함수에 대한 간단한 설명이 나타납니다.

02 여기서는 'SUM' 함수를 클릭해서 설명을 본 다음 Tab 키를 눌러 선택한 함수를 입력합니다. '=SUM('까지 입력되면 [F5:F15]를 마우스로 드래그해서 계산 범위를 지정합니다.

03 마지막으로 닫는 괄호까지 입력해서 '=SUM(F5:F15)'로 수식이 완성되면 Enter 키를 누릅니다. 지금까지 과정으로 [F17] 셀에 SUM 함수가 입력되어 판매액의 합계가 구해졌습니다.

따라하기 04 알아보기 쉽게 이름 사용하기

01 셀이나 셀 범위에 알아보기 쉬운 이름을 정의한 다음 수식에서 셀 주소 대신 이름을 사용할 수 있습니다. [G5:G15]를 블록으로 지정한 다음 이름 상자를 클릭합니다. 이름 상자에 '할인금액'으로 이름을 입력한 다음 Enter 키를 누르면 이름이 정의됩니다.

> **참고** 셀이나 셀 범위에 이름을 정의하는 가장 쉬운 방법은 이름 상자를 이용하는 것입니다.

02 [G17] 셀에 '=SUM(G5:G15)'를 입력하는 대신 정의해 놓은 이름을 사용하여 '=SUM(할인금액)'을 입력합니다. 그러면 '할인금액'의 합계가 구해집니다.

> **TIP** 이름은 절대 주소로 정의됩니다. 이름 '할인금액'은 '$G$5:$G$15'와 같습니다.

Power Upgrade — 이름의 편집 및 삭제

[수식] 탭 → [정의된 이름] 그룹 → [이름 관리자]를 클릭하면 현재 통합 문서에 정의되어 있는 모든 이름이 대화상자에 표시됩니다. 목록에서 특정 이름을 선택한 다음 [편집] 단추를 클릭하고 이름과 이름이 참조하는 셀 범위를 수정할 수 있습니다. 또 [삭제] 단추를 클릭해서 해당 이름을 제거할 수 있습니다.

EXCEL 2016 **95**

기초문제

1

'Section9-1.xlsx' 파일의 '매출현황' 워크시트에서 다음 지시에 따라 수식을 입력하세요.

① 구매액 : 구매단가 * 구매량
② 판매액 : 판매단가 * 판매량
③ 합계 : 구매량, 구매액, 판매량, 판매액의 합계(SUM 함수 사용)

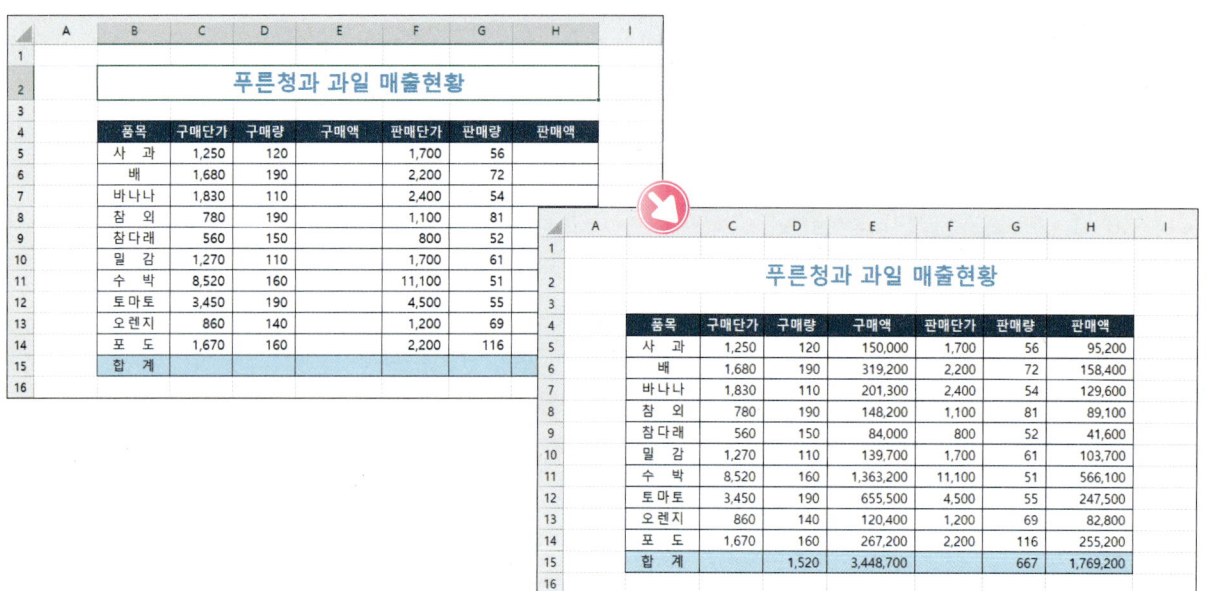

2

'Section9-1.xlsx' 파일의 '성적표' 워크시트에서 [자동 합계]를 이용하여 수식을 입력하세요.

① 총점 : 국어, 영어, 수학 점수의 합계(SUM)
② 평균 : 국어, 영어, 수학 점수의 평균(AVERAGE), 소수 첫째 자리까지 표시
③ 최고점수 : 국어, 영어, 수학, 총점, 평균의 최댓값(MAX)
④ 최저점수 : 국어, 영어, 수학, 총점, 평균의 최솟값(MIN)

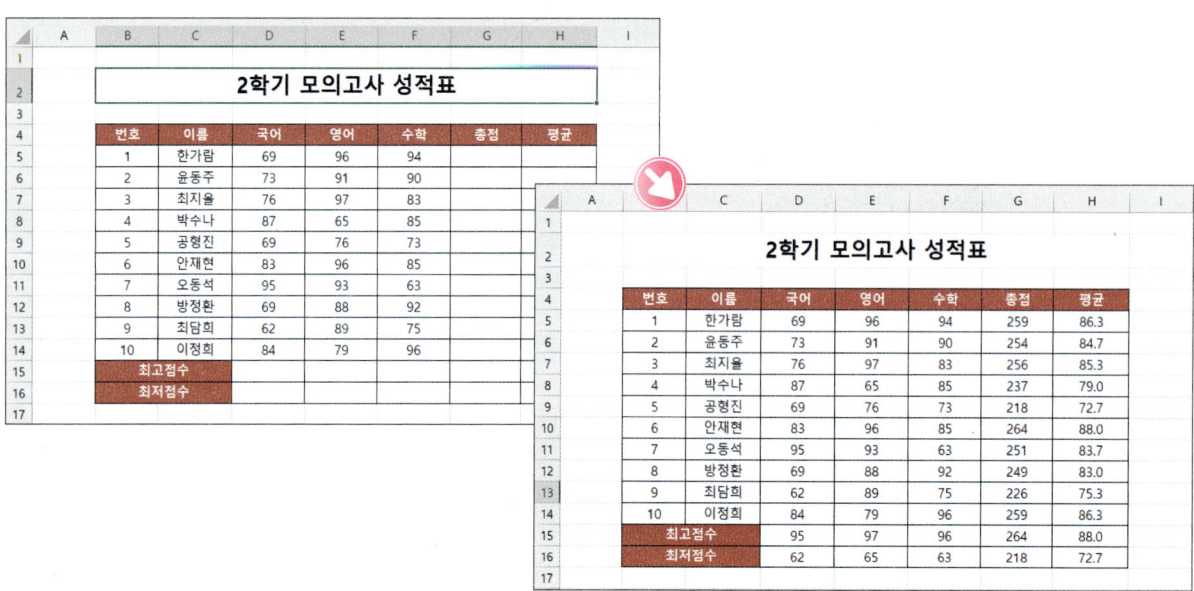

심화문제

1) 'Section9-2.xlsx' 파일의 '성적표' 워크시트에서 다음 지시에 따라 점수를 계산하세요.

① 점수 : 국어, 영어, 수학 점수에 각각 해당 과목의 가중치(D17:F17)를 곱한 후 더하여 계산
② 점수는 소수 이하 첫째 자리까지 표시

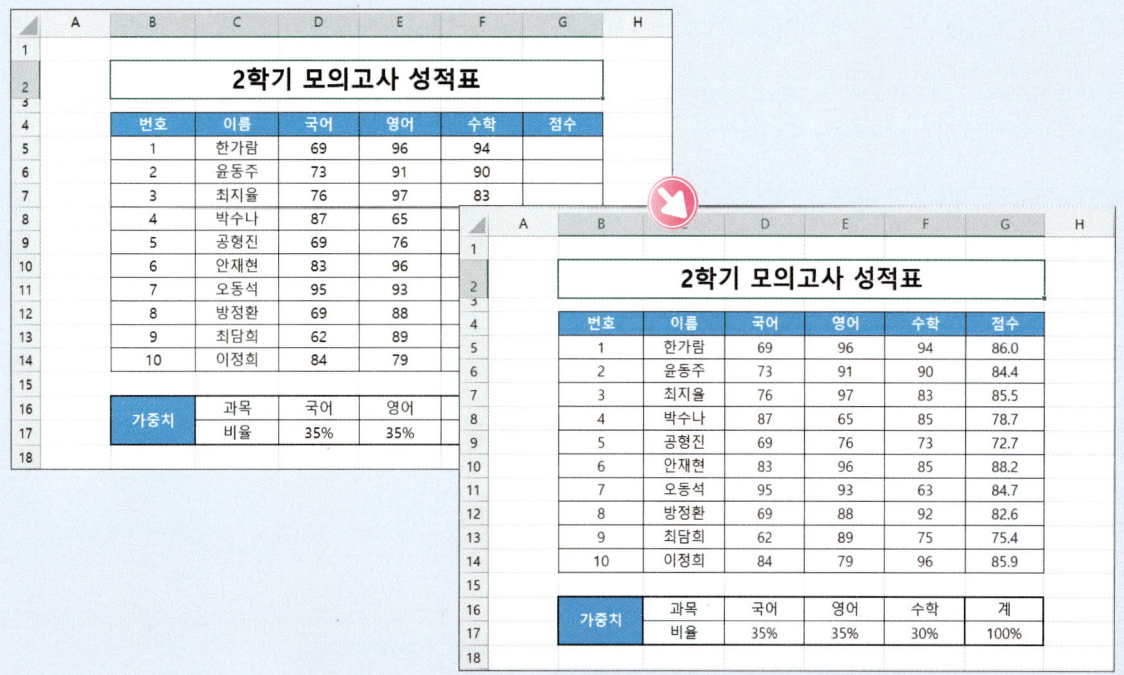

2) 'Section9-2.xlsx' 파일의 '경영성과' 워크시트에서 다음 지시에 따라 수식을 입력하세요.

① 매출이익 : 총매출액 − 매출원가
② 매출이익률 : 매출이익 / 매출원가
③ 이름 정의 : [F6:F17]에 '이익률'로 이름 정의
④ 평균이익률 : '이익률'의 평균(AVERAGE)
⑤ 평균과의 차이 : 평균이익률 − 매출이익률 ('연한 파랑 데이터 막대' 조건부 서식 지정)

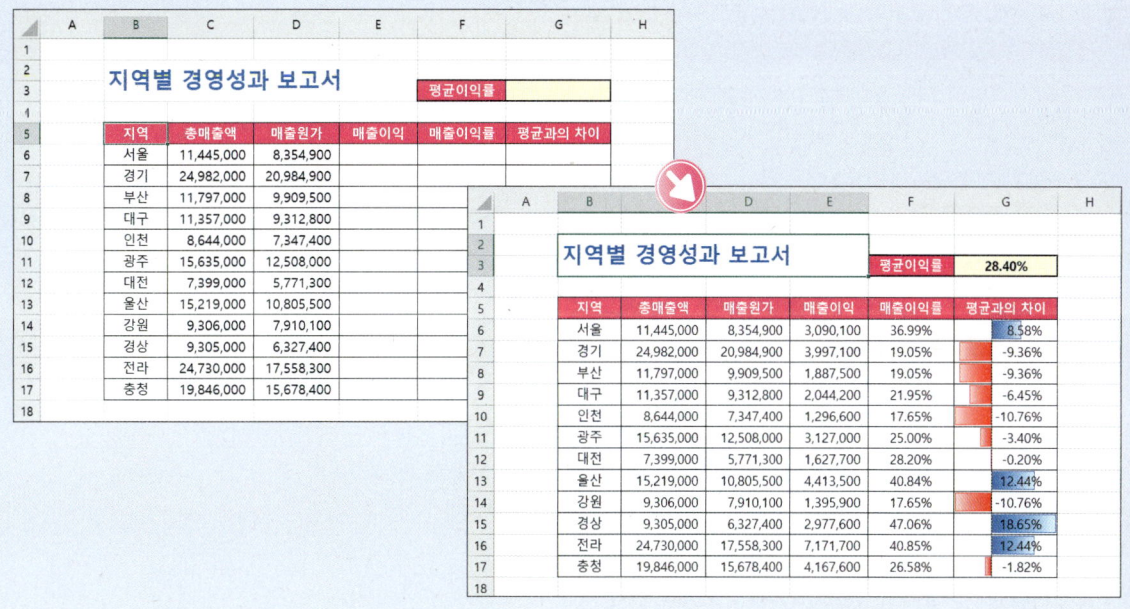

Section 10 기초 함수 사용하기

함수는 정해진 공식에 의해 계산을 수행합니다. 엑셀에서 원하는 결과를 얻기 위한 수식을 작성할 때 함수를 얼마나 많이 알고 있으며, 적절한 함수를 사용할 수 있는지가 엑셀 실력을 좌우하는 기준이 될 수 있습니다. 여기에서는 몇 백 개나 되는 엑셀의 많은 함수 중에서 가장 기초가 될 만한 함수를 사용하여 문제를 해결하는 방법을 학습합니다.

Preview

〈학습내용〉

01. 현재 날짜와 현재 시간 표시하기
02. 텍스트에서 일부 문자 추출하기
03. 숫자 반올림하기
04. 값의 크기에 따라 순위 구하기
05. 조건에 따라 다른 값 표시하기

영업사원 실적 보고서

(단위: 1,000)

사원코드	이름	소속	실적	실적수당	순위	평가
B3-311	손석규	영업3팀	7,153	358	5	B
C1-464	손성남	영업1팀	5,481	274	10	C
B3-172	한태현	영업3팀	6,146	307	7	B
B2-223	한상규	영업2팀	5,989	299	8	C
A3-858	채무현	영업3팀	7,948	397	3	B
C2-861	강정희	영업2팀	8,984	449	1	A
C1-310	양연정	영업1팀	6,687	334	6	B
B1-892	권미숙	영업1팀	7,682	384	4	B
C3-521	강연숙	영업3팀	5,989	299	8	C
A1-323	주문정	영업1팀	8,386	419	2	A

2019년 3월 10일 일요일   오후 12:49:33

▲ 완성파일 : Section10.xlsx

핵심내용

- [함수 삽입]()을 사용하여 함수를 입력합니다.
- 자동으로 업데이트되는 날짜와 시간을 입력합니다.
- 텍스트의 왼쪽, 중간, 오른쪽에서 원하는 개수만큼 문자를 추출합니다.
- 소수 자릿수를 지정하여 숫자를 반올림하고 값의 크기에 따라 순위를 계산합니다.
- 주어진 조건이 참이냐 거짓이냐에 따라 각각 다른 값을 반환합니다.

현재 날짜와 현재 시간 표시하기

▶ 준비파일 : Section10.xlsx

01 [D17] 셀에 '=TODAY( )'를 입력합니다. TODAY 함수는 항상 컴퓨터 시스템의 현재 날짜를 표시합니다.

> **TIP**
> 함수는 함수 이름과 괄호 안에 필요한 인수를 지정하여 입력합니다. TODAY 함수는 인수를 사용하지 않는 함수로 인수가 없을 경우에도 괄호는 반드시 입력해야 합니다.

02 [G17] 셀에 '=NOW( )'를 입력합니다. NOW 함수는 현재 날짜와 시간을 함께 표시합니다.

> **참고** 현재 시간만 표시하는 함수는 없습니다.

03 [D17] 셀에서 [홈] 탭 → [표시 형식] 그룹 → [표시 형식]의 목록 단추를 클릭하고 [자세한 날짜]를 선택하여 날짜의 표시 형식을 변경합니다.

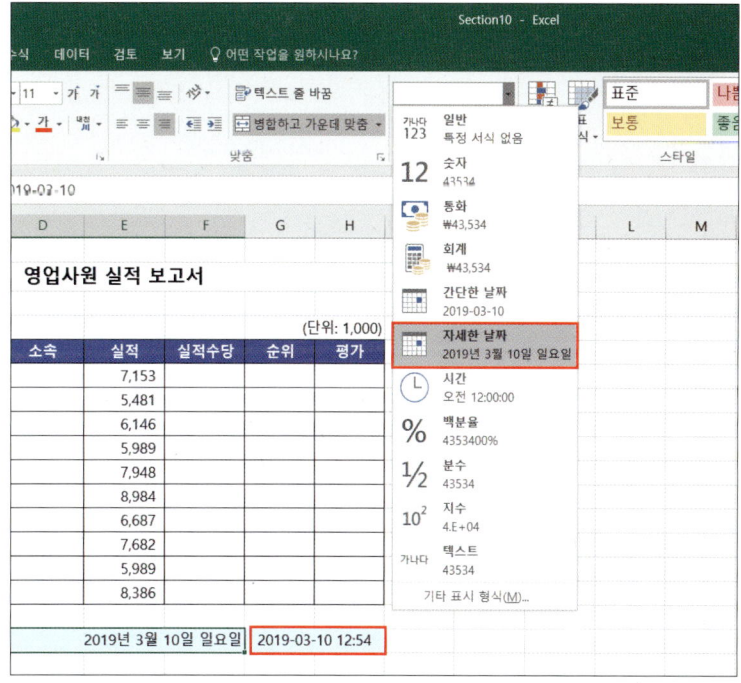

EXCEL 2016 **99**

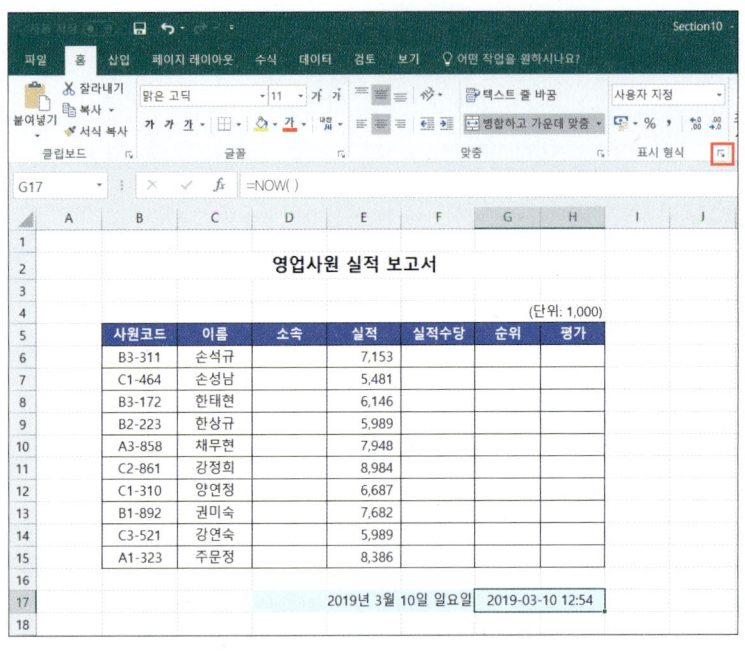

04 [G17] 셀에 표시된 현재 날짜와 시간의 표시 형식을 변경해서 현재 시간만 나타나도록 하겠습니다. [G17] 셀에서 [홈] 탭 → [표시 형식] 그룹의 [대화상자 표시] 단추를 클릭합니다.

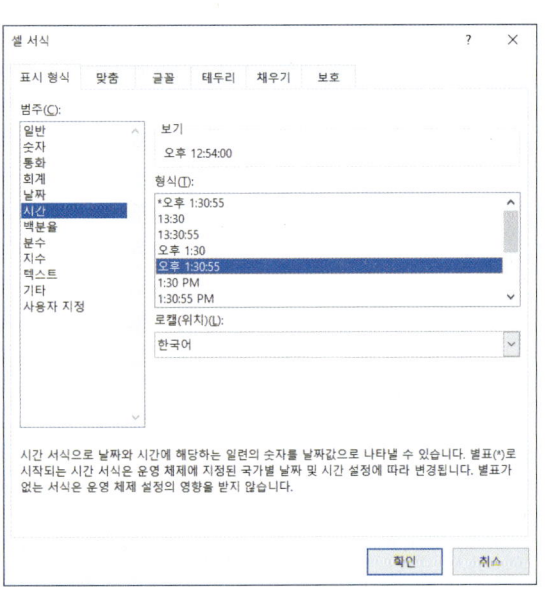

05 [셀 서식] 대화상자의 [표시 형식] 탭이 실행되면 [시간] 범주를 선택하고 [오후 1:30:55] 형식을 선택한 다음 [확인] 단추를 클릭합니다.

06 [G17] 셀에 다음과 같이 현재 시간만 표시되었습니다. TODAY 함수와 NOW 함수는 워크시트가 변경될 때마다 자동으로 현재 날짜와 시간으로 업데이트됩니다.

따라하기 02 텍스트에서 일부 문자 추출하기

01 이번에는 함수 마법사를 사용하여 함수를 입력하는 방법을 알아보겠습니다. [D6] 셀을 선택한 후 [수식] 탭 → [함수 라이브러리] 그룹 → [함수 삽입](f_x)을 클릭합니다. 이후부터 사원코드의 2번째 글자를 추출하기 위한 함수 작업을 할 것입니다.

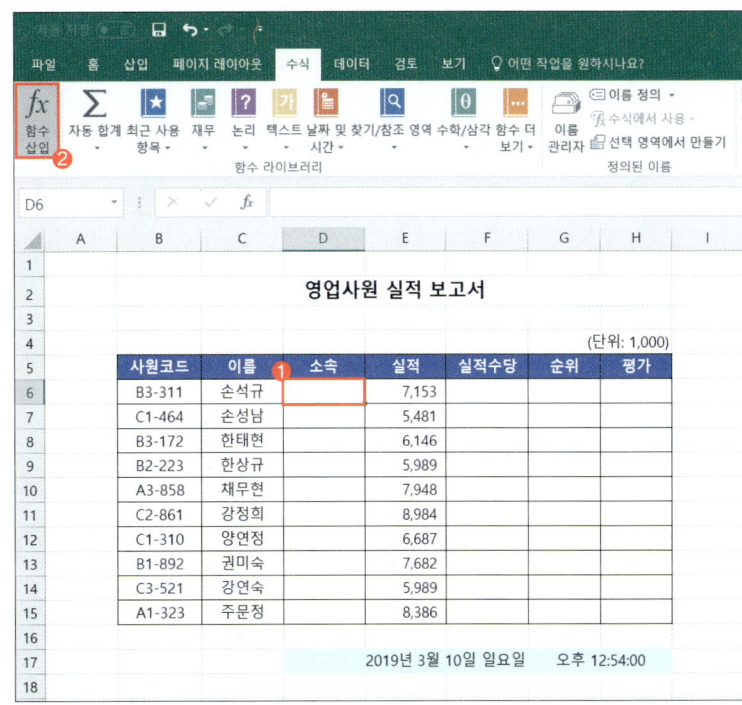

02 [함수 마법사] 대화상자가 실행되면 범주 선택에서 [텍스트]를 선택합니다. 함수 선택 목록에 텍스트 함수가 표시되면 그 중에서 [MID] 함수를 선택하고 [확인] 단추를 클릭합니다.

> **참고** 선택한 범주에 따라 함수 선택 목록에 표시되는 함수가 달라지며, 선택한 함수의 사용 형식과 설명이 대화상자에 표시됩니다.

03 MID 함수의 [함수 인수] 대화상자가 실행되면 Text 인수 상자를 클릭하고 워크시트에서 [B6] 셀을 클릭합니다. Start_num 인수에는 2를 입력하고 Num_chars 인수에는 1을 입력한 다음 [확인] 단추를 클릭합니다.

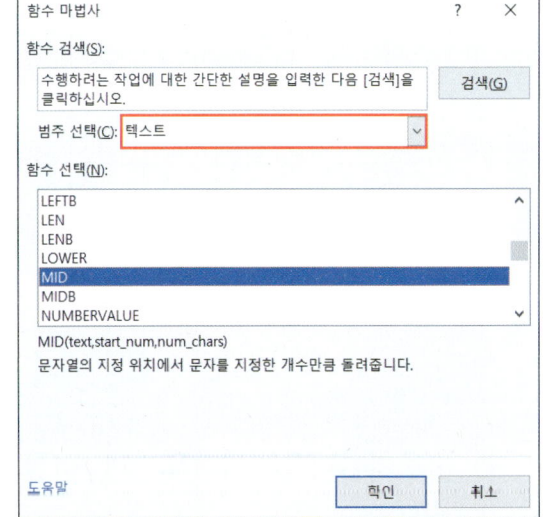

> **Tip** 선택한 함수에 따라 [함수 인수] 대화상자에 지정할 수 있는 인수가 다르게 나타납니다.

EXCEL 2016 **101**

엑셀 2016

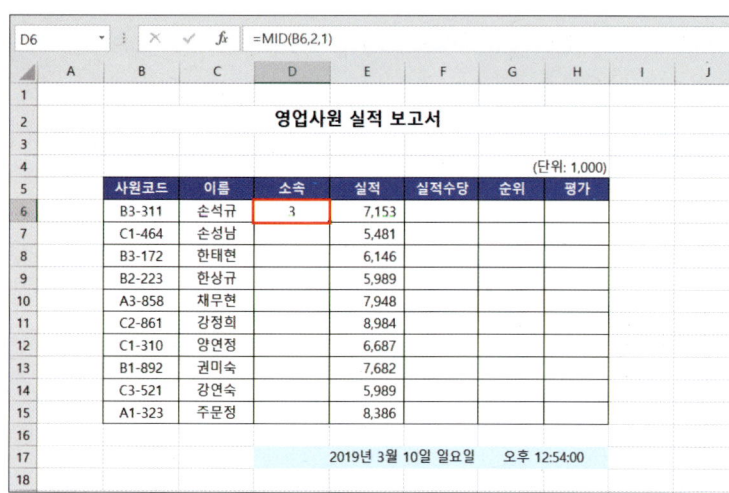

04 함수 마법사를 통해 입력한 함수식은 '=MID(B6,2,1)'입니다. 이 함수는 Text([B6] 셀)의 Start_num(2)번째 글자부터 Num_Chars(1)개의 글자를 추출해서 반환합니다.

05 [D6] 셀을 더블 클릭한 다음 수식을 '="영업"&MID(B6,2,1)&"팀"'으로 수정합니다. 그런 다음 [D6] 셀의 채우기 핸들을 [D15] 셀까지 드래그해서 수식을 복사하면 그림과 같은 결과를 얻을 수 있습니다.

> **TIP**
> & 연산자는 좌우의 값을 하나로 연결하는 역할을 합니다. 여기서는 MID 함수의 결과 앞에 "영업"을 연결하고, 뒤에 "팀"을 연결하기 위해 & 연산자가 사용되었습니다.

Power Upgrade

LEFT, MID, RIGHT 함수

LEFT 함수는 텍스트의 왼쪽에서, MID 함수는 텍스트의 중간에서, RIGHT 함수는 텍스트의 오른쪽에서 지정한 개수만큼 문자를 추출하는 텍스트 함수입니다.

- **LEFT(텍스트, 수)** : 텍스트의 왼쪽에서 지정한 수만큼 문자를 추출합니다.
  - 예) =LEFT("단군왕검",2) "단군왕검"의 왼쪽에서 2글자이므로 "단군"을 추출합니다.

- **MID(텍스트, 시작위치, 수)** : 텍스트의 시작위치부터 지정한 수만큼 문자를 추출합니다.
  - 예) =MID("단군왕검",3,1) "단군왕검"의 3번째 글자부터 1글자이므로 "왕"을 추출합니다.

- **RIGHT(텍스트, 수)** : 텍스트의 오른쪽에서 지정한 수만큼 문자를 추출합니다.
  - 예) =RIGHT("단궁왕검",2) "단군왕검"의 오른쪽에서 2글자이므로 "왕검"을 추출합니다.

따라하기 03 숫자 반올림하기

01 실적의 5%로 실적수당을 계산하려고 합니다. [F6] 셀에 '=E6*5%'를 입력한 다음 채우기 핸들을 [F15] 셀까지 드래그하면 그림과 같은 결과가 나타납니다.

02 앞에서 계산한 결과를 반올림하여 정수로 구하고 싶습니다. [F6] 셀의 수식을 '=ROUND(E6*5%,0)'으로 수정한 다음 채우기 핸들을 [F15] 셀까지 드래그합니다.

> **TIP**
> 이 수식은 'E6*5%'의 계산 결과를 반올림(ROUND)합니다. 두 번째 인수는 소수 자릿수를 의미하는데 '0'으로 지정하면 소수 첫째 자리에서 반올림이 이루어집니다.

ROUND, ROUNDUP, ROUNDDOWN 함수

ROUND 함수는 반올림, ROUNDUP 함수는 무조건 올림, ROUNDDOWN 함수는 무조건 내림한 값을 반환하는 함수입니다. 자릿수는 양수로 지정하면 소수점 아래 자릿수로, 0으로 지정하면 정수로, 음수로 지정하면 소수점 위 자리에서 반올림/올림/내림 값을 반환합니다.

- ROUND(수, 자릿수) : 수를 지정한 자릿수로 반올림합니다.
  예 =ROUND(123.4567,2) 소수점 둘째 자리로 반올림합니다(123.46).

- ROUNDUP(수, 자릿수) 수를 지정한 자릿수로 무조건 올린 값을 구합니다.
  예 =ROUNDUP(123.45,0) 소수점 아래에서 무조건 올림하여 정수를 반환합니다(124).

- ROUNDDOWN(수, 자릿수) 수를 지정한 자릿수로 무조건 내린 값을 구합니다.
  예 =ROUNDDOWN(456.78,-1) 소수점 위 첫째 자리에서 무조건 내린 값을 구합니다(450).

값의 크기에 따라 순위 구하기

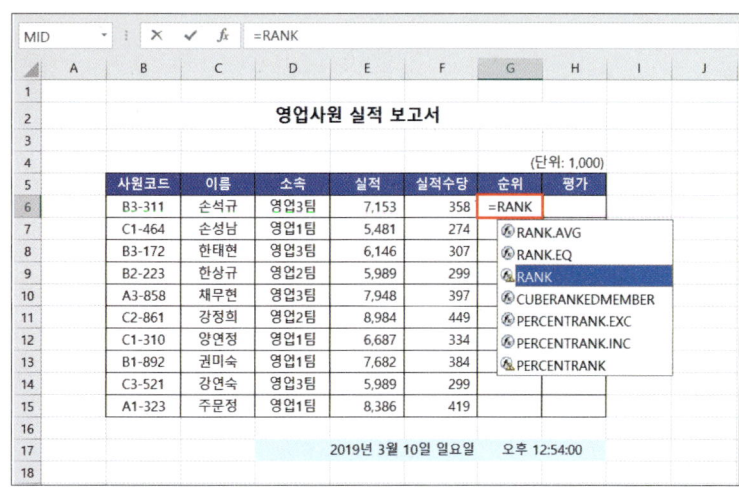

01 [G6] 셀에 '=RANK'까지 입력한 다음 함수 목록에서 'RANK' 함수를 선택하여 함수 설명을 확인합니다. RANK 함수는 모두 3종류가 있는데 RANK 함수는 엑셀 2007 버전까지에서 사용하던 함수로 이전 버전과의 호환을 위해 제공됩니다.

> **TIP**
> RANK 함수는 엑셀 2016 버전에서 RANK.EQ 함수와 동일한 방법으로 순위를 계산합니다.

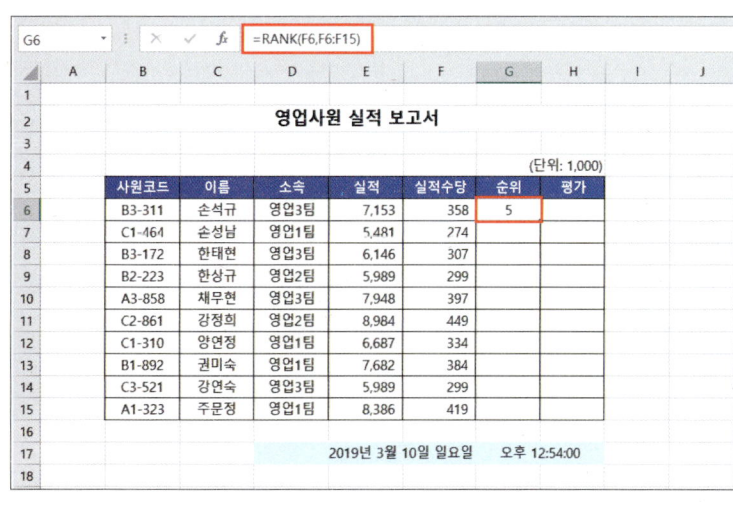

02 'RANK' 함수에서 Tab 키를 누른 다음 '=RANK(F6,F6:F15)'로 인수를 지정하여 함수식을 입력합니다. 이 함수식은 [F6:F15] 값 중에서 [F6] 셀 값의 순위를 구하는 함수입니다.

> **TIP**
> 'RANK(값, 범위)' 형식으로 사용하여 지정한 범위에서 주어진 값의 순위를 계산합니다.

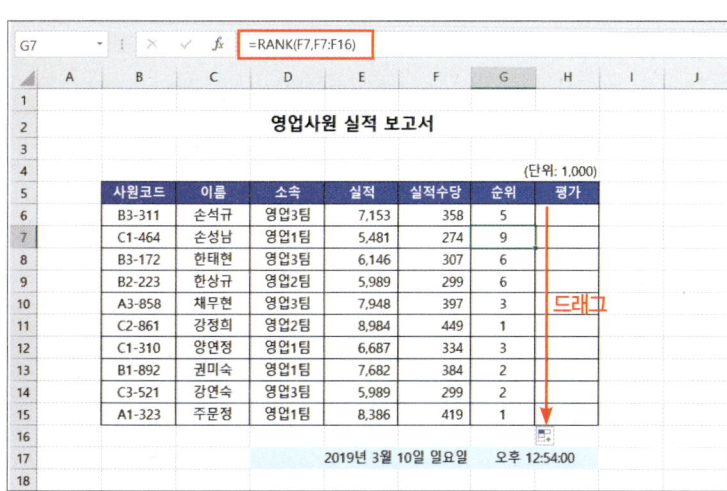

03 나머지 등수도 채우기 위해 [G6] 셀의 채우기 핸들을 [G15] 셀까지 드래그하여 수식을 복사한 다음 [G7] 셀에 복사된 수식을 확인합니다. 그런데 다른 셀에 매겨진 등수가 조금 이상합니다. [G7] 셀을 살펴보면 '=RANK(F7,F6:F15)'와 같은 수식이 필요한데 순위를 구하려는 범위(두 번째 인수)를 상대 주소로 지정했기 때문에 '=RANK(F7,F7:F16)'으로 잘못된 수식이 입력된 것을 알 수 있습니다.

04 절대 주소로 바꾸기 위해 [G6] 셀에서 수식 입력줄을 클릭하고 'F6:F15'를 드래그하여 블록으로 지정한 다음 F4 키를 누릅니다. 이렇게 해서 수식이 '=RANK(F6,$F$6:$F$15)'로 수정되면 Enter 키를 누릅니다.

05 [G6] 셀의 채우기 핸들을 [G15] 셀까지 드래그하여 수식을 다시 복사합니다. 비로소 제대로 된 순위가 나타납니다.

Power Upgrade

RANK, RANK.EQ, RANK.AVG 함수

RANK 함수는 지정한 범위에서 특정 값의 순위를 계산하는 함수로 이전 버전에서부터 꾸준히 사용했던 것입니다. 엑셀 2016에서 RANK 함수는 이전 버전과의 호환을 위해서만 필요합니다. 엑셀 2010부터는 사용자가 순위를 계산하는 방법을 선택할 수 있도록 RANK.EQ와 RANK.AVG 함수를 새로 추가하였습니다.

함수 형식	설명
RANK(값, 범위, 옵션)	• RANK 함수는 지정한 범위에서 주어진 값의 순위를 구합니다. • 옵션을 생략하거나 0으로 지정하면 큰 값이 1위가 되고, 옵션을 1로 지정하면 작은 값이 1위로 계산됩니다. • RANK 함수와 RANK.EQ 함수는 동일한 순위가 두 개 이상일 경우 최상위 순위를 반환합니다. • RANK.AVG 함수는 동일한 순위가 두 개 이상이면 평균 순위를 반환합니다.
RANK.EQ(값, 범위, 옵션)	
RANK.AVG(값, 범위, 옵션)	

따라하기 05 조건에 따라 다른 값 표시하기

01 [H6] 셀에 '=IF'를 입력한 다음 IF 함수에 대한 설명을 확인합니다. IF 함수는 '=IF(조건, 값1, 값2)' 형식으로 사용하는데 주어진 조건이 참이면 '값1'을 반환하고, 주어진 조건이 거짓이면 '값2'를 반환합니다.

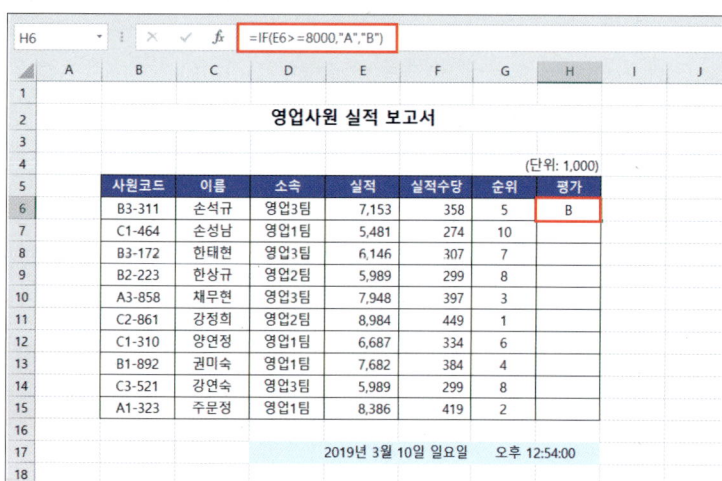

02 [H6] 셀에 '=IF(E6>=8000,"A","B")'를 입력합니다. 이 수식은 [E6] 셀이 '8000' 이상(>=)이면 'A'를 반환하고, 그렇지 않으면 'B'를 반환합니다.

TIP
조건을 작성할 때 사용하는 비교 연산자에는 같다(=), 같지 않다(<>), 크다(>), 크거나 같다(>=), 작다(<), 작거나 같다(<=) 등이 있습니다.

03 [H6] 셀의 채우기 핸들을 [H15] 셀까지 드래그하여 수식을 복사합니다. 그림과 같이 실적이 '8000'보다 크거나 같을 경우에는 'A'가 표시되고, 그렇지 않을 경우에는 'B'가 표시됩니다.

Section 10 기초 함수 사용하기

04 이번에는 [H6] 셀의 수식을 '=IF(E6>=8000,"A",IF(E6>=6000,"B","C"))'로 수정합니다. 이 수식은 앞에서 작성한 수식의 "B" 부분을 'IF(E6>=6000,"B","C")'로 변경한 것으로 첫 번째 조건(E6>=8000)이 거짓일 때 다시 IF 함수로 두 번째 조건(E6>=6000)을 검사하여 참이면 'B', 거짓이면 'C'를 반환합니다.

05 [H6] 셀의 수식을 [H15] 셀까지 드래그하면 실적이 '8000' 이상일 때 'A', '8000'보다 작고 '6000' 이상일 때 'B', '6000'보다 작을 때 'C'가 표시됩니다.

> **TIP**
> '=IF(조건1, 값1, IF(조건2, 값2, 값3))'과 같은 형식의 중첩 IF 문으로 조건1이 참이면 값1을 표시하고, 조건1이 참이 아니면 조건2를 검사합니다. 조건2가 참이면 값2, 참이 아니면 값3을 표시합니다.

Power Upgrade

AND 함수와 OR 함수

IF 함수로 여러 개의 조건을 비교하기 위해 AND 함수와 OR 함수를 IF 함수의 조건에 사용할 수 있습니다. AND 함수는 주어진 조건이 모두 참일 때만 참이고 나머지 경우에는 거짓을 반환합니다. OR 함수는 주어진 조건 중 하나 이상이 참이면 참, 모든 조건이 거짓일 때만 거짓을 반환합니다.

- AND(조건1, 조건2, ...) 주어진 조건이 모두 참이면 참, 나머지 경우는 거짓을 반환합니다.
  예 =AND(5>3, 7<3) 조건1은 참, 조건2는 거짓이므로 FALSE(거짓)을 반환합니다.

- OR(조건1, 조건2, ...) 주어진 조건 중 하나 이상이 참이면 참, 모든 조건이 거짓이면 거짓을 반환합니다.
  예 =OR(5>3, 7<3) 조건1은 참, 조건2는 거짓이므로 TRUE(참)를 반환합니다.

  예 =IF(AND(5>3, 7<3), "O", "X") AND 함수가 FALSE(거짓)을 반환하므로 IF 함수는 'X'를 반환합니다.
  예 =IF(OR(5>3, 7<3), "O", "X") OR 함수가 TRUE(참)를 반환하므로 IF 함수는 'O'를 반환합니다.

기초문제

1

'Section10-1.xlsx' 파일의 '급여현황' 워크시트에서 다음 지시에 따라 수식을 작성하세요.

① 1일 급여 : 시간당 급여*1일 근무시간
② 총지급액 : 1일 급여*근무일수
③ 급여순위 : 총지급액이 높은 순서대로 부여
④ 합계와 평균 : 1일 급여, 근무일수, 총지급액의 합계와 평균
⑤ 최대와 최소 : 시간당 급여, 1일 근무시간, 1일 급여, 근무일수, 총지급액의 최댓값과 최솟값

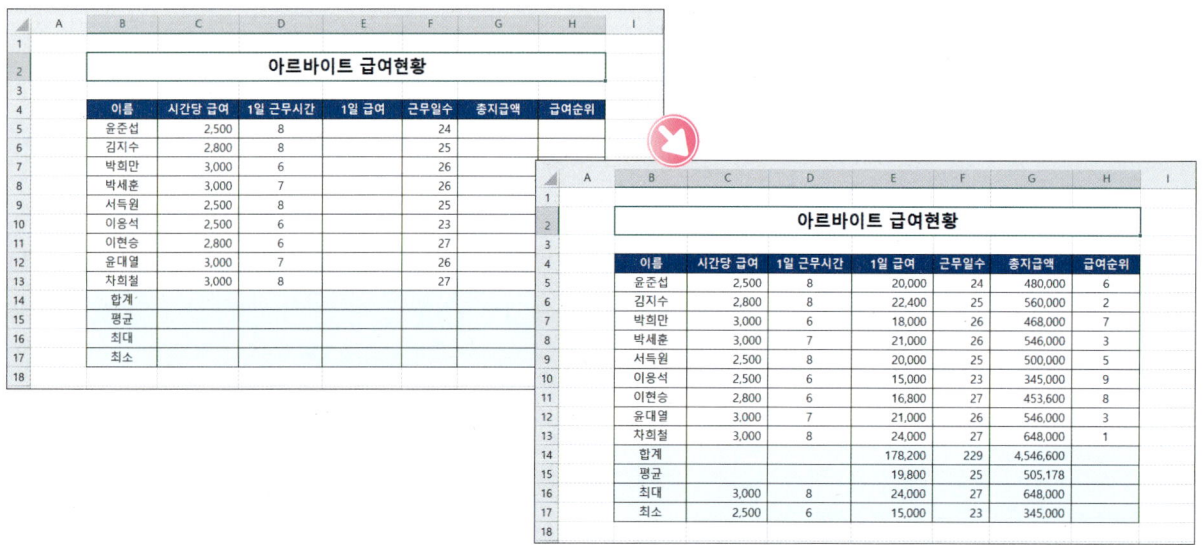

2

'Section10-1.xlsx' 파일의 '성과급' 워크시트에서 다음 지시에 따라 수식을 작성하세요.

① 직급 : 사번의 첫 글자가 A이면 '팀장', B이면 '사원', C이면 '임시직'으로 표시
② 실적 : 1월, 2월, 3월의 합계
③ 성과급 : 실적의 7.2% (단, 무조건 올림하여 1,000원 단위로 계산)

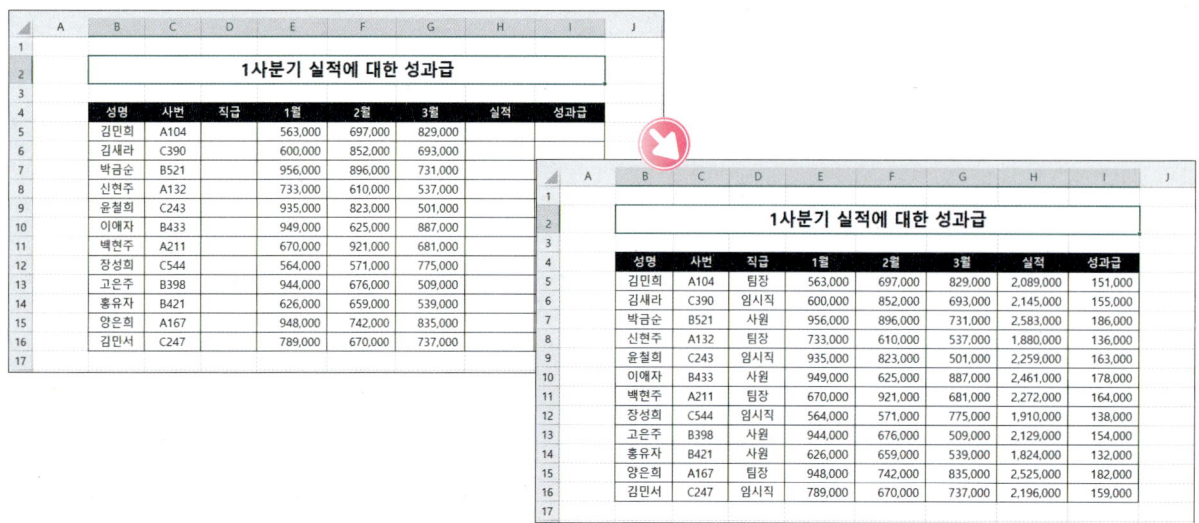

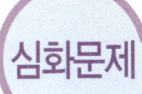

1) 'Section10-2.xlsx' 파일의 '사원채용' 워크시트에서 다음 지시에 따라 수식을 작성하세요.

① 성별 : 주민등록번호의 8번째 글자가 '1'이면 '남', '2'이면 '여'로 표시
② 합격여부 : 시험점수가 '80'점 이상이고 면접등급이 'C'가 아닌 경우에만 '합격', 아니면 '탈락'으로 표시
③ 조건부 서식 : 합격여부가 '합격'인 행 전체에 채우기 색 설정

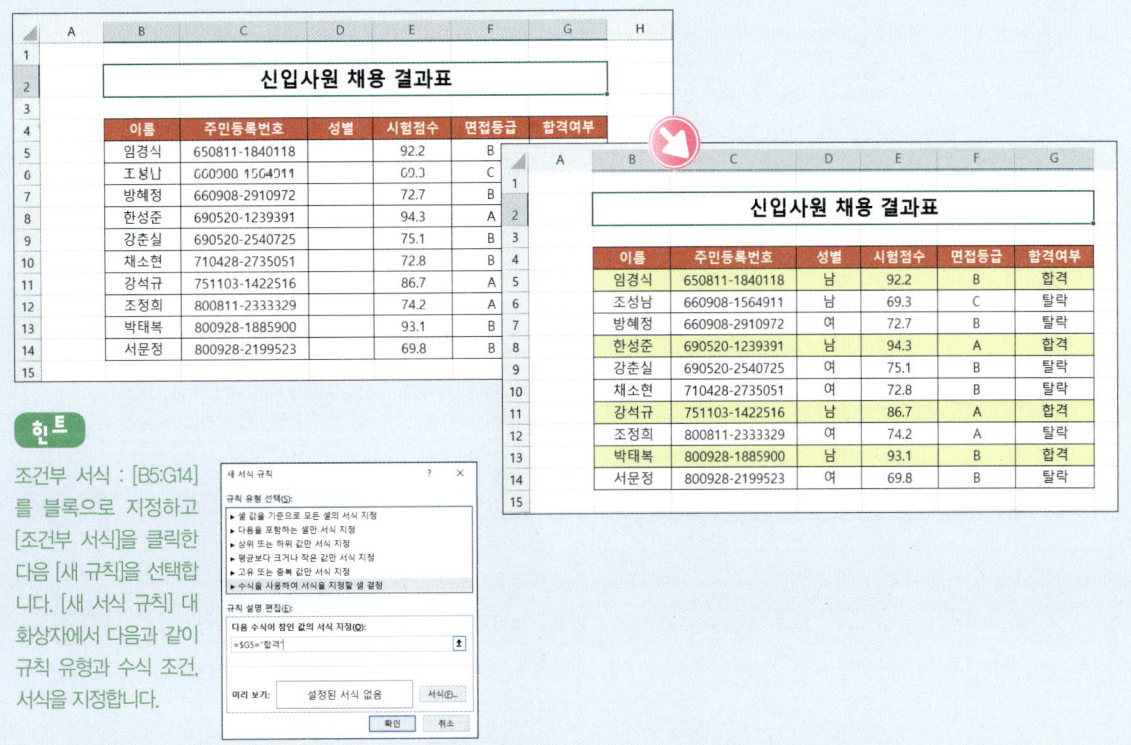

힌트

조건부 서식 : [B5:G14]를 블록으로 지정하고 [조건부 서식]을 클릭한 다음 [새 규칙]을 선택합니다. [새 서식 규칙] 대화상자에서 다음과 같이 규칙 유형과 수식 조건, 서식을 지정합니다.

2) 'Section10-2.xlsx' 파일의 '봉사대상' 워크시트에서 다음 지시에 따라 수식을 작성하세요.

① 기준일(C4) : 자동으로 업데이트되는 오늘 날짜 입력
② 나이 : 기준일의 연도와 생년월일의 연도를 이용하여 계산
③ 봉사점수 : 봉사횟수 1회당 7점으로 계산
④ 가산점 : 나이가 50세 이상일 경우에만 100점 부여
⑤ 최종점수 : 봉사점수와 가산점의 합계
⑥ 순위 : 최종점수가 높은 순서대로 부여
⑦ 포상내역 : 1위는 '대상', 2위부터 4위까지 '우수상'으로 표시

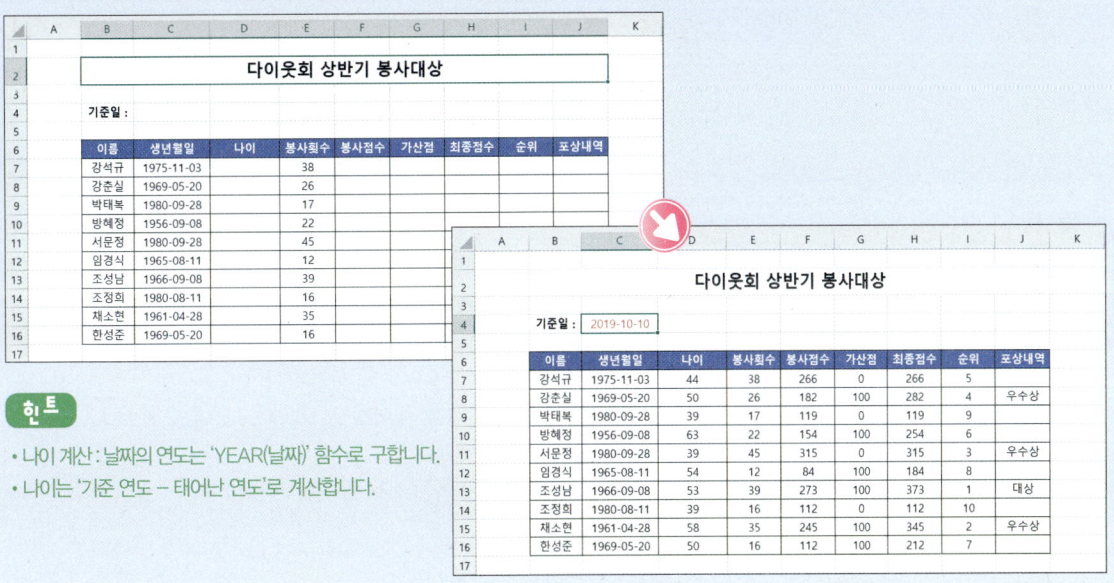

힌트

• 나이 계산 : 날짜의 연도는 'YEAR(날짜)' 함수로 구합니다.
• 나이는 '기준 연도 – 태어난 연도'로 계산합니다.

Section 11 자주 이용하는 실무 함수

엑셀은 300여 개가 넘는 많은 함수를 제공합니다. 하지만 대부분의 사용자들은 그렇게 많은 함수를 모두 외울 수도 없을뿐더러 그럴 필요도 없기 때문에 자신의 업무에서 자주 사용하는 몇 개의 함수만 반복적으로 사용하게 됩니다. 여기서는 여러분이 앞으로 실무에서 가장 많이 사용하게 될 함수를 중점적으로 알아봅니다.

Preview

〈학습내용〉

01. 조건에 따라 개수와 합계 구하기
02. 조건에 따라 평균 구하기
03. 표에서 데이터 찾기
04. 수식의 오류 처리하기

	A	B	C	D	E	F	G	H	I	J	K
1											
2		[표1] 실적표					[표2] 통계				
3		이름	성별	실적	평가		성별	인원	실적합계	평균실적	
4		송태림	남	7,216	A등급		남	8	46,578	5,822	
5		최성현	남	6,685	B등급		여	6	32,853	5,476	
6		노정환	남	7,717	A등급						
7		임건모	남	7,141	A등급		[표3] 평가 기준				
8		주영철	남	4,542	C등급		실적	평가	설명		
9		한상규	남	3,140	C등급		0	F등급	0~2,999		
10		한상일	남	4,935	C등급		3,000	C등급	3,000~4,999		
11		송민식	남	5,202	B등급		5,000	B등급	5,000~6,999		
12		정정숙	여	4,144	C등급		7,000	A등급	7,000 이상		
13		임소현	여	6,043	B등급						
14		주소정	여	5,104	B등급		[표4] 개인 실적 조회				
15		전명희	여	7,062	A등급		이름	성별	실적	평가	
16		강혜숙	여	7,562	A등급		한상규	남	3,140	C등급	
17		임순애	여	2,938	F등급						
18											

 완성파일 : Section11.xlsx

핵심내용

- 조건에 따라 개수를 구할 때 COUNTIF, 합계를 구할 때 SUMIF 함수를 사용합니다.
- 여러 개의 조건을 지정할 때는 COUNTIFS 함수와 SUMIFS 함수를 사용합니다.
- 조건에 따라 평균을 구하기 위해 AVERAGEIF 함수와 AVERAGEIFS 함수를 사용합니다.
- 표의 첫 열과 첫 행에서 데이터를 찾아 다른 열/행에 있는 데이터를 가져올 때 VLOOKUP 함수와 HLOOKUP 함수를 사용합니다.
- 수식의 결과가 오류일 때 오류 값 대신 다른 값을 표시하기 위해 IFERROR 함수를 사용합니다.

따라하기 01 조건에 따라 개수와 합계 구하기

▶ 준비파일 : Section11.xlsx

01 [H4] 셀에 '=COUNTIF'까지 입력하면 COUNTIF와 COUNTIFS 함수가 목록에 표시됩니다. 여기서 COUNTIF 함수는 하나의 조건을 만족할 때 개수를 구하는 함수이고, COUNTIFS 함수는 여러 조건일 때 개수를 구하는 함수입니다.

02 [H4] 셀에 '=COUNTIF($C$4:$C$17, G4)'를 입력한 다음 채우기 핸들을 [H5] 셀까지 드래그합니다. 그러면 [H4] 셀에는 [C4:C17]의 값이 [G4] 셀과 같을 때, 즉 성별이 '남'일 때 개수가 구해지고, [H5] 셀에는 성별이 '여'일 때 개수가 구해집니다.

TIP
COUNTIF(범위, 조건) 형식으로 사용하여 지정한 범위에서 주어진 조건을 만족하는 셀의 개수를 구합니다.

Power Upgrade

COUNTIF 함수의 조건 지정

COUNTIF 함수의 두 번째 인수인 조건은 큰 따옴표로 묶어 지정하거나 셀 참조, 숫자 등으로 지정합니다. 이 규칙은 SUMIF 함수에서도 동일하게 적용됩니다. 다음 예제에서 '지역'과 '매출량'은 셀 범위에 미리 정의해 둔 이름을 의미합니다.

예제	조건 설명
=COUNTIF(지역, "동부")	지역이 '동부'와 같을 때
=COUNTIF(지역, A5)	지역이 [A5] 셀의 값과 같을 때
=COUNTIF(매출량, ">=5000")	매출량이 '5000'보다 크거나 같을 때
=COUNTIF(매출량, ">=" & A5)	매출량이 [A5] 셀의 값보다 크거나 같을 때

엑셀2016

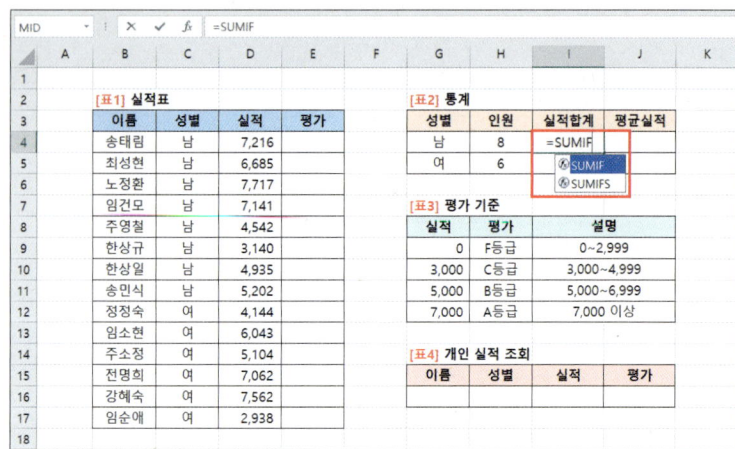

03 [I4] 셀에 '=SUMIF('까지 입력하고 함수의 사용 형식을 확인합니다. SUMIF 함수는 '=SUMIF(범위, 조건, 합계범위)'와 같은 형식으로 사용해야 합니다.

> **참고** 여러 개의 조건을 검사하여 합계를 구할 때는 SUMIFS 함수를 사용합니다.

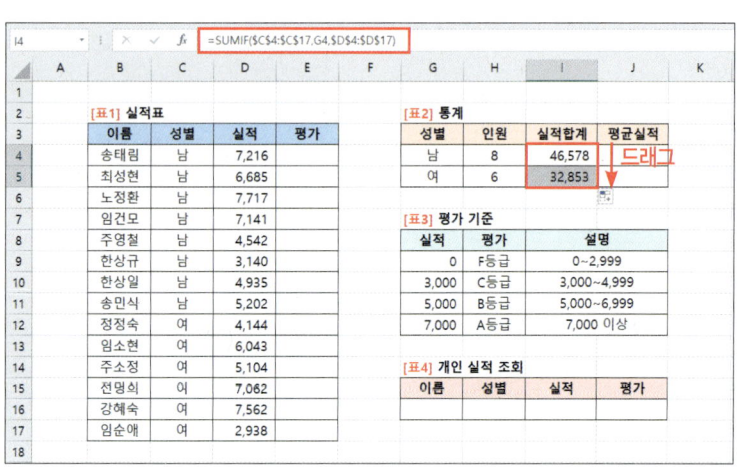

04 [I4] 셀에 '=SUMIF($C$4:$C$17, G4,$D$4:$D$17)'을 입력한 다음 채우기 핸들로 [I5] 셀까지 수식을 복사합니다. 이 수식은 성별($C$4:$C$17)이 [G4] 셀과 같을 때 실적($D$4:$D$17)의 합계를 계산합니다.

> **TIP** SUMIF 함수에서 조건을 검사할 범위와 합계를 구할 범위가 동일할 경우 합계 범위를 생략할 수 있습니다.

Power Upgrade

여러 조건일 때 개수와 합계 구하기

조건이 하나일 때 개수와 합계는 COUNTIF 함수와 SUMIF 함수를 사용하여 구합니다. 조건을 여러 개 지정해야 한다면 COUNTIFS 함수와 SUMIFS 함수를 사용해야 합니다.

함수 형식과 예제	설명
COUNTIFS(범위1, 조건1, 범위2, 조건2,...)	• 범위와 조건을 쌍으로 지정하여 여러 조건을 모두 만족할 때 개수를 구합니다. • 범위와 조건은 쌍으로 최대 127개까지 지정할 수 있습니다.
예 =COUNTIFS(지역, "동부", 판매량, "〉5000")	• 지역이 '동부'와 같고 판매량이 '5000'보다 클 때 개수를 구합니다. • 여기서 지역과 판매량은 미리 셀 범위에 정의해 놓은 이름입니다.
SUMIFS(합계범위, 범위1, 조건1, 범위2, 조건2,...)	• 쌍으로 지정한 범위와 조건을 모두 만족할 때 합계범위에서 합계를 구합니다. • 범위와 조건은 쌍으로 최대 127개까지 지정할 수 있습니다.
예 =SUMIFS(판매량, 지역, "동부", 판매량,"〉5000")	• 지역이 '동부'와 같고 판매량이 '5000'보다 클 때 판매량의 합계를 구합니다. • 합계범위를 첫 번째 인수로 지정해야 합니다.

따라하기 02 조건에 따라 평균 구하기

01 [J4] 셀에 '=AVERAGEIF'까지 입력하면 조건이 하나일 때 평균을 구하는 AVERAGEIF 함수와 조건이 여러 개일 때 평균을 구하는 AVERAGEIFS 함수를 볼 수 있습니다.

02 '=AVERAGEIF('까지 입력하고 AVERAGEIF 함수의 사용 형식을 확인합니다. AVERAGEIF 함수는 '=AVERAGEIF(범위, 조건, 평균범위)' 형식으로 SUMIF 함수와 같은 형식을 사용합니다.

03 [J4] 셀에 '=AVERAGEIF($C$4:$C$17, G4,$D$4:$D$17)'을 입력한 다음 채우기 핸들을 [J5] 셀까지 드래그합니다. 이렇게 하면 성별이 남(G4)일 때와 여(G5)일 때 실적의 평균을 구할 수 있습니다.

> **TIP**
> 조건이 여러 개일 때 평균을 구하는 AVERAGEIFS 함수는 'AVERAGEIFS(평균범위, 범위1, 조건1, 범위2, 조건2,…)'와 같은 형식으로 사용합니다.

따라하기 03 표에서 데이터 찾기

01 [G9:H12]를 블록으로 지정한 다음 이름 상자에 '기준'을 입력하고 Enter 키를 누릅니다. 그러면 이름 '기준'이 참조하는 범위는 VLOOKUP 함수에서 표 범위로 사용됩니다.

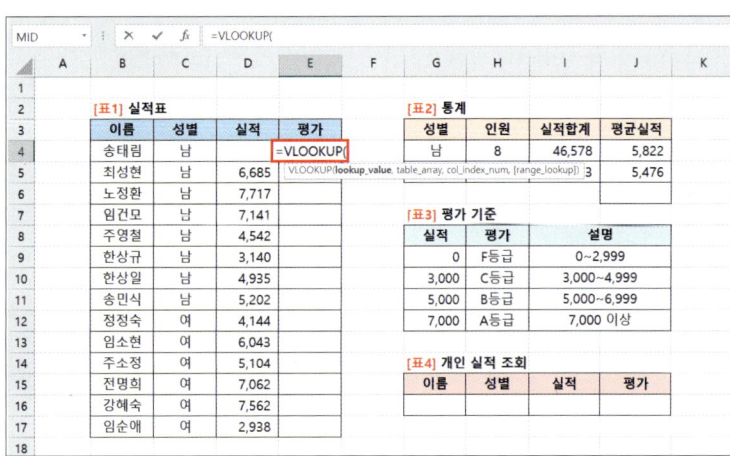

02 [E4] 셀에 '=VLOOKUP('까지 입력하고 함수의 사용 형식을 확인합니다. 이 함수는 'VLOOKUP(값, 표 범위, 열 번호, 옵션)' 형식을 사용해 표 범위의 첫 째 열에서 주어진 값을 찾아 지정한 열에 있는 값을 반환합니다. 옵션은 첫 번째 열에서 주어진 값을 찾는 방식을 TRUE(또는 생략)나 FALSE(또는 0)로 지정합니다.

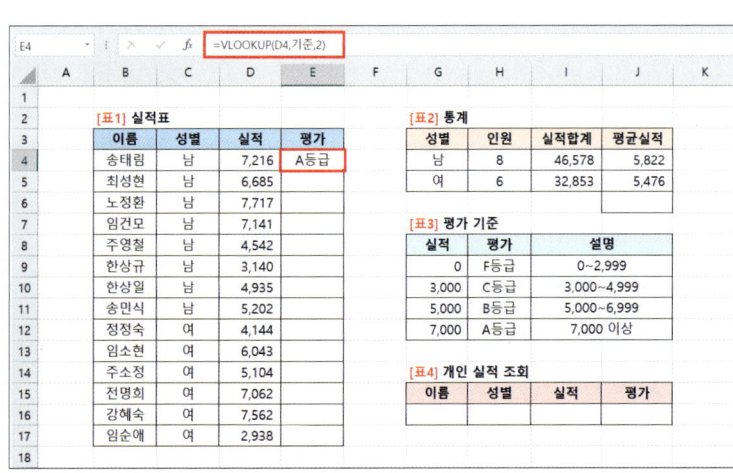

03 [E4] 셀에 '=VLOOKUP(D4, 기준, 2)'를 입력해서 '기준'의 첫 번째 열에서 [D4] 셀보다 작거나 같은 값을 찾아 '2'열의 평가를 구합니다. 여기서 [D4] 셀의 값이 '7216'이므로 '기준'의 첫 번째 열에서 '7000'을 찾습니다.

> **TIP**
> VLOOKUP 함수의 마지막 인수를 생략하거나 TRUE로 지정하면 표 범위의 첫째 열에서 주어진 값보다 작거나 같은 값을 찾습니다.

04 [E4] 셀의 채우기 핸들을 [E17] 셀까지 드래그하여 수식을 복사합니다. 만약 실적이 '4935'라면 VLOOKUP 함수는 '기준'의 첫째 열에서 이 값보다 작거나 같은 값 '3000'을 찾게 되므로 'C'등급을 반환합니다.

05 이번에는 [B4:E17]을 블록으로 지정하고 이름 상자에 '실적표'를 입력한 다음 Enter 키를 눌러 이름을 정의합니다. 이 '실적표'는 VLOOKUP 함수의 표 범위로 사용될 것입니다.

06 [G16] 셀에 임의로 이름을 입력한 다음 [H16] 셀에 '=VLOOKUP(G16,실적표,2,FALSE)'를 입력합니다. 이 수식은 [G16] 셀과 같은 값을 '실적표'의 첫 번째 열에서 찾은 다음 '2'열에 있는 성별을 반환합니다.

> **TIP**
> VLOOKUP 함수의 마지막 인수를 'FALSE' 또는 '0'으로 지정했기 때문에 [G16] 셀과 정확하게 똑같은 값을 찾습니다.

EXCEL 2016　**115**

엑셀 2016

07 [I16] 셀에는 반환하고자 하는 열 번호만 바꿔 '=VLOOKUP(G16,실적표,3,FALSE)'를 입력합니다. 그러면 [G16] 셀에 입력한 이름에 대한 실적을 구할 수 있습니다.

08 [J16] 셀에는 '4'열에 있는 평가를 가져오기 위해 '=VLOOKUP(G16,실적표,4,FALSE)'를 입력합니다.

> **참고** [G16] 셀에 입력한 이름을 다른 이름으로 변경하여 [H16:J16]의 수식 결과가 바르게 표시되는지 확인합니다.

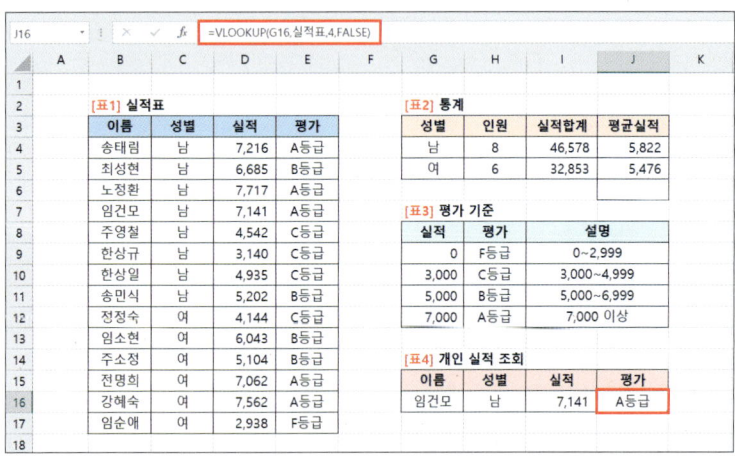

Power Upgrade — 표의 첫째 행에서 데이터를 찾는 HLOOKUP 함수

VLOOKUP 함수가 표 범위의 첫 번째 열에서 데이터를 찾는다면 HLOOKUP 함수는 표 범위의 첫 번째 행에서 데이터를 찾는다는 것이 다릅니다.

함수 형식과 예제	설명
HLOOKUP(값, 표 범위, 행 번호, 옵션)	표 범위의 첫 번째 행에서 주어진 값을 찾아 지정한 행에 있는 값을 반환합니다. 옵션을 생략하거나 TRUE로 지정하면 주어진 값보다 작거나 같은 값 중에서 최댓값을 찾습니다. 옵션을 FALSE 또는 0으로 지정하면 주어진 값과 정확하게 일치하는 값을 찾습니다.
예 =HLOOKUP(750, 할인율표, 3)	'할인율표'의 첫 번째 행에서 '750'보다 작거나 같은 값 중 최댓값을 찾아 '3'행에 있는 값을 반환합니다.
예 =HLOOKUP("서울", 매출현황, 5, FALSE)	'매출현황'의 첫 번째 행에서 '서울'과 같은 값을 찾아 5행에 있는 값을 반환합니다.

따라하기 04 수식의 오류 처리하기

01 [G16] 셀에 '실적표'의 첫 번째 열에 없는 이름을 임의로 입력해 봅니다. 그러면 [H16:J16]의 수식이 주어진 값을 찾을 수 없기 때문에 '#N/A' 오류 값이 반환됩니다.

> **참고** 함수 이름을 잘못 사용했거나 인수를 잘못 지정했을 때, 수식이 원하는 값을 계산하지 못할 때 #N/A, #VALUE, #NAME?, #DIV/0! 과 같은 수식 오류 값이 셀에 표시됩니다. 이러한 오류 값은 원인을 분석해서 반드시 해결하는 것이 좋습니다.

02 [H16] 셀의 수식을 '=IFERROR (VLOOKUP(G16,실적표,2,FALSE), " ")'로 수정합니다. 이렇게 하면 VLOOKUP 함수의 결과가 오류 값일 때 오류 값을 대신해서 빈 문자열(" ")을 표시할 수 있습니다.

> **Tip** 'IFERROR(수식,값)' 함수는 수식의 결과가 오류이면 지정한 값을 대신 반환합니다. 수식 결과가 오류가 아니면 수식의 계산 결과를 정상적으로 반환합니다.

03 같은 의미로 [I16] 셀의 수식은 '=IFERROR(VLOOKUP(G16,실적표,3,FALSE),"")'로 수정하고, [J16] 셀의 수식은 '=IFERROR(VLOOKUP(G16,실적표,4,FALSE),"")'로 수정합니다.

기초문제

1

'Section11-1.xlsx' 파일의 '실적보고서' 워크시트에서 다음 지시에 따라 수식을 작성하세요.

① 실적 합계(I4:K6) : [표1]에서 소속에 따라 상반기, 하반기, 실적의 합계 계산
② 인원(H13) : [표1]에서 [I10] 셀에 입력한 소속에 대한 인원
③ 실적합계(I13) : [표1]에서 [I10] 셀에 입력한 소속에 대한 실적의 합계
④ 평균실적(J13) : [표1]에서 [I10] 셀에 입력한 소속에 대한 실적의 평균

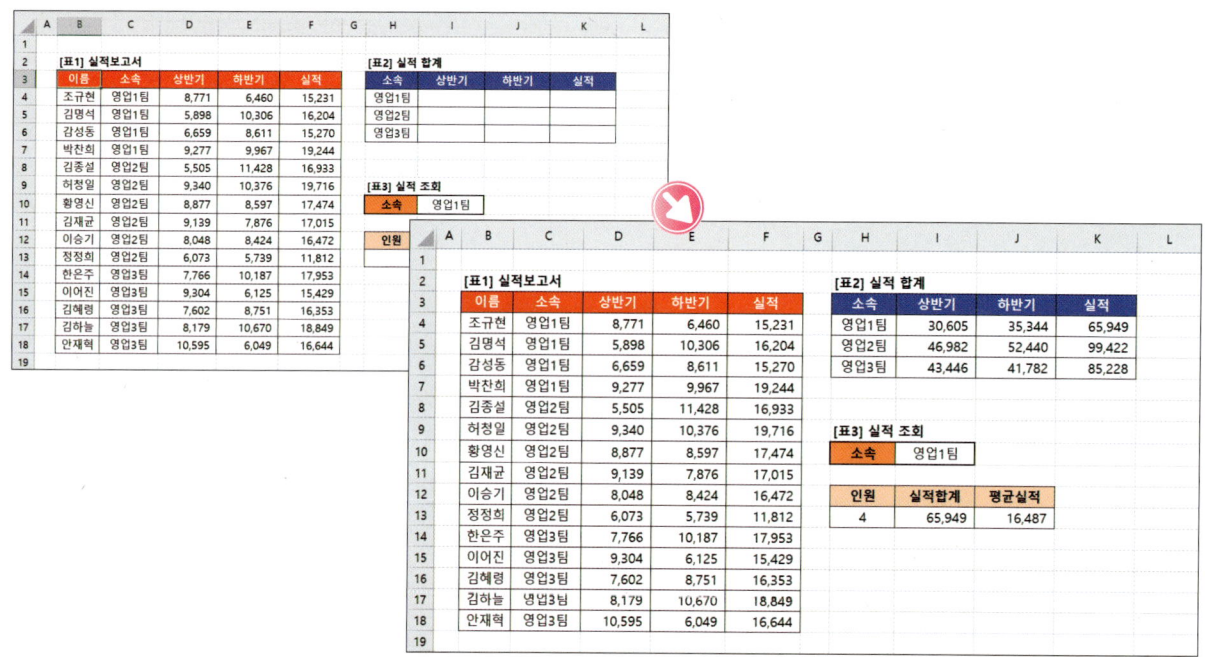

2

'Section11-1.xlsx' 파일의 '시험성적' 워크시트에서 다음 지시에 따라 수식을 작성하세요.

① 최종점수 : 전공, 선택, 영어의 평균을 반올림하여 소수 첫째 자리까지 계산
② 학점 : [표2]의 평가기준을 참조하여 최종점수에 따라 학점 계산(90점 이상 A, 80~89점 B, 70~79점 C, 60~69점 D, 60미만 F)
③ 성적 통계(L9:P10) : 성별과 학점에 따라 인원(개수) 계산

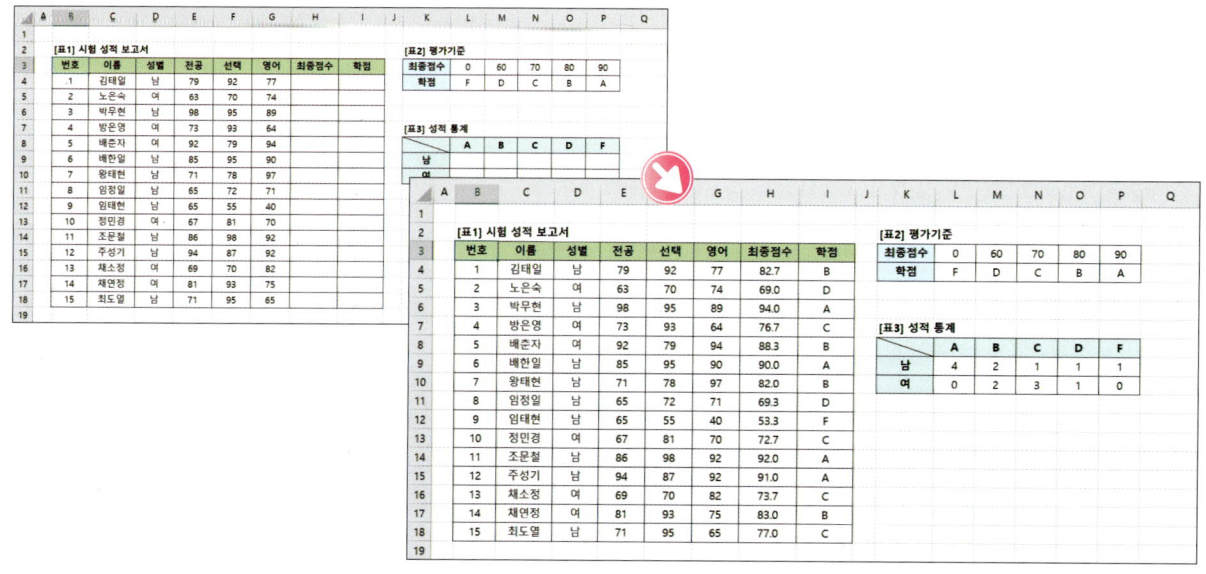

심화문제

1) 'Section11-2.xlsx' 파일의 '판매현황' 워크시트에서 다음 지시에 따라 수식을 작성하세요.

① 이름 정의 : [I4:K8]에 '분류표'로 이름 정의
② 분류 : '분류표'를 참조하여 상품코드의 첫 글자에 따라 분류 입력
③ 할인율 : '분류표'를 참조하여 상품코드의 첫 글자에 따라 할인율 입력
④ 금액 : '단가 * 판매량 * (1-할인율)'로 계산

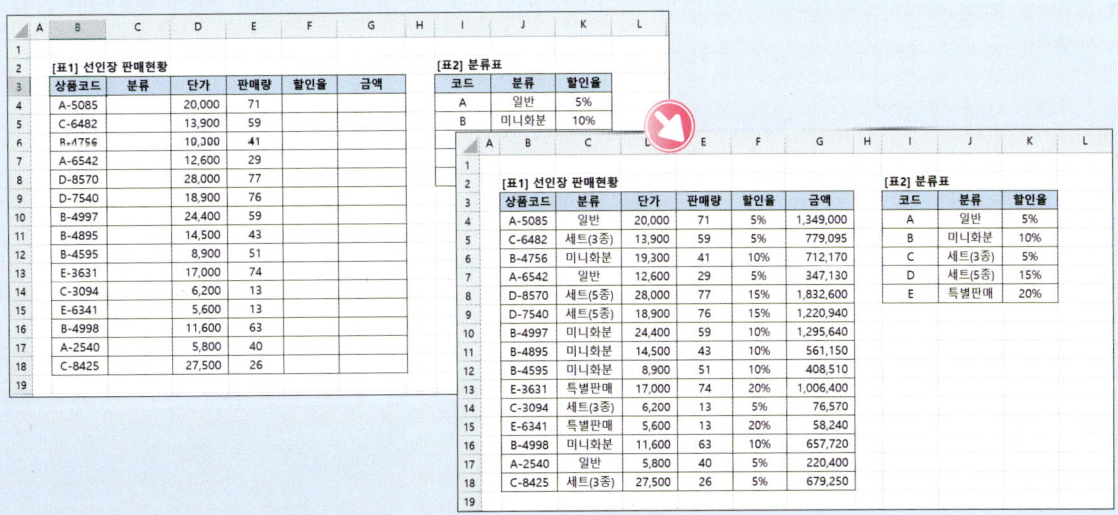

2) 'Section11-2.xlsx' 파일의 '주문서' 워크시트에서 다음 지시에 따라 수식을 작성하세요.

① 이름 정의 : [표1]에서 지역, 주문상품, 금액 열에 각각 이름 정의
② 주문량 : [표1]에서 주문상품이 [J3]과 같고 지역이 [J4]와 같을 때 개수
③ 총금액 : [표1]에서 주문상품이 [J3]과 같고 지역이 [J4]와 같을 때 금액의 합계
④ 평균금액 : [표1]에서 주문상품이 [J3]과 같고 지역이 [J4]와 같을 때 금액의 평균(단, 조건을 만족하는 데이터가 없을 경우 숫자 0 표시)

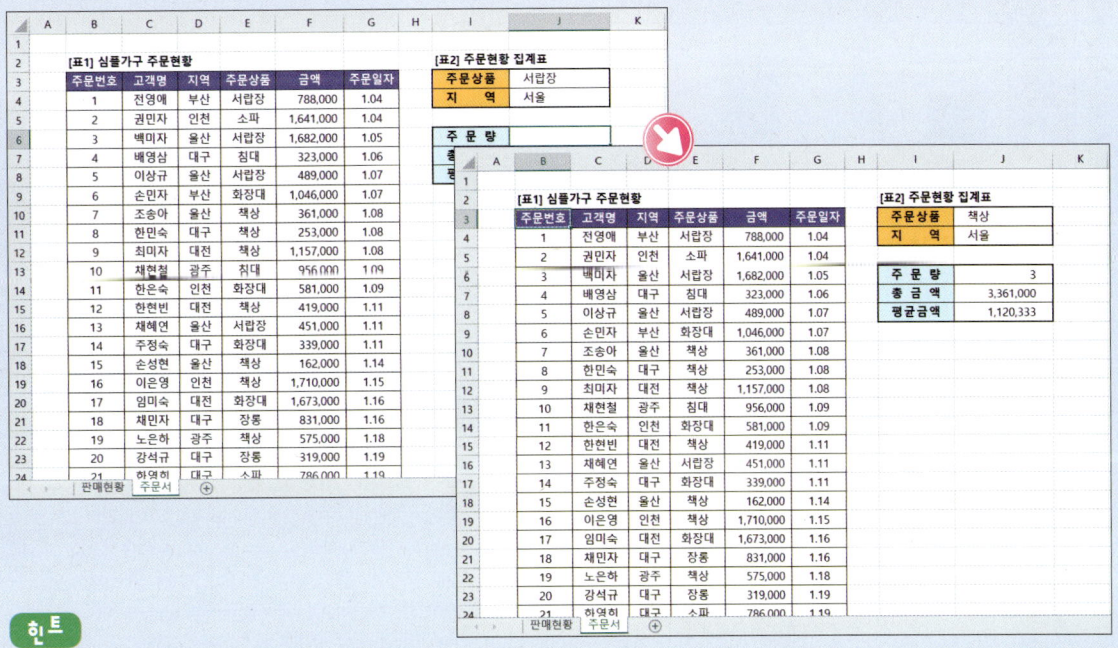

힌트

- 이름 정의 방법: [D3:F107]을 블록으로 지정한 다음 [수식] 탭, [정의된 이름] 그룹, 선택 영역에서 만들기(선택 영역에서 만들기)를 클릭합니다. [선택 영역에서 이름 만들기] 대화상자에서 [첫 행] 옵션만 선택한 채로 [확인] 단추를 클릭하면 첫 행에 있는 지역, 주문상품, 금액으로 각 열에 이름이 정의됩니다.
- #DIV/0! 오류 : AVERAGEIF 또는 AVERAGEIFS 함수를 사용할 때 조건을 만족하는 데이터가 없으면 발생하는 오류 값으로 '0'으로 나누었다는 뜻입니다.

Section 12 워크시트에 차트 만들어보기

차트를 이용하면 복잡한 데이터를 시각적으로 표현하여 한눈에 데이터의 흐름을 알 수 있을 뿐만 아니라 쉽게 비교할 수 있습니다. 또한 데이터를 시각적으로 표시하는 워크시트 셀의 작은 차트인 스파크라인을 사용하여 계절별 증감이나 경기 순환과 같은 값 계열의 추세를 표시하거나 최댓값 및 최솟값을 강조 표시할 수 있습니다.

Preview

〈학습내용〉

01. 스파크라인 삽입하기
02. 차트 삽입하기
03. 차트 영역 서식과 그림 서식 설정하기
04. 데이터 계열 서식과 요소 서식 설정하기
05. 축 서식 설정하기
06. 범례 서식 설정하기

 완성파일 : Section12.xlsx

핵심내용

- 스파크라인으로 데이터의 흐름을 파악합니다.
- 차트를 삽입하여 레이아웃을 변경합니다.
- 차트의 영역 서식 및 축 서식을 설정합니다.
- 데이터 계열과 데이터 요소 서식을 변경합니다.

따라하기 01 스파크라인 삽입하기

▶ 준비파일 : Section12.xlsx

01 연도별 실적을 분석하기 위하여 [H5] 셀을 선택한 다음 [삽입] 탭 → [스파크라인] 그룹에서 [꺾은선형]을 클릭합니다.

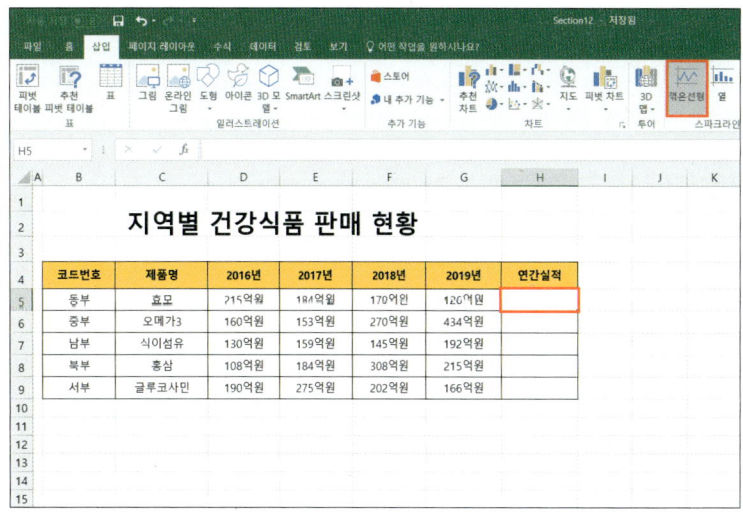

02 [스파크라인 만들기] 대화상자에서 데이터 범위란에 'D5:G5'를 설정하고 [확인]을 클릭합니다.

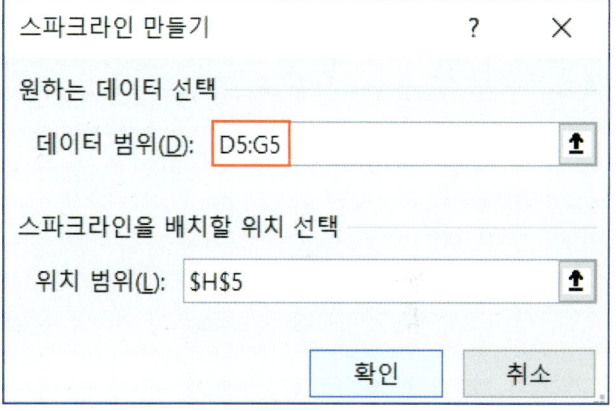

03 [H5] 셀의 채우기 핸들을 [H9] 셀까지 드래그합니다.

참고 연도별 실적이 한눈에 파악될 수 있도록 데이터 흐름이 표시됩니다.

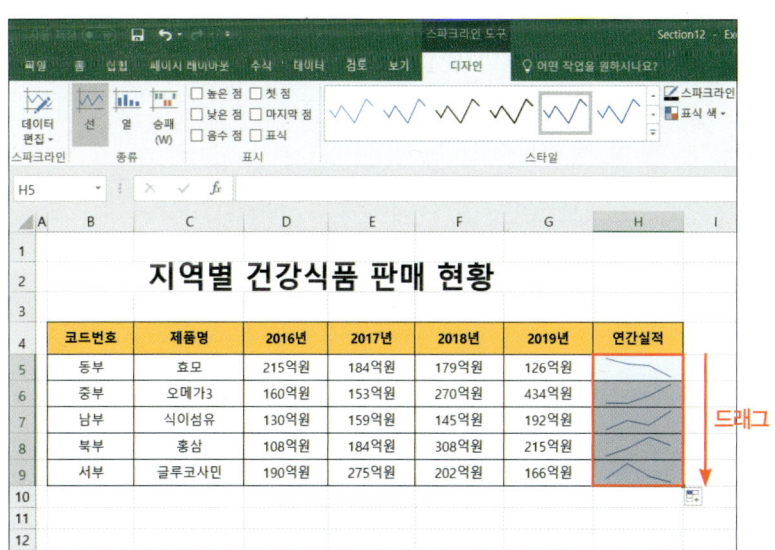

EXCEL 2016 **121**

엑셀2016

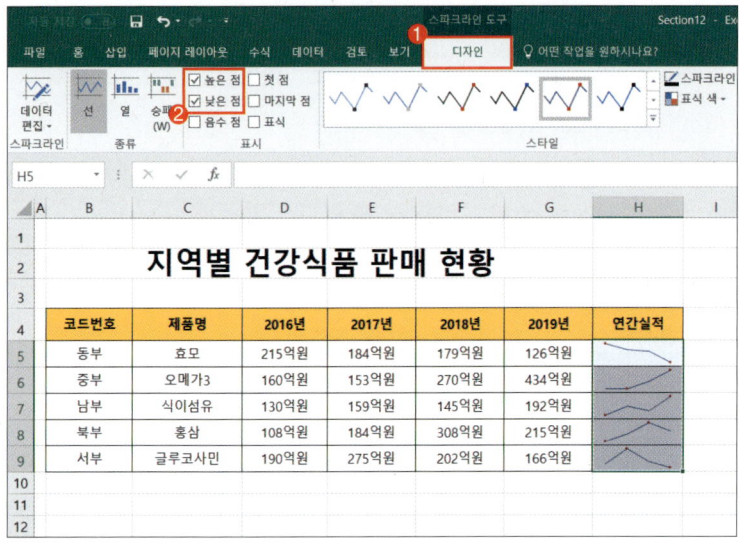

04 [스파크라인 도구]의 [디자인] 탭 → [표시] 그룹에서 '높은 점'과 '낮은 점'을 클릭하여 체크 표시를 합니다.

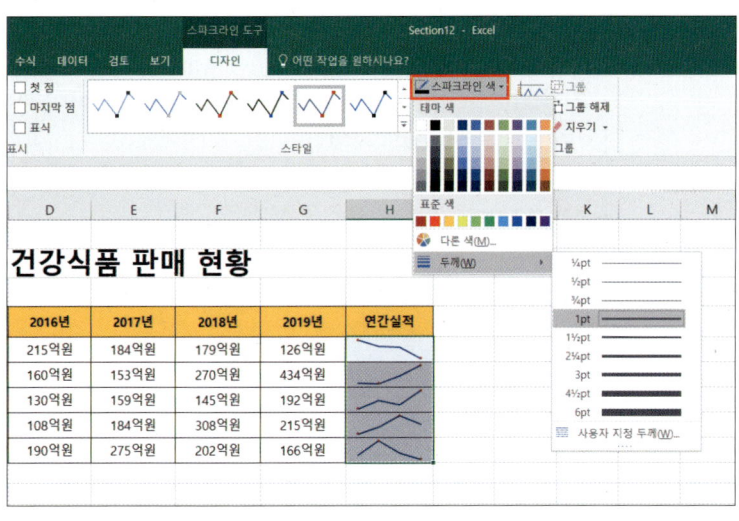

05 [스파크라인 도구]의 [디자인] 탭 → [스타일] 그룹에서 [스파크라인 색] → [두께]를 클릭하여 '1pt'를 선택합니다.

Power Upgrade

스파크라인 삭제하기

[스파크라인 도구]의 [디자인] 탭 → [그룹] 그룹 → [지우기]를 클릭하여 스파크라인을 삭제할 수 있습니다.

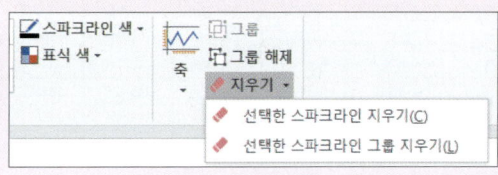

따라하기 02 차트 삽입하기

01 [차트만들기] 시트에서 이태임, 양현주, 김은주, 이서준, 정혜진에 대한 소득신고 차트를 만들고자 합니다. Ctrl 키를 누른 상태로 다음과 같이 범위를 설정합니다.

02 [삽입] 탭 → [차트] 그룹 → [세로 또는 가로 막대형 차트 삽입] 목록 단추를 클릭하여 [묶은 세로 막대형]을 클릭합니다.

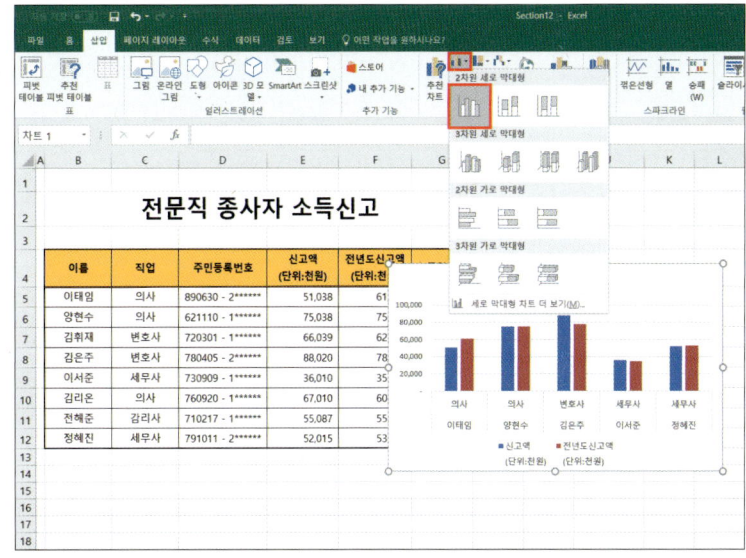

03 차트가 삽입되면 다음과 같이 차트 크기를 조절한 후 표 아래로 이동시킵니다.

참고

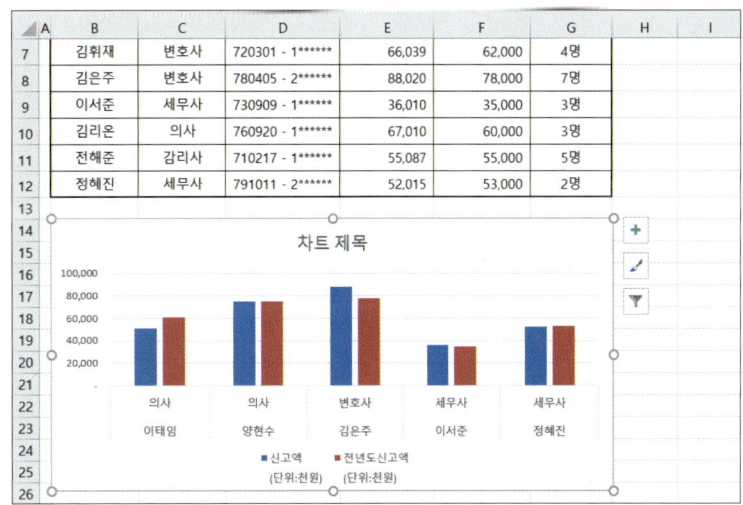

엑셀2016

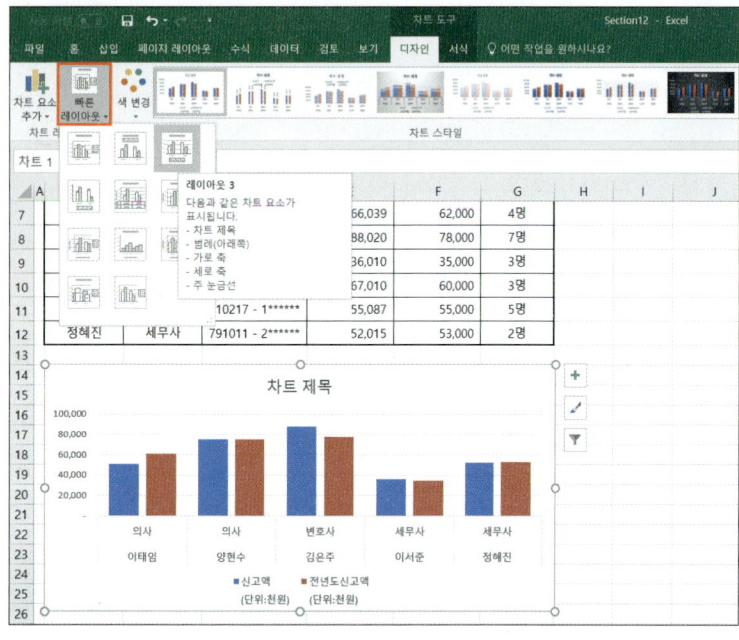

04 [차트 도구]의 [디자인] 탭 → [차트 레이아웃] 그룹에서 [빠른 레이아웃] → [레이아웃 3]을 선택합니다.

> 참고 [빠른 레이아웃] 기능을 이용하면 차트 제목, 범례, 가로축, 세로축 등 차트 요소들을 손쉽게 편집할 수 있습니다.

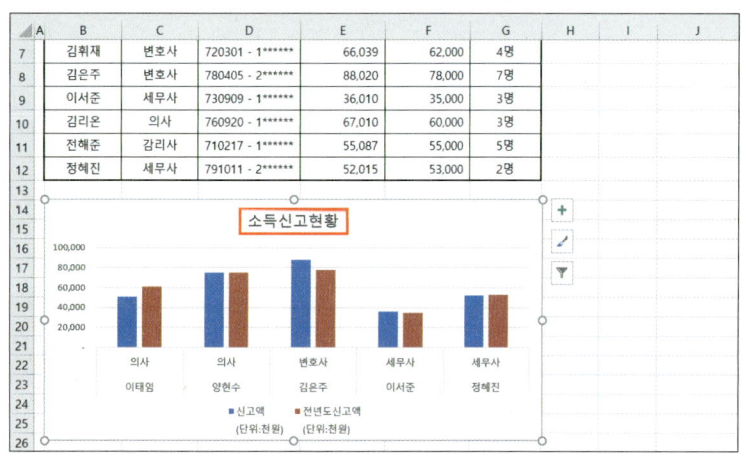

05 차트 제목 영역을 클릭하여 차트 제목을 입력해서 차트를 완성합니다.

Power Upgrade

차트 이동

차트는 현재 작업 중인 워크시트에 삽입됩니다. 워크시트에 삽입된 차트를 다른 시트로 이동시키려면 [차트 도구]의 [디자인] 탭 → [차트 이동 위치]를 클릭하여 나타난 [차트 이동] 대화상자에서 이동시킬 수 있습니다.

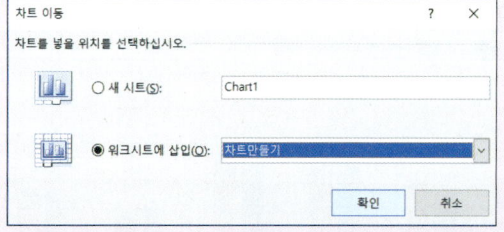

- 새 시트 : Chart1 시트가 삽입되면서 차트가 이동됩니다.
- 워크시트에 삽입 : 현재 통합 문서에 있는 다른 워크시트로 이동시킬 수 있습니다.

따라하기 03 차트 영역 서식과 그림 서식 설정하기

01 차트 영역을 선택한 다음 [홈] 탭 → [글꼴] 그룹에서 글꼴 크기를 '11pt'로 설정합니다. 그러면 차트 전체의 글꼴 크기가 조절됩니다.

> **TIP**
> [차트 도구]의 [디자인] 탭 → [차트 스타일] 그룹에서 차트 스타일을 선택하여 차트를 원하는 디자인으로 변경할 수 있습니다.

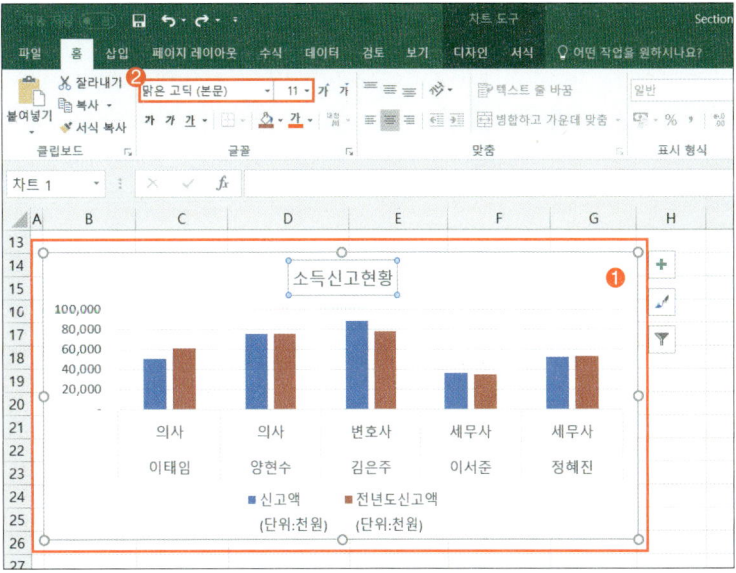

02 차트 제목을 선택한 다음 [홈] 탭 → [글꼴] 그룹에서 글꼴 크기는 '15pt', 글꼴 스타일은 '굵게'로 설정합니다.

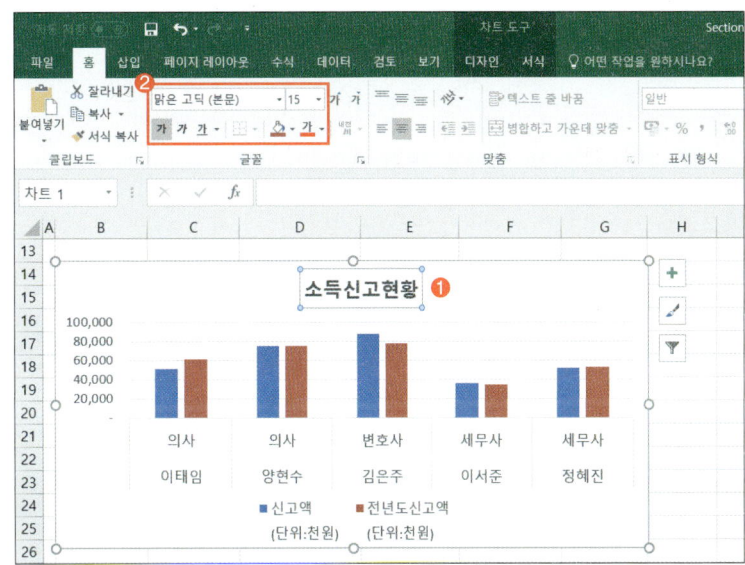

03 차트 영역을 디자인하기 위해 더블 클릭하면 우측에 [차트 영역 서식] 창이 나타납니다. [채우기]에서 '단색 채우기'를 클릭하여 선택하고 [색 목록 단추]를 클릭하여 원하는 색을 선택합니다.

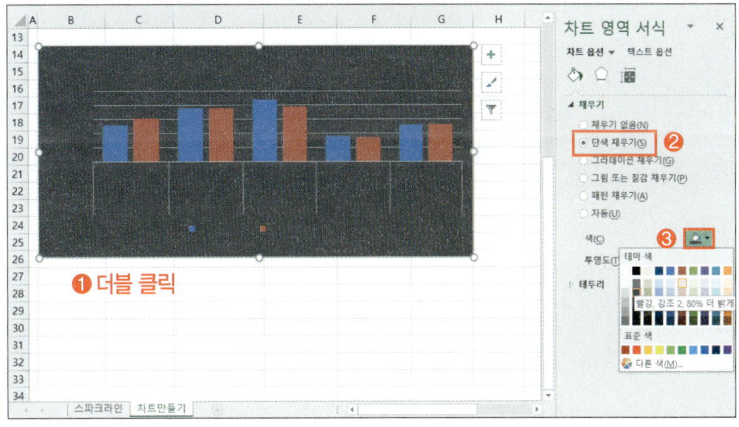

EXCEL 2016

엑셀 2016

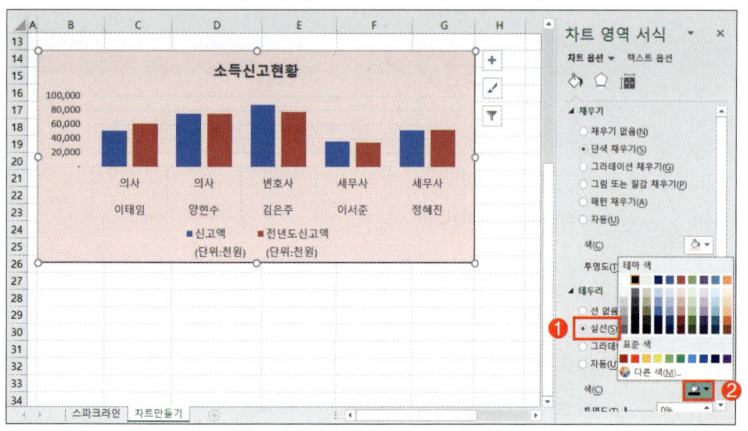

04 [테두리]에서 [실선]을 선택한 다음 [색 목록 단추]를 클릭하여 '검정'을 선택합니다.

참고 화면에 안 보이는 경우 스크롤바를 아래로 내리면 나타납니다.

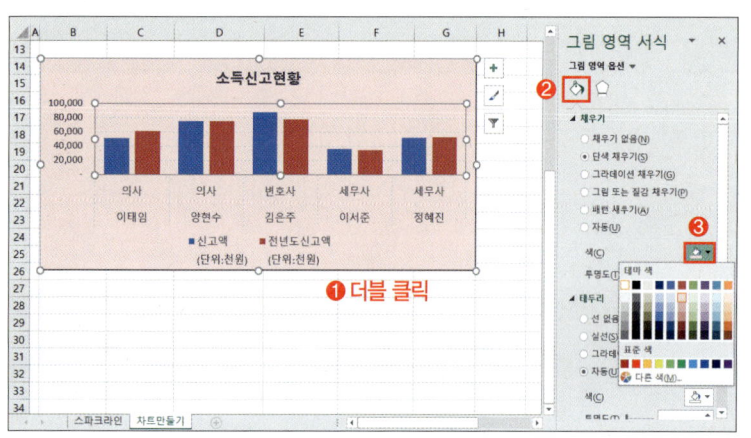

05 이번에는 그림 영역을 디자인하겠습니다. 그림 영역을 더블 클릭하여 [그림 영역 서식] 창이 나타나면 [채우기]에서 '단색 채우기'를 클릭하여 선택하고 [색 목록 단추]를 클릭하여 '흰색'을 선택합니다.

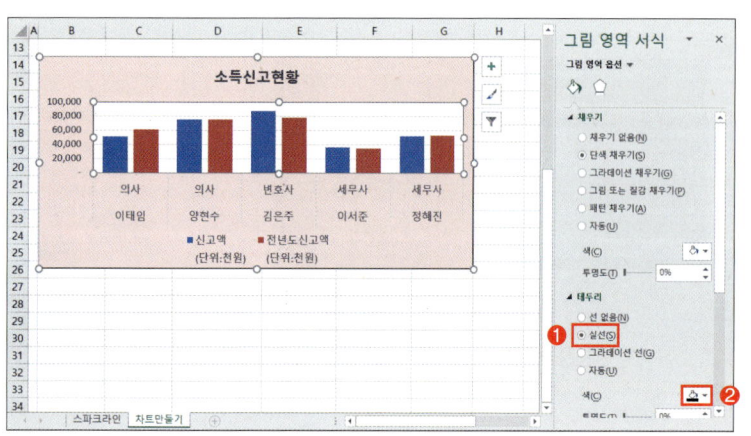

06 [테두리]에서 '실선'을 선택한 다음 [색 목록 단추]를 클릭하여 '검정'을 선택하여 완성합니다.

빠른 분석하기

- 셀을 선택하면 선택한 영역 오른쪽 아래 [빠른 분석] 아이콘이 나타납니다.
- 빠른 분석 갤러리에서 선택한 영역에 대한 서식을 설정하거나 선형 및 세로 막대형 차트 등 여러 가지 종류의 차트를 즉시 만들 수 있을 뿐만 아니라 스파크라인이나 표 스타일을 적용하고, 피벗 테이블을 만들고, 합계를 빠르게 삽입하고, 조건부 서식을 적용할 수도 있습니다.

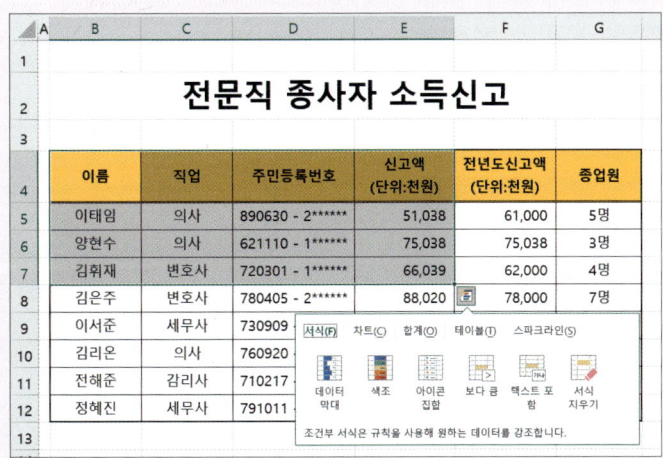

서식	데이터 막대와 색 등을 추가해 데이터의 일부분을 강조 표시할 수 있습니다.
차트	선택한 데이터 형식에 따라 여러 가지 차트를 추천합니다.
합계	열과 행에 있는 숫자 데이터의 합계, 평균, 개수 등을 계산 할 수 있습니다.
표	데이터를 쉽게 필터링하고 정렬할 수 있습니다
스파크라인	데이터와 함께 표시할 수 있는 작은 그래프를 삽입할 수 있습니다.

따라하기 04   데이터 계열 서식과 요소 서식 설정하기

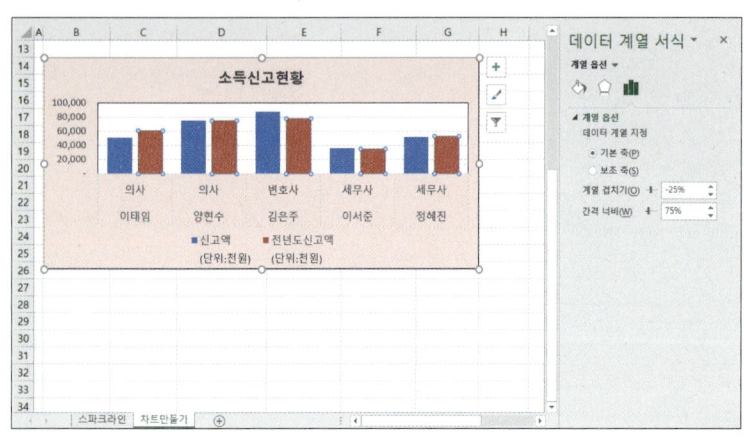

01 '전년도신고액'을 꺾은선 형으로 만들어 '금년도신고액'과 대비시켜 보다 편하게 볼 수 있도록 만들겠습니다. 또한 '금년도신고액'도 정확한 금액을 막대 위에 표시하도록 하겠습니다. 먼저 '전년도신고액' 데이터 계열을 선택합니다.

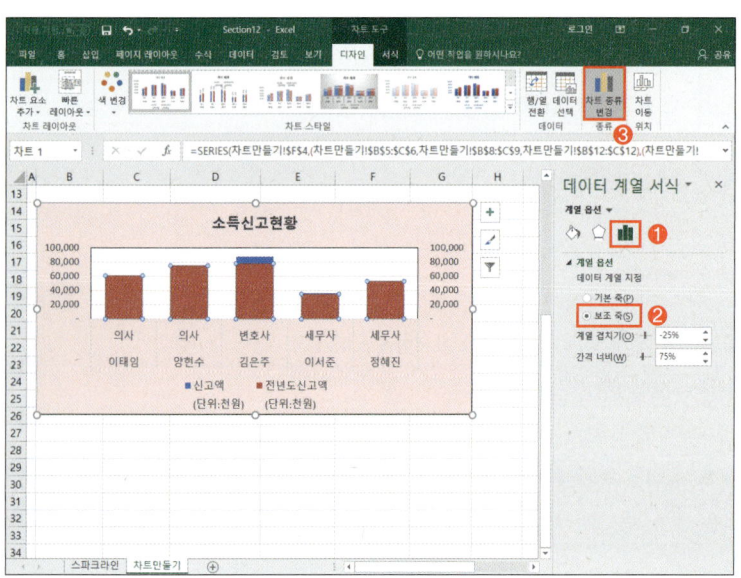

02 데이터 계열 서식 창에서 [계열 옵션](📊)을 클릭하여 '보조 축'을 선택합니다. 이어서 [차트 도구]의 [디자인] 탭 → [종류] 그룹 → [차트 종류 변경](📊)을 클릭합니다.

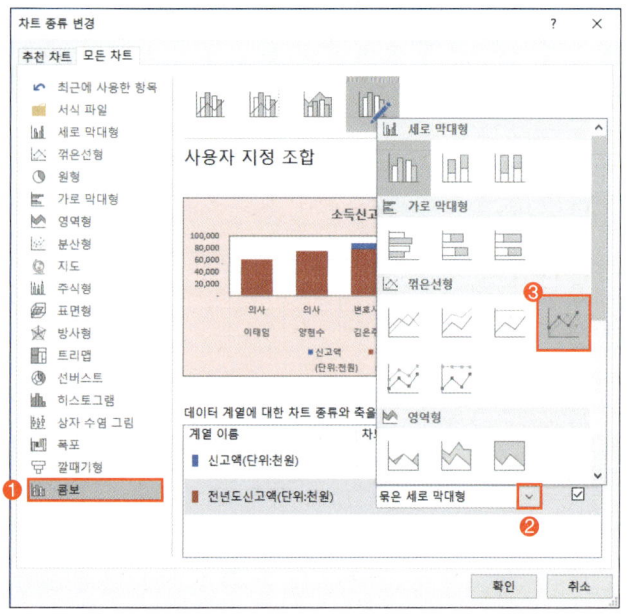

03 [차트 종류 변경] 대화상자가 나타나면 '콤보'를 선택하고 '전년도신고액(단위: 천원)'의 목록 단추를 클릭하여 '표식이 있는 꺾은선형'을 선택한 후 [확인]을 클릭합니다.

04 '신고액' 데이터 계열을 선택한 다음 [차트 도구]의 [디자인] 탭 → [차트 레이아웃] 그룹에서 [차트 요소 추가](ⓘ) → [데이터 레이블] → [바깥쪽 끝에]를 클릭합니다.

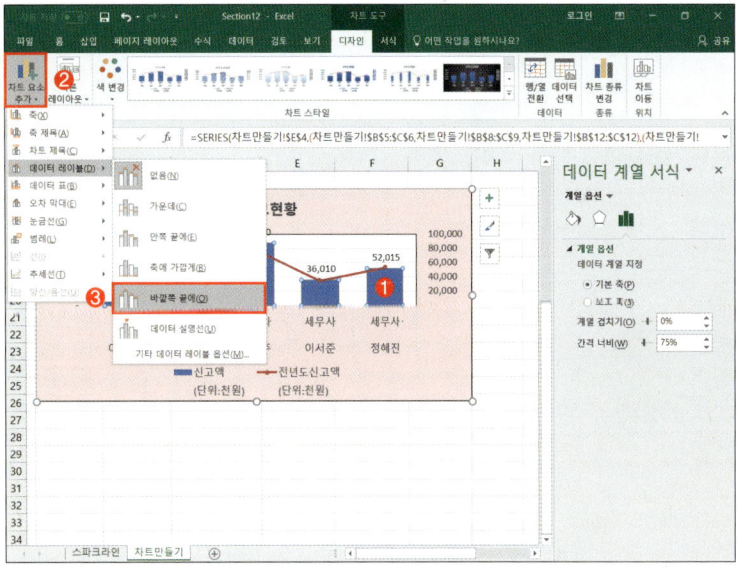

05 '양현수'에 대한 요소만 특화해 보기로 합니다. '신고액' 데이터 계열이 선택되어 있는 상태에서 '의사 양현수' 요소를 클릭합니다. [데이터 요소 서식] 창에서 [채우기](◈)를 클릭한 후 '그림 또는 질감 채우기'를 체크합니다.

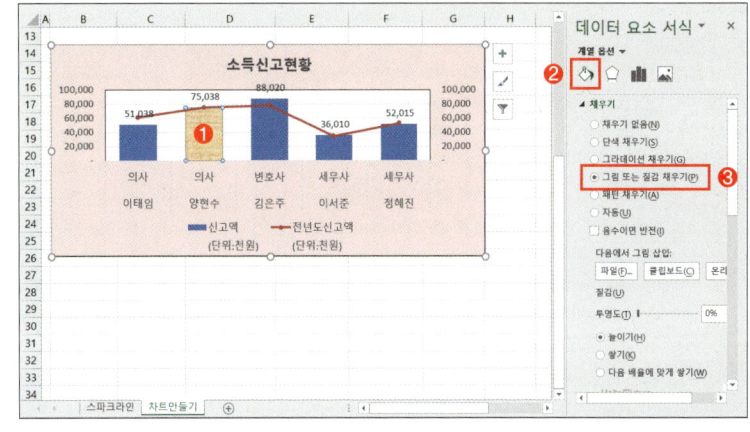

06 [질감 단추](▦▾)를 클릭하여 '작은 물방울'을 선택하여 완성합니다.

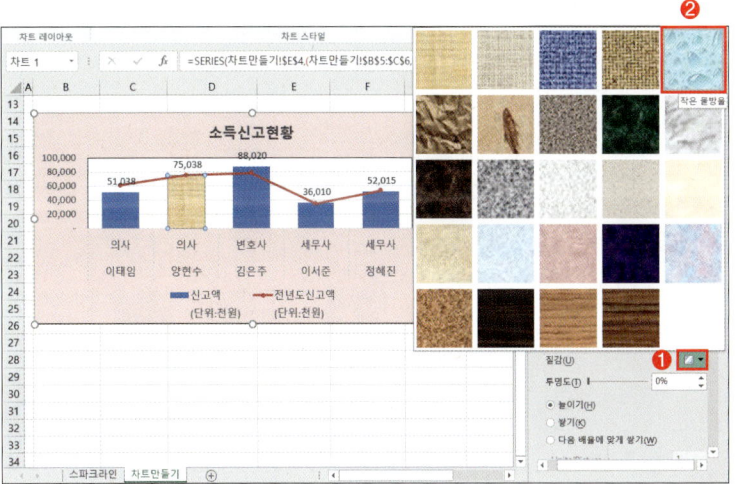

따라하기 05 축 서식 설정하기

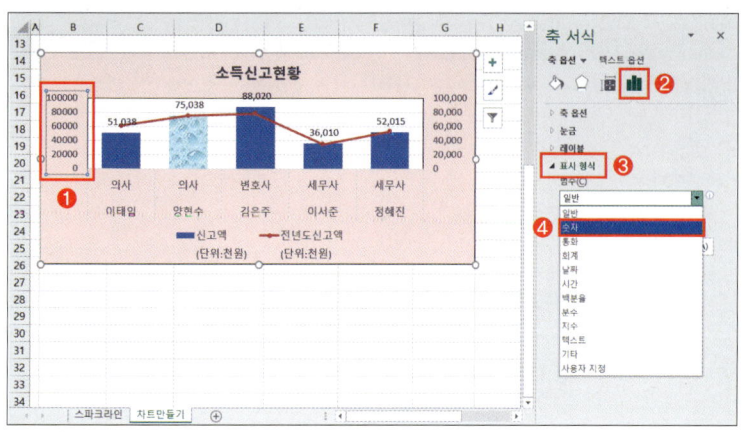

01 '김은주'의 금액이 위로 삐져나와 보기 싫습니다. 축 범위를 한단계 늘리겠습니다. 세로 값 축 영역을 클릭합니다. [축 서식] 창에서 [축 옵션](📊)을 클릭한 후 [표시 형식]을 클릭하여 [범주] 목록 단추를 누른 다음 '숫자'로 선택합니다.

참고 '숫자'로 지정하면 10,000처럼 천 단위마다 콤마가 처리됩니다.

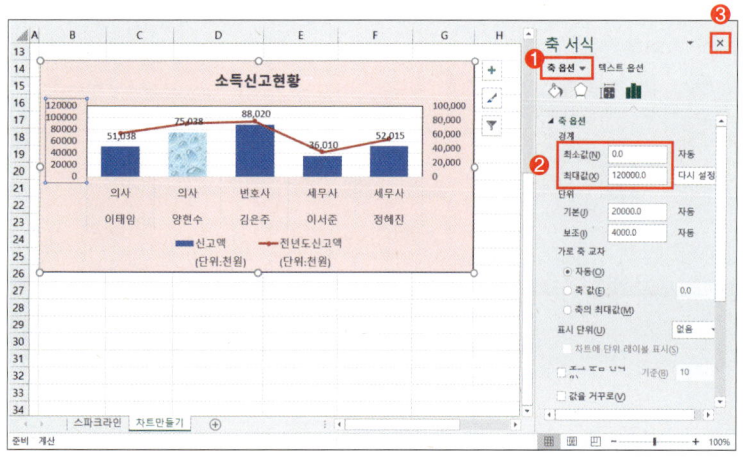

02 [축 옵션]을 클릭하여 최솟값과 최댓값을 다음과 같이 설정하고 [닫기](✕)를 클릭합니다.

TIP 최솟값과 최댓값을 설정하면 [다시 설정] 단추가 나타납니다. [다시 설정] 단추를 클릭하면 최솟값과 최댓값이 기본 값으로 설정됩니다.

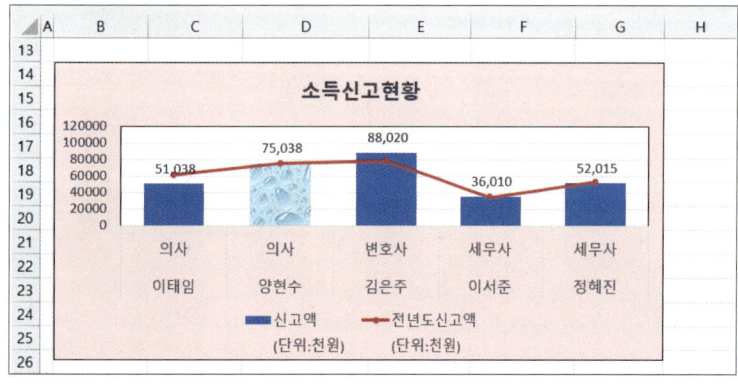

03 우측의 [축 서식]은 지우겠습니다. 우측 [축 서식]을 선택한 후 Delete 키를 눌러 삭제하여 완성합니다.

범례 서식 설정하기

01 범례 항목에서 '(단위:천원)'이란 단어를 삭제하여 단순화 하겠습니다. [차트 도구]의 [디자인] 탭 → [데이터] 그룹 → [데이터 선택]()을 클릭합니다. [데이터 원본 선택] 대화상자가 나타나면 '신고액(단위:천원)'을 선택한 후 [편집]을 클릭합니다.

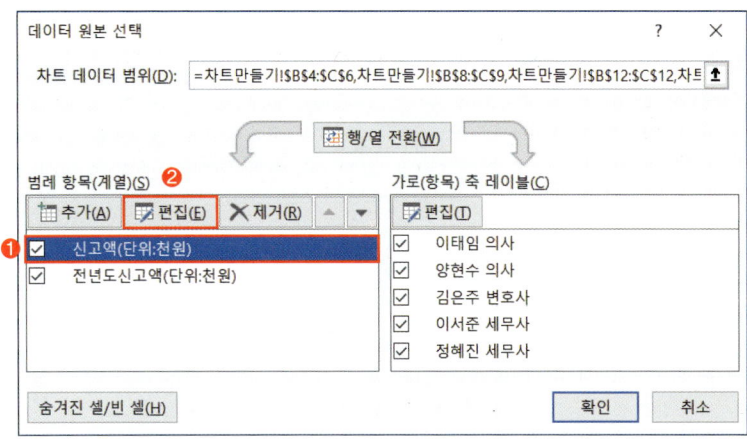

02 [계열 편집] 대화상자에서 계열 이름란에 '신고액'을 입력하고 [확인]을 클릭합니다.

03 [데이터 원본 선택] 대화상자에서 '전년도신고액(단위:천원)'을 선택한 후 [편집]을 클릭합니다.

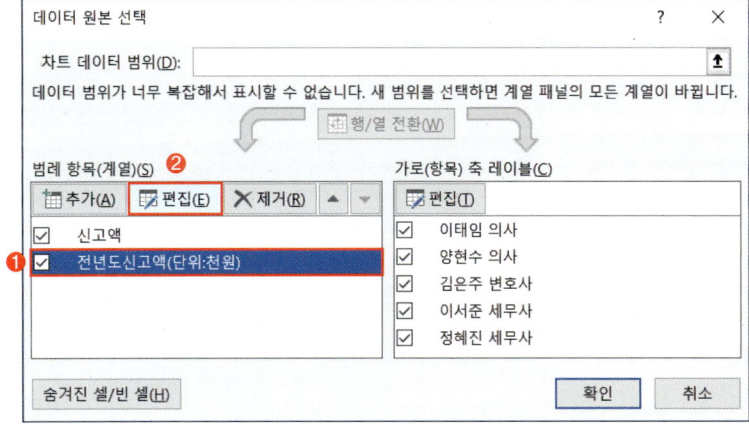

엑셀2016

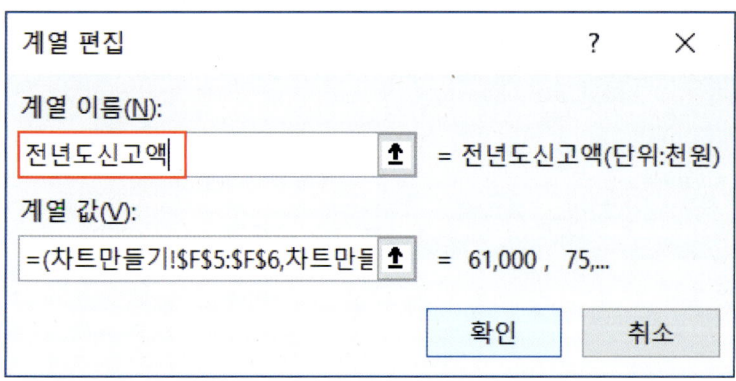

04 [계열 편집] 대화상자에서 계열 이름란에 "전년도신고액"을 입력하고 [확인]을 클릭합니다.

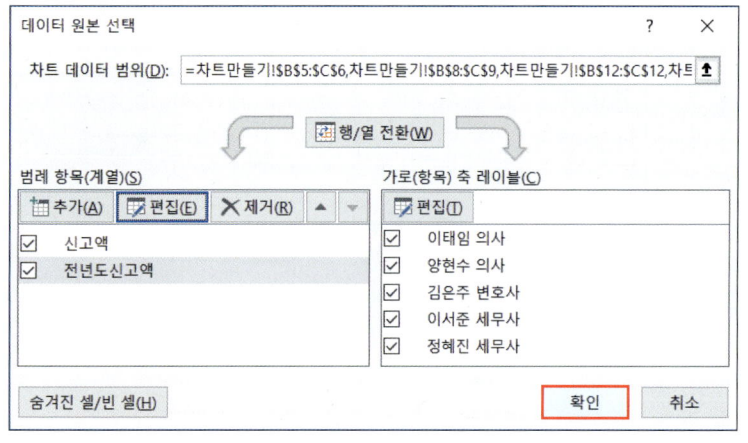

05 [데이터 원본 선택] 대화상자에서 [확인]을 클릭합니다.

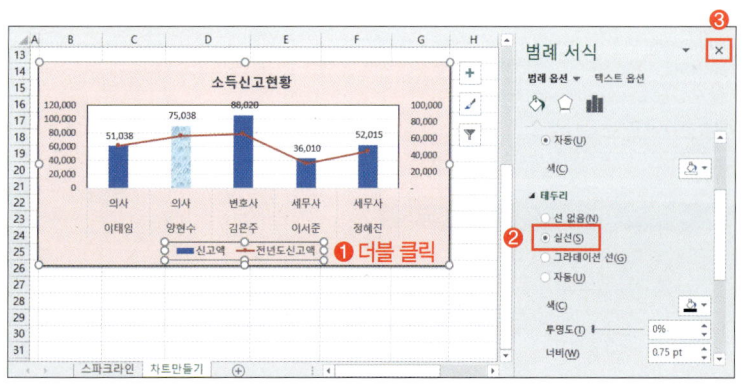

06 범례 영역을 더블 클릭합니다. 범례 서식 창의 [채우기 및 선]( ) → [테두리 색]에서 '실선'을 선택하고 범례 항목 서식 창을 닫아 완성합니다.

차트 편집 단추

삽입한 차트를 선택하면 차트 오른쪽에 차트 편집 단추가 나타납니다.

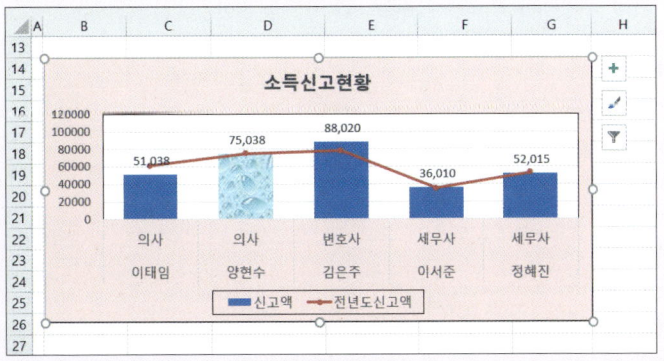

	차트 요소	제목, 범례, 눈금선, 데이터 레이블과 같은 데이터 요소를 추가하거나 제거할 수 있습니다.
	차트 스타일	차트에 대한 스타일이나 색 구성표를 설정할 수 있습니다.
	차트 필터	차트에 표시할 데이터 요소 및 이름을 편집할 수 있습니다.

■ [차트 도구]의 [디자인] 탭

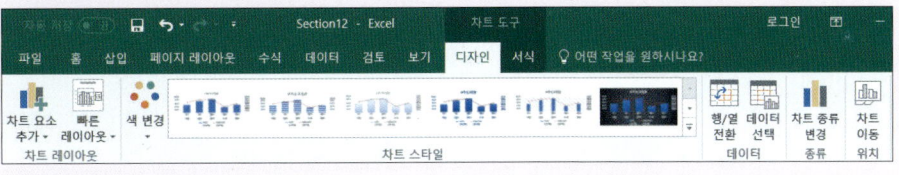

	차트 요소 추가	축, 축제목, 차트 제목, 데이터 표등을 설정할 수 있습니다.
	빠른 레이아웃	미리 정의된 11개의 레이아웃으로 차트의 레이아웃을 변경할 수 있습니다.
	색 변경	차트의 색 구성표를 설정할 수 있습니다.
	행/열 전환	차트의 행과 열을 변경할 수 있습니다.
	데이터 선택	엑셀 데이터를 선택하거나 수정할 수 있습니다.
	차트 종류 변경	차트의 종류를 변경할 수 있습니다.
	차트 이동	차트를 새로운 시트로 이동할 수 있습니다.

기초문제

1

'Section12-1.xlsx' 파일의 '판매현황' 워크시트에서 다음 지시에 따라 차트를 작성하세요.

① 차트 종류 : 2차원 묶은 세로 막대형으로 작업
② 데이터 범위 : '판매현황' 시트의 내용을 이용하여 작업
③ 차트 디자인 도구 : 레이아웃1
④ 영역 서식 : 차트 영역 : 글꼴(돋움, 보통, 11pt), 채우기 효과(단색-노랑색 계열), 테두리 그림 영역 : 색 없음(흰색)
⑤ 제목 서식 : 차트 제목 : 글꼴(돋움, 굵게, 16pt), 테두리
⑥ 서식 : 일일판매량 계열의 차트 종류를 〈표식이 있는 꺾은선형〉으로 변경한 후 보조축으로 지정
⑦ 범례 : 범례명을 변경

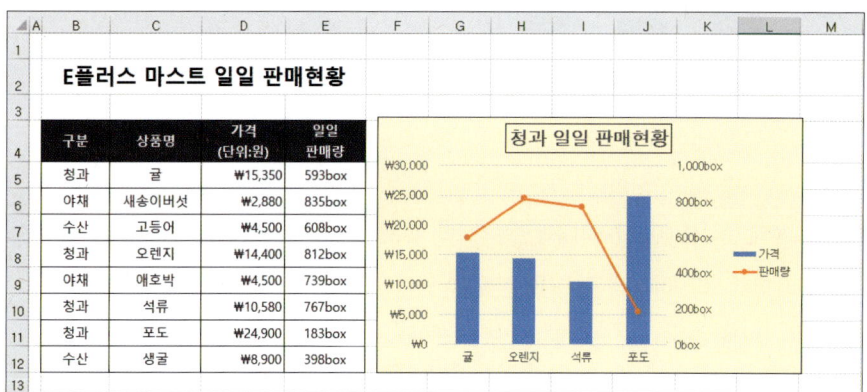

힌트

'판매량' 데이터 계열을 더블 클릭하여 데이터 계열 서식 창에서 [계열 옵션]을 클릭하여 '보조축' 선택

2

'Section12-1.xlsx' 파일의 '진료현황' 워크시트에서 다음 지시에 따라 스파크라인을 작성하세요.

■ 조건 : 높은 점, 낮은 점, 첫 점 표시

힌트

[스파크라인 도구]의 [디자인] 탭 → [표시] 그룹에서 높은 점, 낮은 점, 첫 점 선택

심화문제

1) 'Section12-2.xlsx' 파일의 '축제 상품 현황' 워크시트에서 다음 지시에 따라 차트를 작성하세요.

① 차트 종류 : 원형
② 데이터 범위 : '축제 상품 현황' 시트의 내용을 이용하여 작업
③ 차트 디자인 도구 : 차트 스타일 3
④ 영역 서식 : 차트 영역 → 글꼴(맑은 고딕, 보통, 10pt), 그림 영역 → 채우기(없음)
⑤ 제목 서식 : 차트 제목 → 글꼴(맑은 고딕, 굵게, 14pt)
⑥ 서식 : 통영한산대첩 축제 조각을 분리, 항목 이름과 백분율 표시

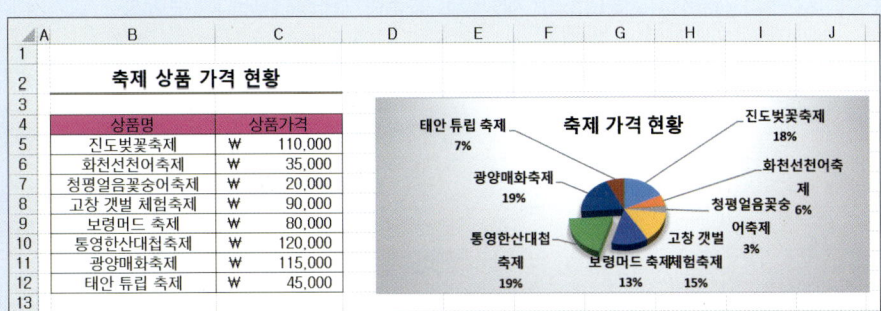

힌트
- 데이터 레이블 서식 창에서 [계열 옵션]을 클릭한 후 [레이블 옵션]에서 '항목 이름', '백분율', '지시선 표시' 선택
- 통영한산대첩 옵션을 선택한 다음 마우스로 드래그하여 조각 분리

2) 'Section12-2.xlsx' 파일의 '수입내역현황' 워크시트에서 다음 지시에 따라 차트를 작성하세요.

① 차트 종류 : 3차원 묶은 세로 막대형
② 데이터 범위 : '수입내역' 시트의 내용을 이용하여 작업
③ 차트 디자인 도구 : 차트 스타일 6
④ 영역 서식 : 차트 영역 → 글꼴(맑은 고딕, 보통, 10pt), 그림 영역 → 채우기(없음)
⑤ 제목 서식 : 차트 제목 → 글꼴(맑은 고딕, 굵게, 14pt)
⑥ 서식 : 2005년 경북궁 데이터 설명선 표시

구 분	2003년	2004년	2005년	2006년
경복궁	780,410	1,130,972	3,777,821	3,651,258
창덕궁	830,106	1,335,359	1,819,135	1,966,975
창경궁	212,159	235,126	243,278	234,595
덕수궁	330,485	299,761	320,057	417,271
종 묘	160,995	236,458	274,218	272,967

힌트
- [차트 요소 추가] → [데이터 레이블] → [데이터 설명선] 클릭
- [차트 도구]의 [디자인] 탭 → [위치] 그룹에서 [차트 이동] 클릭

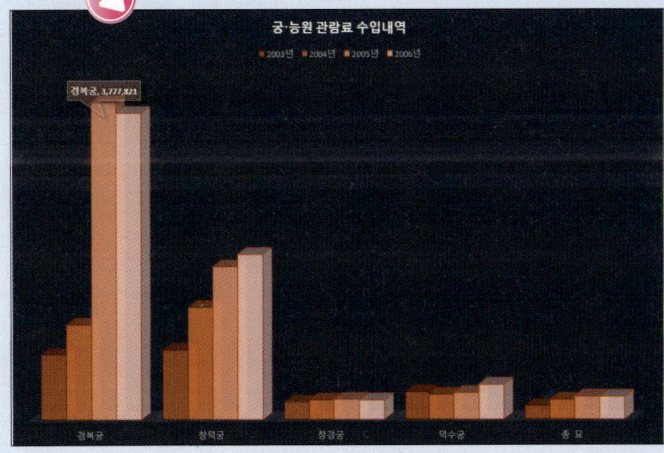

Section 13 도형, 그림, 워드아트 등 그래픽 사용하기

엑셀에서 그래픽 개체는 큰 비중을 차지하지는 않지만 문서를 좀 더 특별하게 꾸미고 싶다면 주목할 필요가 있습니다. 그래픽 개체를 사용하면 제목에 특별한 텍스트 효과를 주고 문서 내용과 관련된 이미지를 삽입하여 강조할 수 있습니다. 엑셀 2016은 전문 그래픽 프로그램과 같은 이미지 편집 기능까지 제공하므로 세련되고 독특한 개성이 묻어나는 문서를 만들기가 더욱 쉬워졌습니다.

Preview

〈학습내용〉

01. 워드아트 삽입하기
02. 그림 삽입하기
03. 도형 삽입하기
04. 카메라 기능 활용하기

▲ 완성파일 : Section13.xlsx

핵심내용

- WordArt로 텍스트에 특별한 효과를 주어 문서 제목이나 특별한 텍스트를 강조합니다.
- [도형]으로 원하는 그림을 그리고 서식을 지정합니다.
- [그림]과 [클립아트]로 문서에 관련된 이미지를 삽입하고 편집합니다.
- 카메라 기능을 이용하여 문서의 일부분을 이미지로 만들어 문서에 삽입합니다.

워드아트 삽입하기

▶ 준비파일 : Section13.xlsx

01 [영업보고 양식] 워크시트에서 [삽입] 탭 → [텍스트] 그룹 → [Wordart 삽입]을 클릭하여 원하는 워드아트 스타일을 선택합니다.

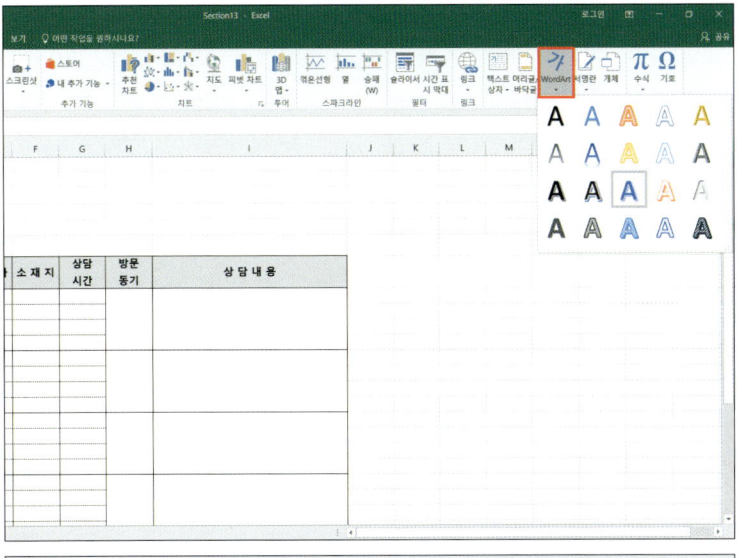

02 삽입된 워드아트 내용을 "영 업 일 지"로 입력하여 변경합니다.

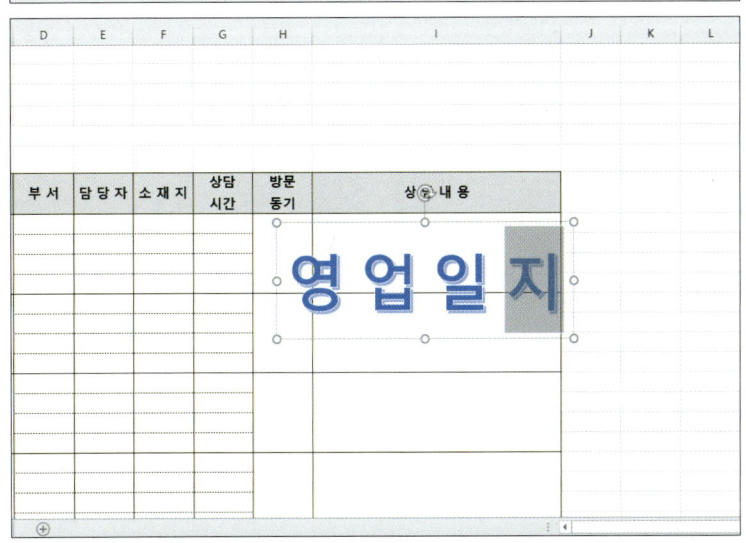

03 워드아트 테두리를 클릭하여 워드아트를 선택한 다음 [홈] 탭 → [글꼴] 그룹에서 글꼴은 'H헤드라인M', 크기는 '48pt'로 설정합니다.

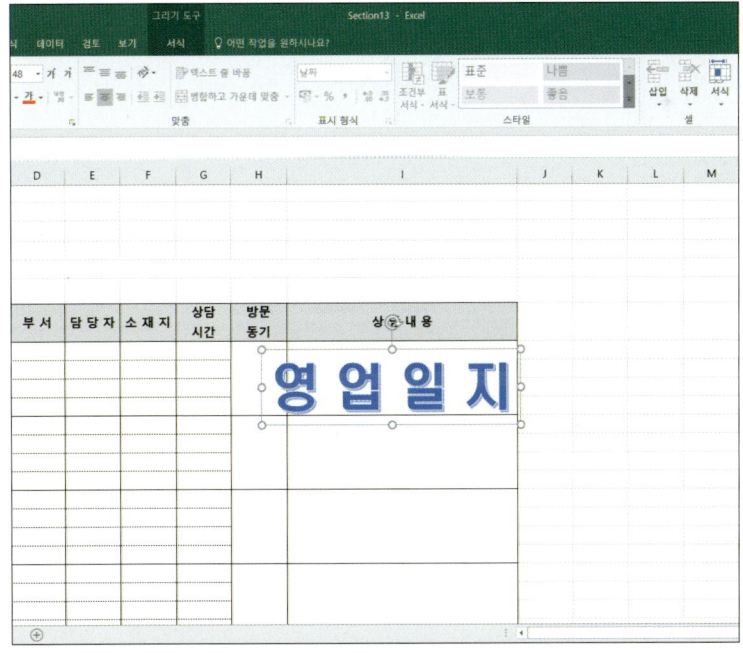

엑셀2016

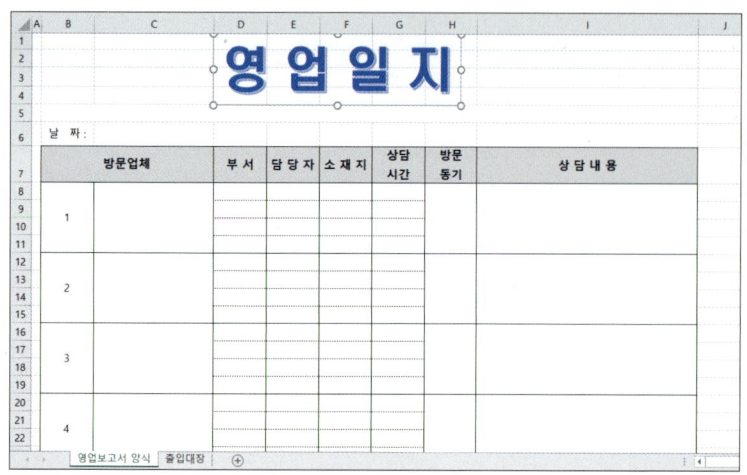

04 워드아트를 드래그하여 다음과 같이 문서 상단에 위치시킵니다.

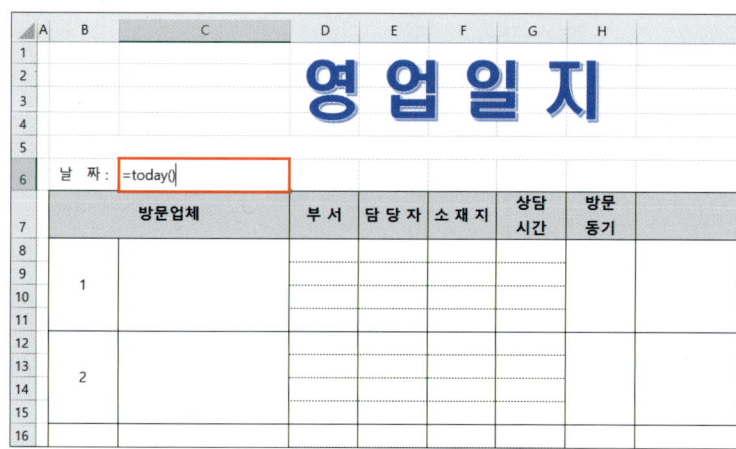

05 [C6] 셀을 선택한 다음 "=TODAY( )"를 입력하고 Enter 키를 눌러 오늘의 날짜를 삽입합니다.

06 다음과 같이 [C6] 셀에 오늘의 날짜가 삽입된 것을 확인할 수 있습니다.

따라하기 02 그림 삽입하기

01 그림을 삽입하기 위해 [삽입] 탭 → [일러스트레이션] 그룹에서 [그림 삽입]을 클릭합니다.

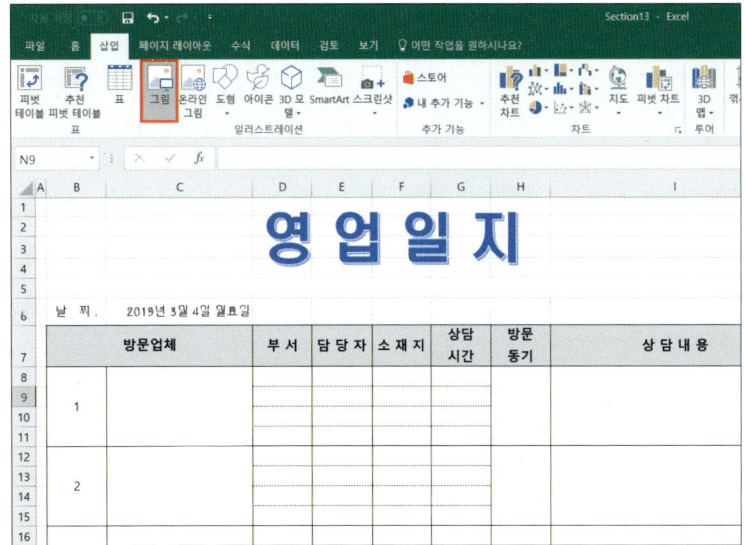

02 [그림 삽입] 대화상자가 나타나면 다운 받은 소스 파일의 [준비파일] 폴더에서 'logo.jpg'를 선택하고 [삽입]을 클릭합니다.

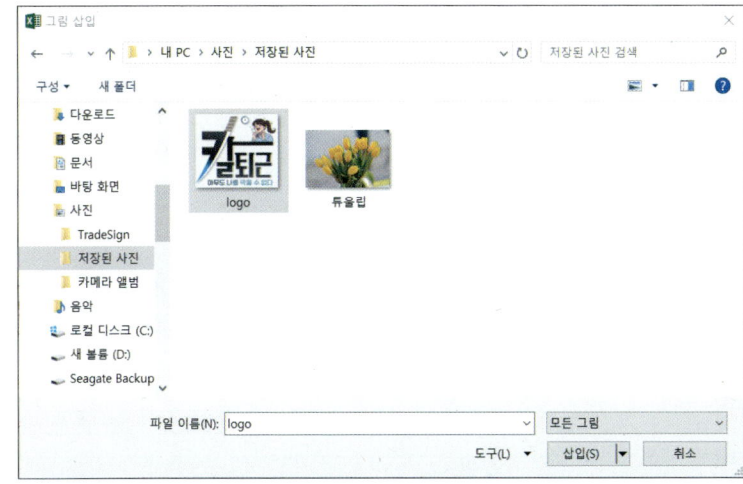

03 이미지가 삽입되면 크기를 조절할 후 원하는 위치로 이동시켜 문서를 완성합니다.

> **TIP**
> [삽입] 탭 → [일러스트레이션] 그룹의 [온라인 그림]( )을 클릭하면 인터넷에서 그림을 찾아 삽입할 수 있습니다.

따라하기 03 도형 삽입하기

01 [출입대장] 워크시트를 선택한 다음 [삽입] 탭 → [일러스트레이션] 그룹 → [도형]을 클릭하여 [배지](▣)를 선택합니다.

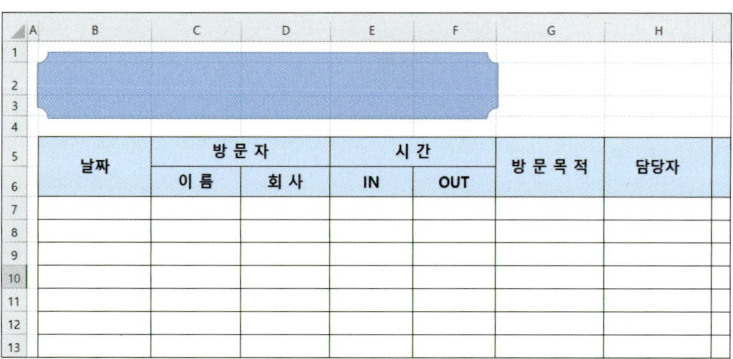

02 도형이 삽입될 위치를 드래그하여 배치 도형을 삽입합니다.

> **TIP**
> Shift 키를 누른 상태로 드래그하여 도형을 그리면 가로와 세로 비율이 동일한 도형이 그려집니다.
> Ctrl 키를 누른 상태로 드래그하여 도형을 그리면 마우스 포인터의 위치가 도형의 중심이 되어 그려집니다.

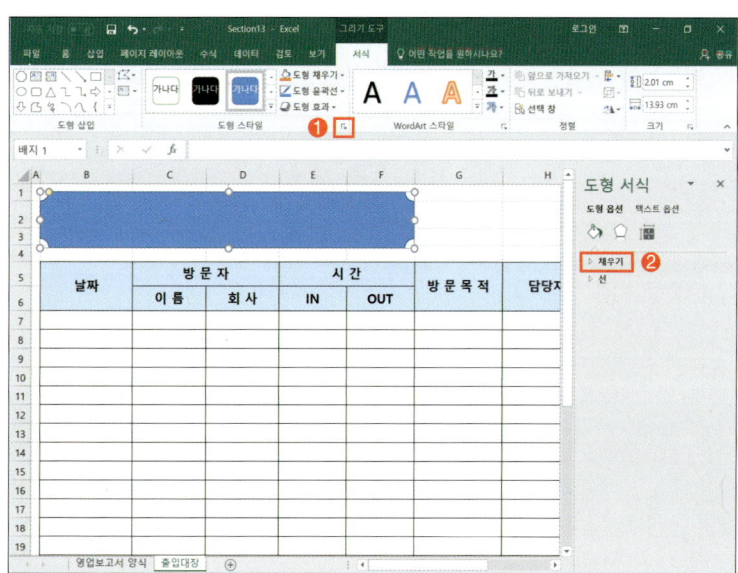

03 [그리기 도구]의 [서식] 탭 → [도형 스타일] 그룹 →[도형 서식](▣)을 클릭하여 나타난 [도형 서식] 창의 [도형 옵션]에서 [채우기]를 클릭합니다.

> **TIP**
> 도형의 [모양 조절점](◉)을 클릭하면 도형의 모양을 변경할 수 있습니다.

Section 13

도형, 그림, 워드아트 등 그래픽 사용하기

04 '그라데이션 채우기'를 선택한 다음 첫 번째 중지점을 선택하고 [색]( )을 클릭하여 원하는 색을 선택합니다.

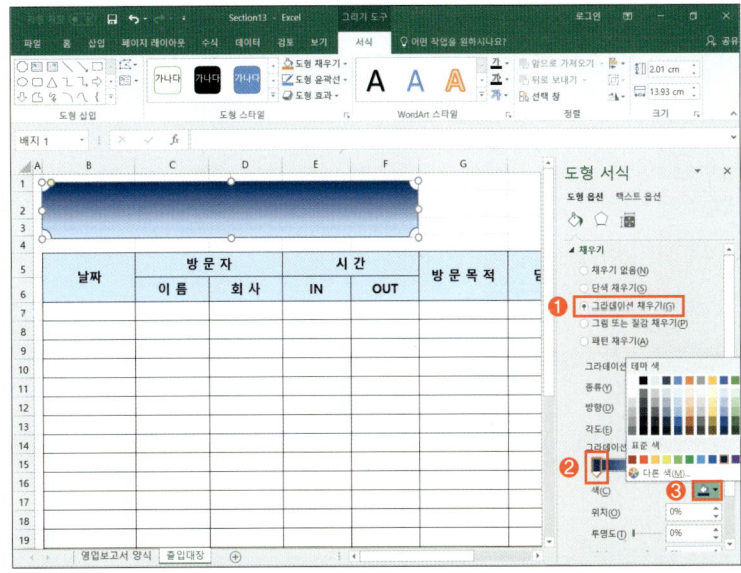

05 같은 방법으로 중지점 색을 설정합니다.

> **TIP**
> 중간에 중지점을 선택한 후 [중지점 제거]( )를 선택해서 필요없는 중지점을 제거할 수 있습니다.

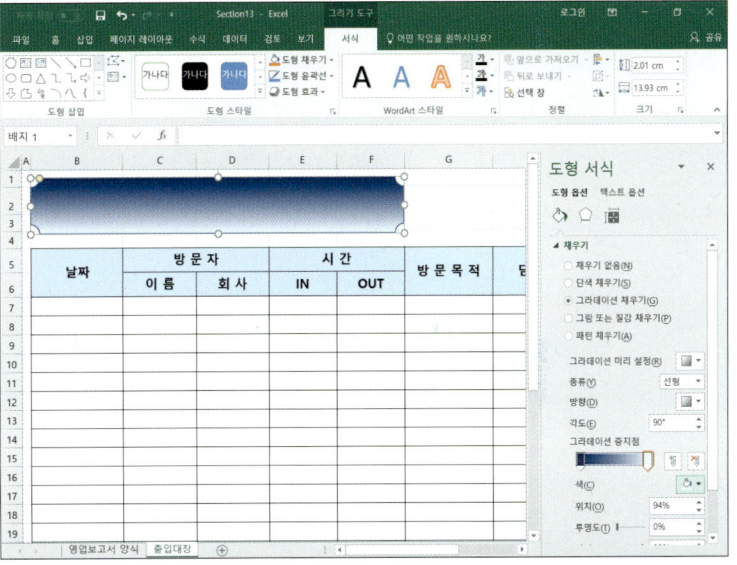

06 도형을 선택한 다음 "출 입 대 장"을 입력합니다. [홈] 탭 → [글꼴] 그룹에서 글꼴은 'H헤드라인M', 크기는 '32pt' 정렬은 가운데 맞춤으로 설정하여 완성합니다.

> **TIP**
> [도형 서식] 창의 [도형 옵션]에서 [도형 효과]( )를 클릭한 다음 그림자의 미리 설정 목록 단추를 클릭하면 도형에 그림자를 설정할 수 있습니다.

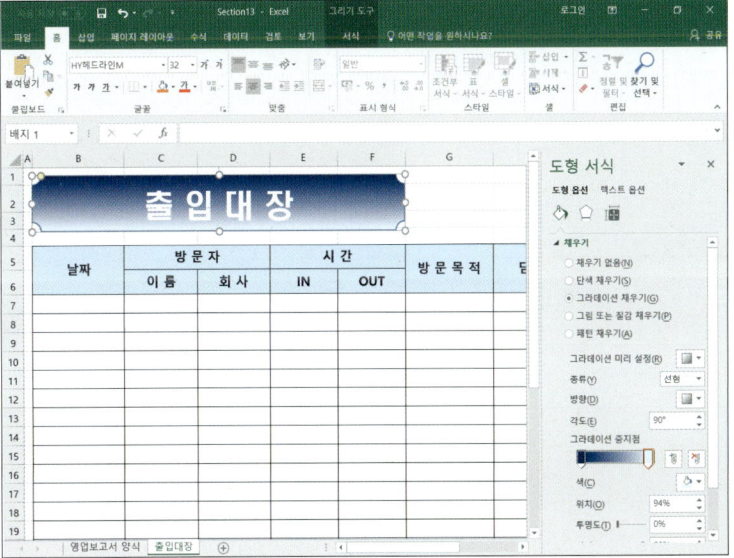

따라하기 04 카메라 기능 활용하기

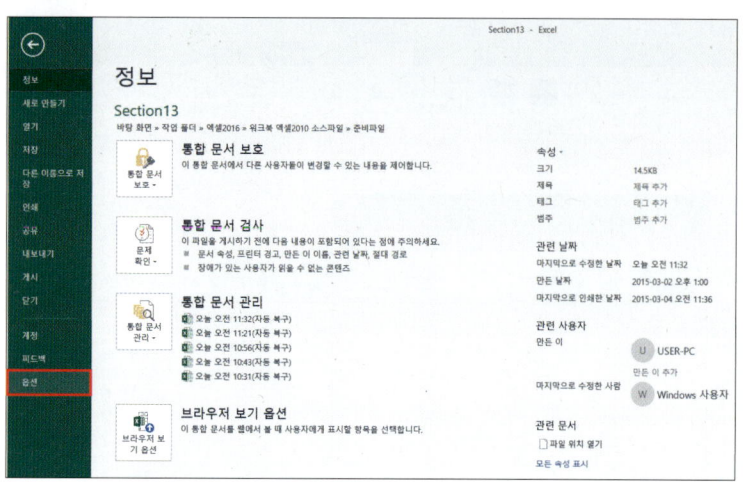

01 엑셀에서 어떠한 표를 복사해서 다른 곳으로 붙여넣기를 하게 되면 셀 크기 때문에 동일하게 복사가 되지 않습니다. 그래서 셀 너비를 무시한 상태로 하나의 표를 똑같이 넣고 싶을 때는 카메라 기능을 이용하면 편리합니다. [파일] 탭을 클릭하여 [옵션]을 선택합니다.

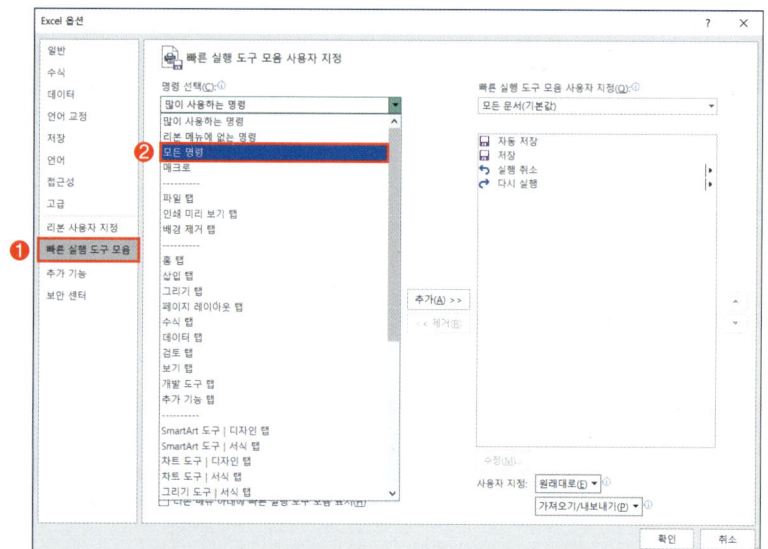

02 [빠른 실행 도구 모음]을 선택한 후 명령 선택 목록 단추를 클릭하여 [모든 명령]을 선택합니다.

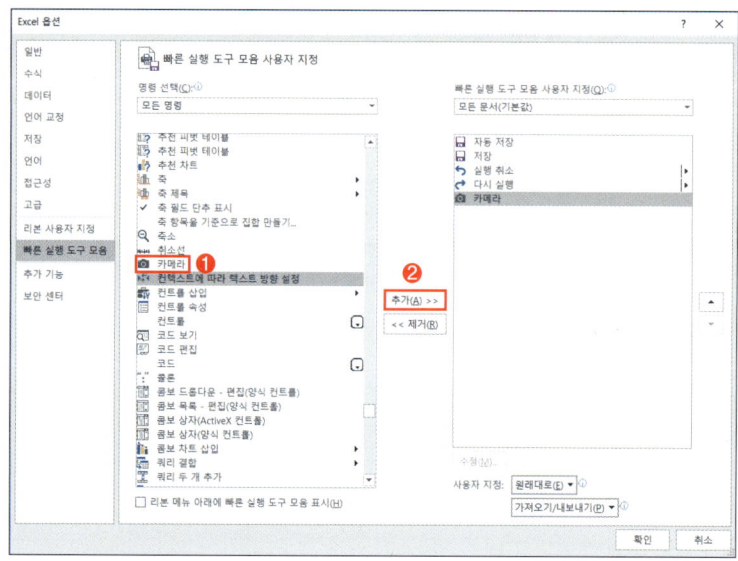

03 모든 명령 목록에서 [카메라]를 선택한 다음 [추가]를 클릭하고 [확인]을 클릭합니다.

> **TIP**
> 카메라 기능은 기본 도구 명령으로 설정되어 있지 않으므로 빠른 실행 도구 모음에 등록하면 편리하게 이용할 수 있습니다.

Section 13 도형, 그림, 워드아트 등 그래픽 사용하기

04 워크시트 [K29] 셀부터 다음과 같이 결재란 내용을 입력합니다. [K29] 셀부터 [N30] 셀까지 블록을 설정한 다음 맞춤을 가운데 정렬을 설정하고 [테두리]( ) 목록 단추를 눌러 [모든 테두리]를 선택합니다.

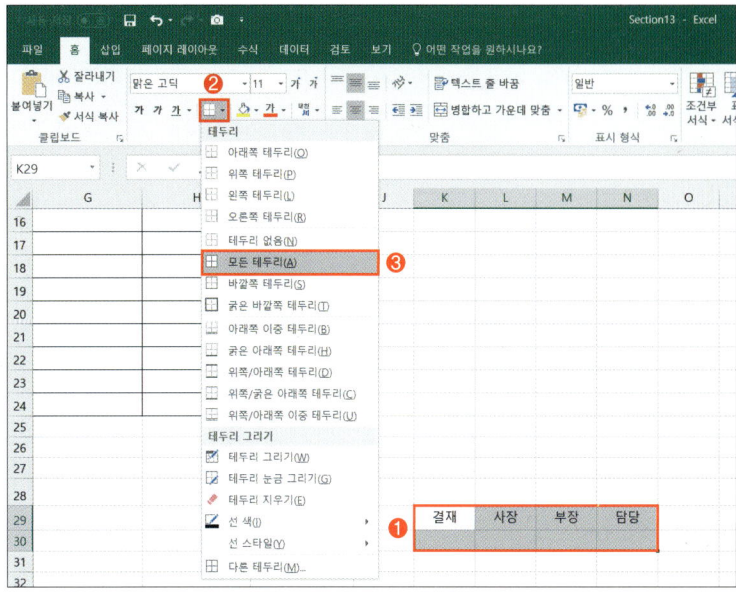

05 [K29] 셀부터 [K30] 셀까지 블록 설정한 다음 [홈] 탭 → [맞춤] 그룹에서 [병합하고 가운데 맞춤]( )을 클릭하고 [방향]( ) 목록 단추를 눌러 [세로 쓰기]를 클릭합니다.

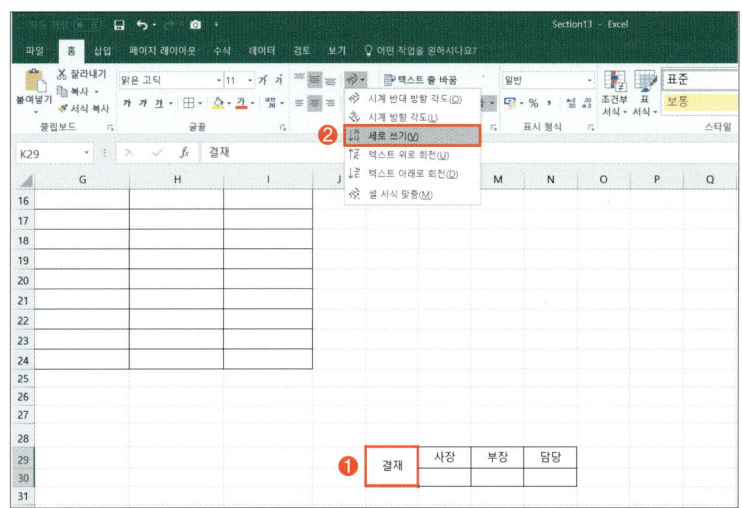

06 셀 크기를 다음과 같이 조절합니다. 조절한 다음 [K29] 셀부터 [N30] 셀까지 블록을 설정하고 빠른 도구 모음에서 (카메라)를 클릭합니다.

엑셀2016

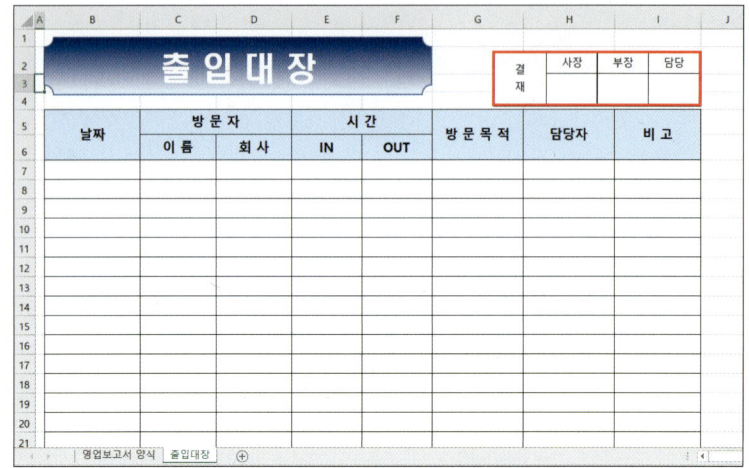

07 결재란이 삽입될 위치를 클릭하면 복사된 내용이 이미지 형태로 삽입됩니다. 마우스로 드래그하여 원하는 위치에 이동시킵니다.

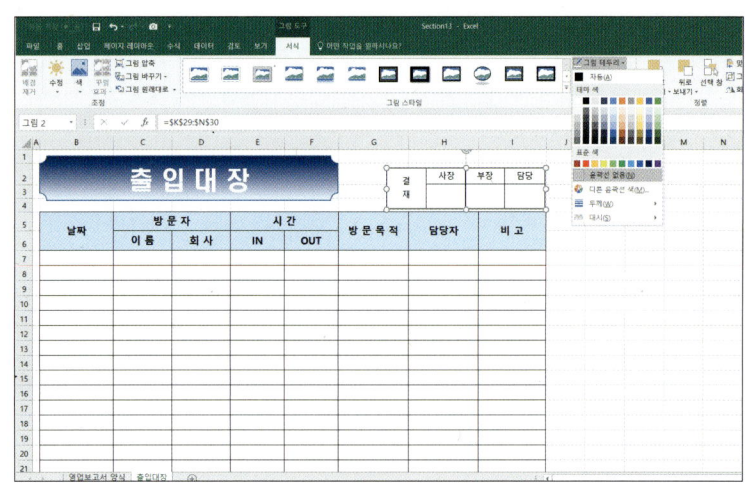

08 이미지를 클릭하면 [그림 도구]의 [서식] 탭 → [그림 스타일] 그룹에서 서식을 설정할 수 있습니다.

스크린 샷

스크린샷 기능을 이용하면 필요한 화면을 캡처하여 워크시트에 삽입시킬 수 있습니다.

1. 사무실 지도를 넣고 싶다면 먼저 사무실 지도를 검색하여 화면에 표시합니다.

2. [삽입] 탭 → [일러스트레이션] 그룹 → [스크린샷]의 [화면캡처]를 클릭합니다.

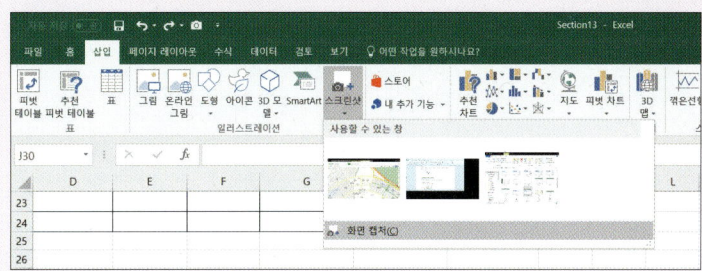

3. 캡처할 화면이 흐린 상태에서 나타납니다. 마우스로 필요한 부분을 드래그합니다.

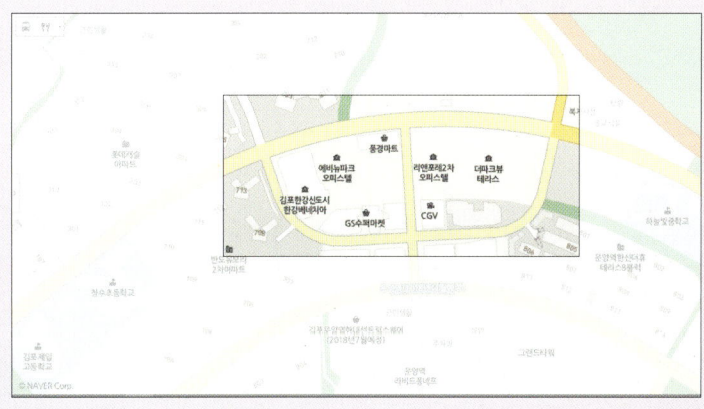

4. 마우스서 손을 떼면 현재 워크시트에 삽입됩니다.

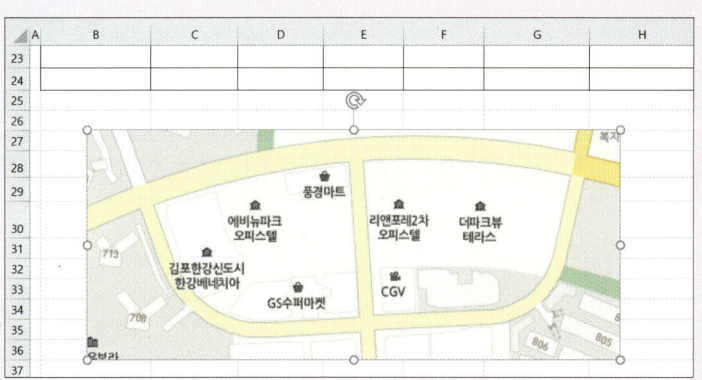

기초문제

1

'Section13-1.xlsx' 파일의 '하반기 달력' 워크시트에서 달력을 완성해 보세요.

2

'Section13-1.xlsx' 파일의 '물품 현황표' 워크시트에서 도형을 삽입하여 문서 제목을 삽입해 보세요.

1) 기초실습 1번에서 만든 달력에 그림을 삽입하여 완성해 보세요

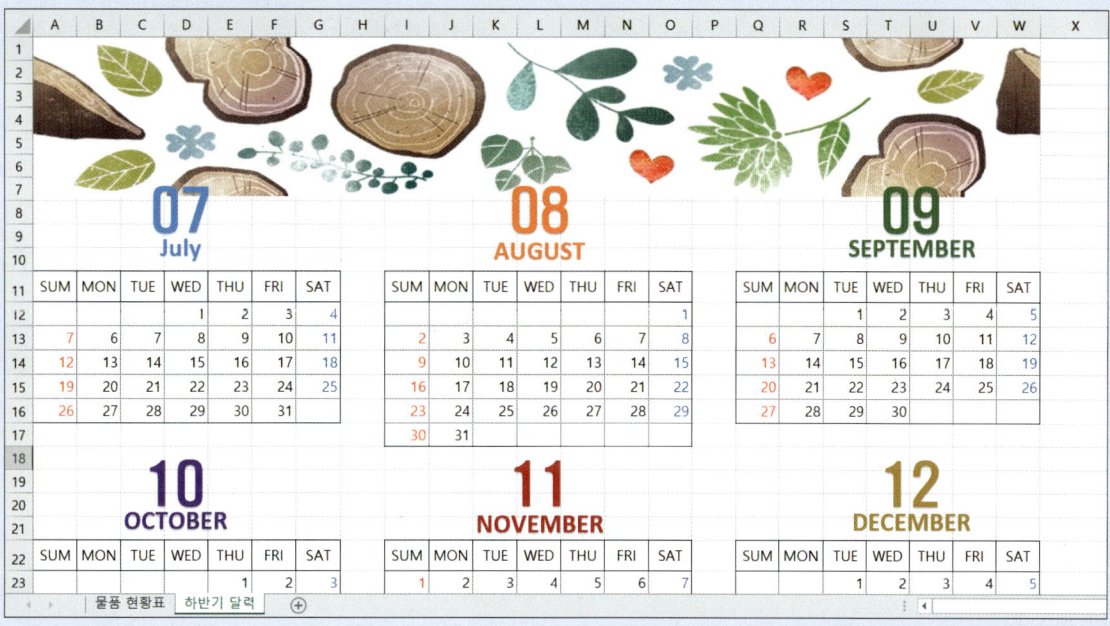

2) 기초실습 2번에서 만든 물품 현황표에 카메라 기능을 이용하여 결재란을 만들어 보세요.

Section 14 데이터 유효성 검사

엑셀에서 정확한 계산과 데이터 처리를 위해서는 기초 데이터를 바르게 입력하는 것이 무엇보다 중요합니다. 여기서는 셀에 입력할 수 있는 데이터의 종류와 범위를 제한하는 방법을 배웁니다. 예를 들어 어떤 셀에 오늘 이전의 날짜만 입력하도록 제한하거나 '남'과 '여' 중에서만 선택하여 입력하게 할 수 있습니다. 이러한 기능을 데이터 유효성 검사라고 하는데 이 기능과 더불어 이미 입력한 데이터 중에서 중복 입력된 항목을 자동으로 제거하고 하나의 데이터를 여러 셀로 나누는 방법을 학습합니다.

Preview

〈학습내용〉

01. 데이터 유효성 검사 설정
02. 중복된 항목 제거하기
03. 텍스트 나누기

	A	B	C	D	E	F	G	H	I
1									
2		[표1] 제품 판매현황				[표2] 제품 생산현황			
3									
4		판매일자	제품코드	판매량		제품코드	생산량	불량	
5		2011-02-05	B	45		A	145	35	
6		2011-02-07	G	69		B	254	2	
7		2011-02-07	K	27		C	254	0	
8		2011-02-08	F	37		D	209	72	
9		2011-02-09	A	64		E	286	10	
10		2011-02-09	C	83		F	475	23	
11		2011-02-09	K	52		G	378	59	
12		2011-02-10	C	88		H	160	0	
13						I	428	73	
14						J	111	23	
15						K	374	0	
16						L	248	13	
17									

▲ 완성파일 : Section14.xlsx

 핵심내용

- 셀에 입력 가능한 데이터의 종류와 범위를 제한합니다.
- 입력되어 있는 데이터에서 중복 입력된 항목을 제거하여 고유 목록을 만듭니다.
- 한 셀에 입력한 데이터를 특정 기준에 의해 여러 셀에 나누어 입력합니다.

따라하기 01 데이터 유효성 검사 설정

▶ 준비파일 : Section14.xlsx

01 2020년 이후의 날짜는 입력할 수 없도록 판매일자에 유효성 검사를 설정하려고 합니다. [B5:B18]을 블록으로 지정하고 [데이터] 탭 → [데이터 도구] 그룹 → [데이터 유효성 검사]를 클릭합니다.

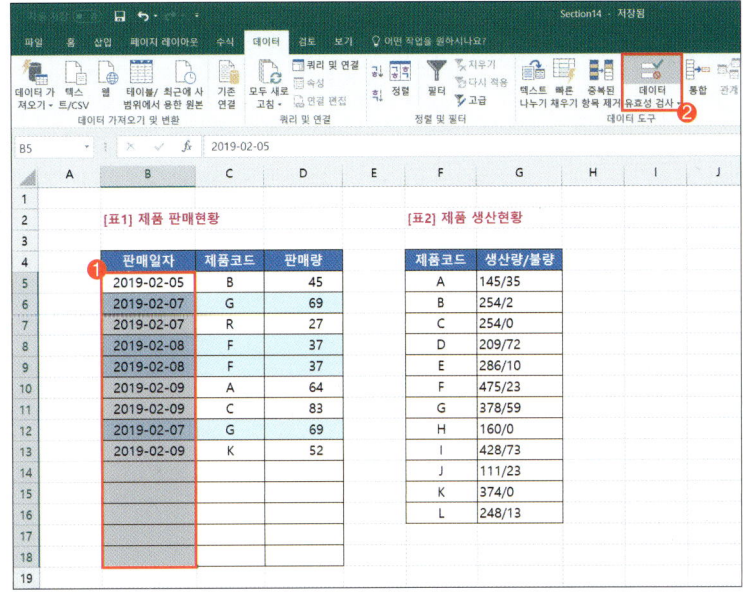

02 [데이터 유효성] 대화상자의 [설정] 탭에서 제한 대상을 [날짜]로 선택합니다. 제한 방법은 [<=]로 선택하고, 끝 날짜에 '2019-12-31'을 입력한 다음 [확인] 단추를 클릭합니다.

> **TIP** 제한 대상에 따라 제한 방법이 달라지며, 제한 방법에 따라 설정해야 할 값이 달라집니다.

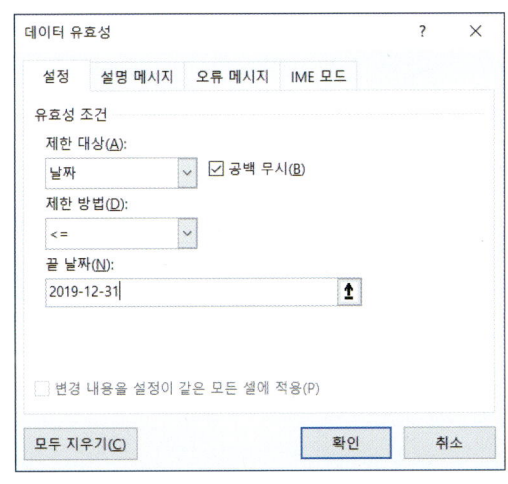

03 [B14] 셀에 2019년보다 더 큰 날짜를 입력한 다음 Enter 키를 누르면 다음과 같이 잘못된 값이 입력되었음을 알리는 경고 메시지가 나타납니다. [다시 시도] 단추를 클릭하고 2019년을 넘지 않는 날짜를 입력하면 정상적으로 데이터가 입력됩니다.

참고 [취소] 단추를 클릭하면 데이터 입력이 취소됩니다.

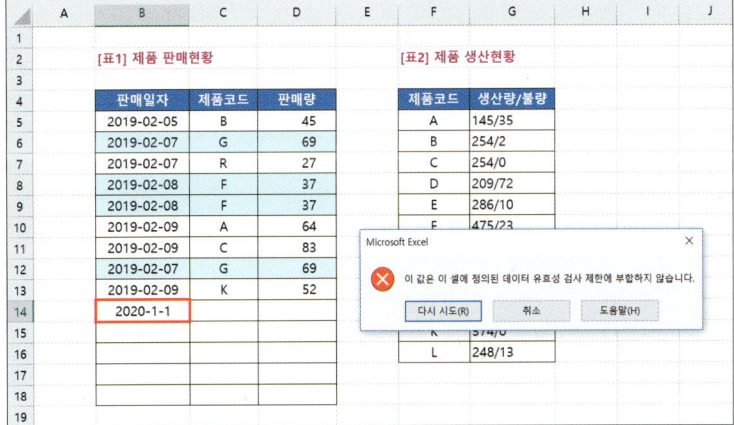

엑셀 2016

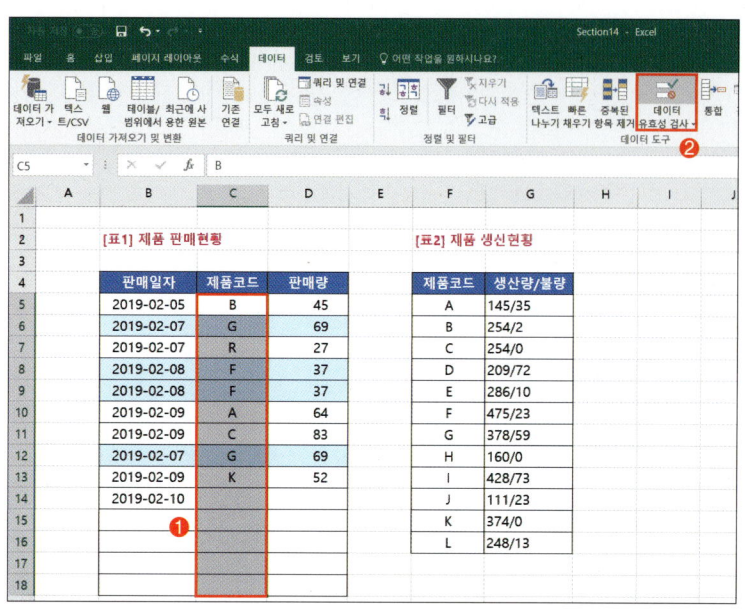

04 제품 코드는 [F5:F16] 영역에 있는 제품 코드만 입력할 수 있도록 유효성 검사를 설정해 보겠습니다. [C5:C18]을 블록으로 지정하고 [데이터 유효성 검사]를 클릭합니다.

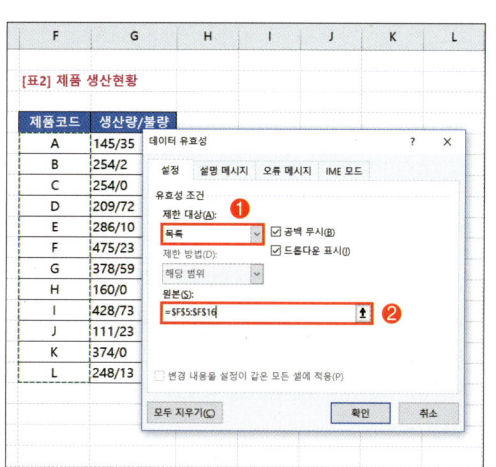

05 [데이터 유효성] 대화상자의 [설정] 탭에서 제한 대상을 [목록]으로 선택합니다. 원본 입력 상자를 클릭하여 커서가 나타나도록 한 다음에 워크시트에서 [F5:F16]을 드래그하여 '=$F$5:$F$16'이 입력되면 [확인] 단추를 클릭합니다.

> **TIP**
> 목록으로 사용할 데이터 항목을 'A,B,C,D,E'와 같이 쉼표(,)로 구분하여 직접 입력할 수도 있습니다.

06 [C14] 셀을 클릭하면 셀 오른쪽에 목록 단추가 나타납니다. 이 목록 단추를 클릭하면 [F5:F16]의 데이터가 목록에 표시되며, 목록에서 원하는 제품 코드를 클릭해서 입력합니다.

> **참고** 목록 단추는 제한 대상을 [목록]으로 설정한 경우에만 나타납니다. 목록 단추를 사용하지 않고 직접 데이터를 입력해도 됩니다.

07 이번에는 판매량 입력 범위인 [D5:D18]을 블록으로 지정하고 [데이터 유효성 검사]를 클릭합니다. 대화상자에서 제한 대상을 [정수]로 선택하고, 제한 방법을 [>]로 선택합니다. 그런 다음 최솟값 입력 상자에 '0'을 입력하고 [확인] 단추를 클릭합니다.

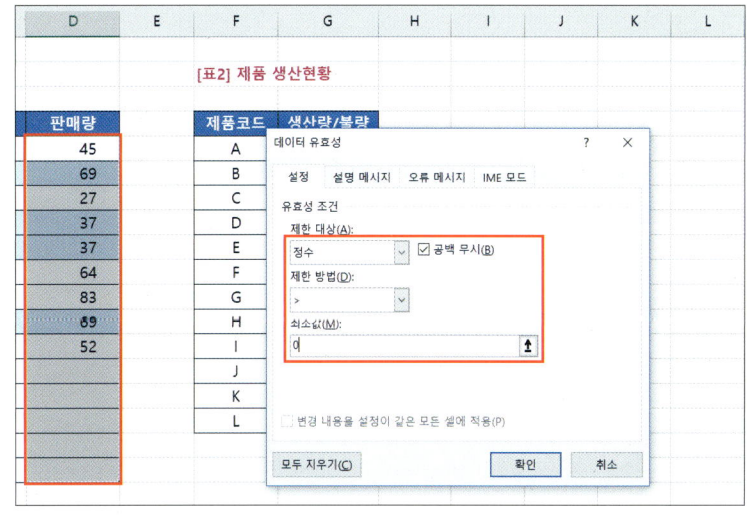

08 [D14] 셀에 소수이하 값이 포함된 '88.9'를 입력하고 Enter 키를 누르면 그림과 같이 경고 메시지가 나타납니다. [다시 시도] 단추를 클릭한 다음 0보다 큰 정수를 입력하면 정상적으로 입력이 이루어집니다.

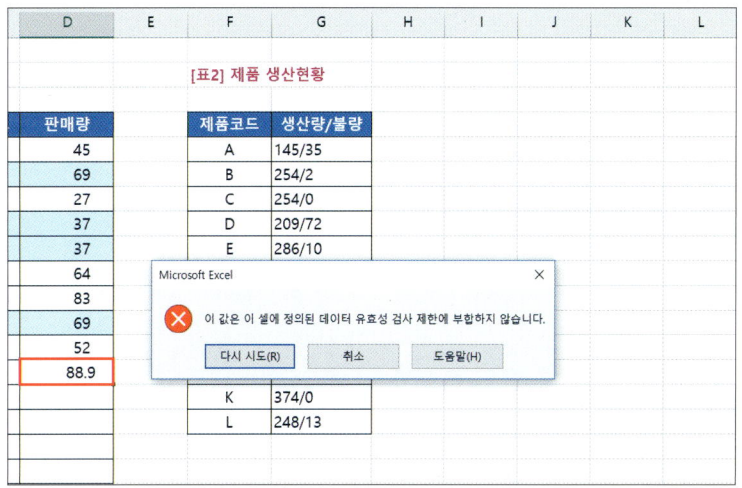

설명 메시지 표시하기

셀을 클릭했을 때 어떤 데이터를 입력해야 할 것인지 설명 메시지를 표시할 수 있습니다. [데이터 유효성] 대화상자의 [설명 메시지] 탭에서 [셀을 선택하면 설명 메시지 표시] 확인란이 선택된 상태에서 제목과 설명 메시지를 입력합니다.

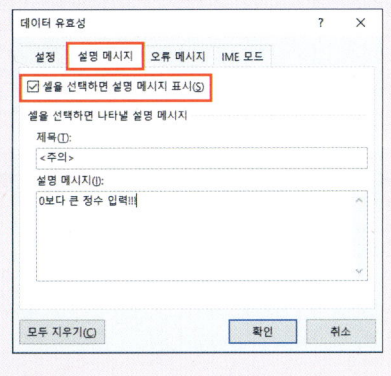

EXCEL 2016 **151**

엑셀 2016

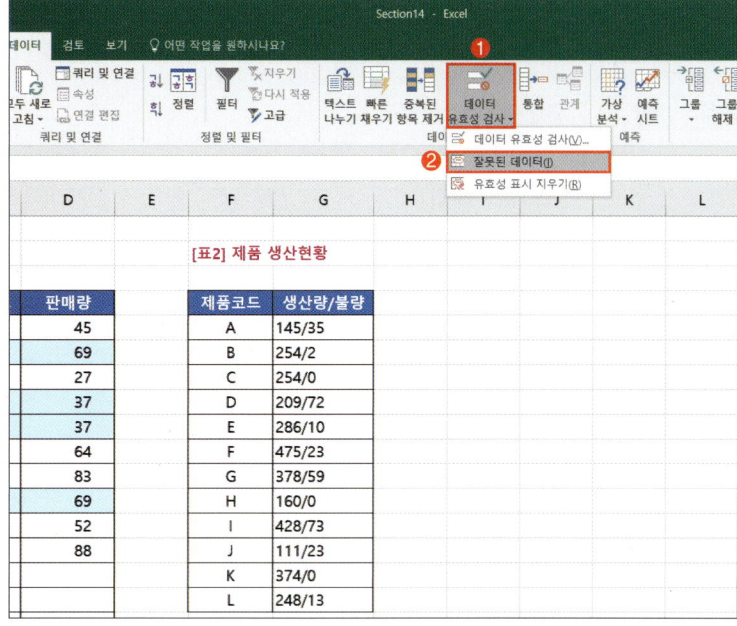

09 데이터 유효성 검사를 설정하기 전에 이미 입력해 놓은 데이터가 유효성 검사에 적합한지 검토해 보겠습니다. [데이터 유효성 검사]의 목록 단추를 클릭하고 [잘못된 데이터]를 선택합니다.

10 그림과 같이 유효성 검사에 어긋난 데이터에 유효성 표시가 나타납니다. 유효성 표시가 나타난 셀의 데이터는 규칙에 맞게 새로 입력해야 합니다.

> **Tip**
> [데이터 유효성 검사]의 목록 단추를 클릭하고 [유효성 표시 지우기]를 선택하면 유효성 표시가 숨겨집니다.

Power Upgrade — 오류 메시지 설정

유효성 검사에 어긋난 데이터를 입력하면 기본적으로 표시되는 경고 메시지를 사용자가 원하는 메시지로 바꿀 수 있습니다. [데이터 유효성] 대화상자의 [오류 메시지] 탭에서 오류 메시지의 스타일과 제목, 오류 메시지를 입력합니다.

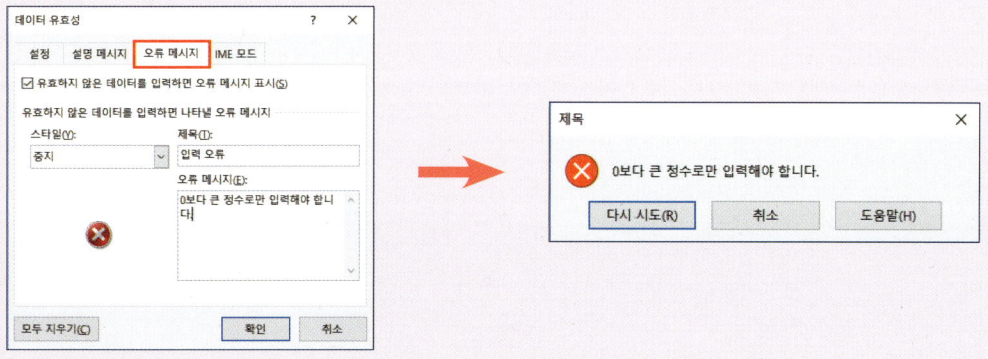

따라하기 02 중복된 항목 제거하기

01 똑같은 데이터를 두 번 이상 입력했을 때 이를 자동으로 검사하여 하나만 남기고 삭제하기로 합니다. [B4:D14]를 블록으로 지정한 다음 [데이터] 탭 → [데이터 도구] 그룹 → [중복된 항목 제거]를 클릭합니다.

> **참고** 알아보기 쉽도록 미리 중복 데이터에 배경색을 설정해 두었습니다.

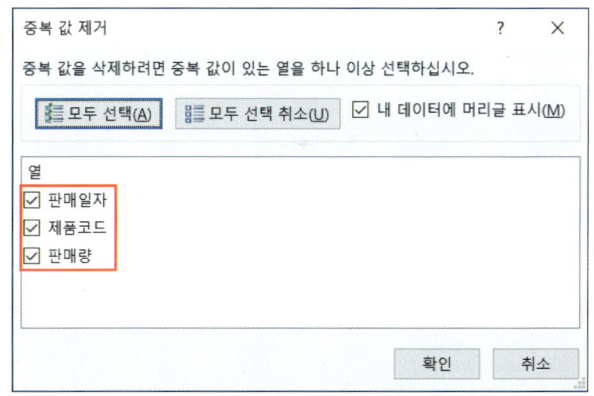

02 [중복된 항목 제거] 대화상자가 실행되면 판매일자, 제품코드, 판매량 열이 모두 선택된 상태에서 [확인] 단추를 클릭합니다.

> **TIP** 선택한 열에서 중복 데이터를 찾습니다. 만약 '제품코드'만 선택했다면 판매일자와 판매량이 다르더라도 제품코드가 같으면 중복 데이터로 처리합니다.

03 그림과 같이 중복된 데이터를 제거하고 그 결과를 알려주는 메시지가 표시되면 [확인] 단추를 클릭합니다.

> **참고** [B13:D14] 영역은 삭제하도록 합니다.

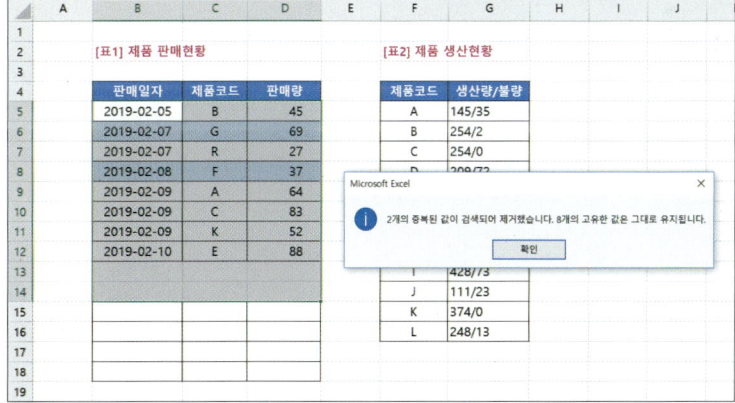

따라하기 03 텍스트 나누기

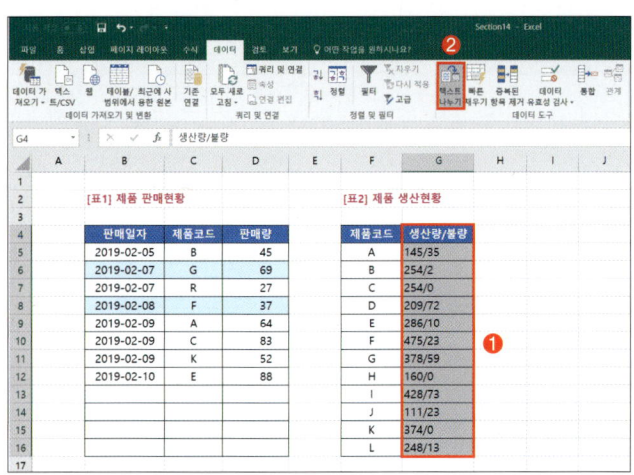

01 하나의 셀에 입력된 데이터를 두 개 이상의 셀로 나누어보기로 합니다. '/'로 구분해서 하나의 셀에 입력한 '생산량'과 '불량' 데이터를 두 개의 셀로 나눕니다. [G4:G16] 셀을 블록으로 지정하고 [데이터] 탭 → [데이터 도구] 그룹 → [텍스트 나누기]를 클릭합니다.

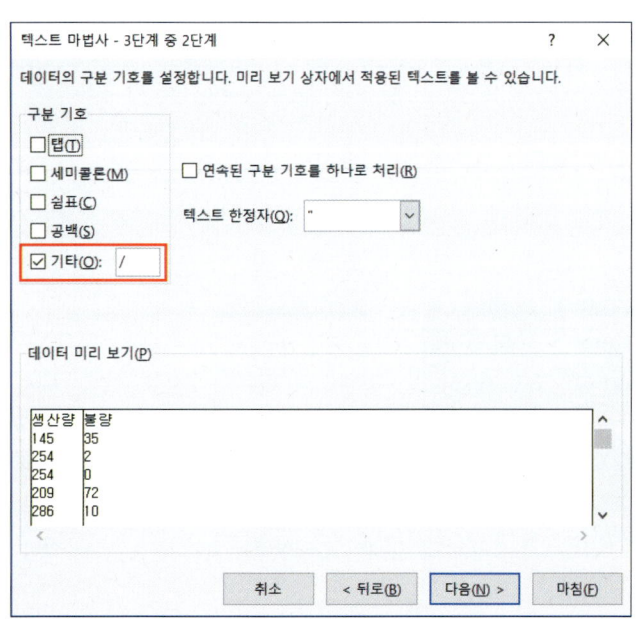

02 [텍스트 마법사] 1단계에서 [구분 기호로 분리] 옵션을 선택하고 [다음] 단추를 클릭합니다.

> **Tip**
> [너비가 일정함] 옵션은 나누려는 데이터가 공백을 포함하여 일정한 너비로 입력되어 있을 때 사용합니다.

03 [텍스트 마법사] 2단계에서 구분 기호 [기타]를 선택하고 입력 상자에 '/'를 입력한 후 [다음] 단추를 클릭합니다.

Section 14 데이터 유효성 검사

04 [텍스트 마법사] 3단계에서는 각 열의 서식을 미리 설정합니다. 여기서는 기본 값인 [일반]이 선택된 상태 그대로 [마침] 단추를 클릭합니다.

> 참고: 열 데이터 서식을 바꾸려면 데이터 미리 보기에서 원하는 열을 클릭한 다음 열 데이터 서식 옵션을 선택해야 합니다.

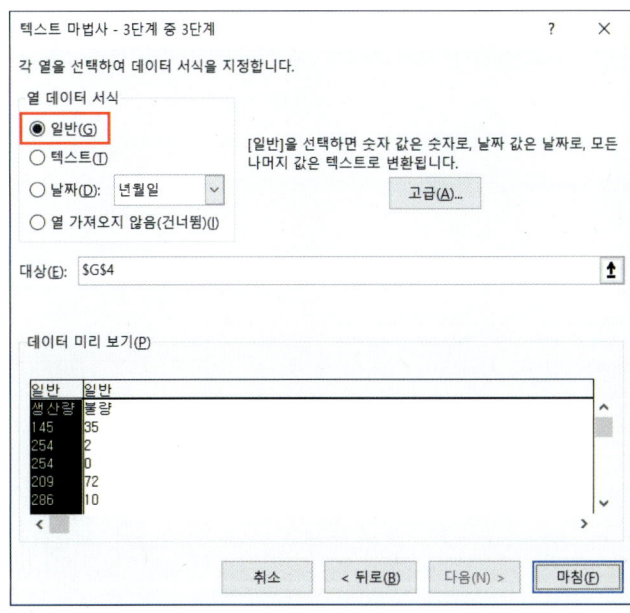

05 '생산량'과 '불량' 데이터가 그림과 같이 두 개의 열로 나누어 입력되었습니다.

> TIP: 텍스트 나누기를 실행하기 전에 오른쪽에 텍스트를 나누어 입력할 빈 공간을 미리 확보해야 합니다.

06 [G4:H16] 영역에 데이터에 맞게 서식을 지정하여 그림과 같이 완성합니다.

기초문제

1

'Section14-1.xlsx' 파일의 '시험성적' 워크시트에서 다음 지시에 따라 데이터 유효성 검사를 설정하세요.

① [D4:D18] 영역 : 남과 여 중에서 선택하여 입력할 수 있도록 설정
② [E4:G18] 영역 : 0~100 사이의 정수만 입력하도록 설정
③ 잘못 입력되어 있는 데이터에 데이터 유효성 표시할 것

시험 성적 보고서

번호	이름	성별	전공	선택	영어	최종점수	학점
1	김태일	남	79	92	77	82.7	B
2	노은숙	여	63	70	74.9	69.3	D
3	박무현	남	98	95	89	94.0	A
4	방은영	여	73	93	64	76.7	C
5	배춘자	여	92	79	94	88.3	B
6	배한일	남	85	95	90	90.0	A
7	왕태현	남	71.5	78	97	82.2	B
8	임정일	남자	65	72	71	69.3	D
9	임태현	남	65	55	40.8	53.6	F
10	정민경	여	67	81	70	72.7	C
11	조문철	남	86	98	92	92.0	A
12	주성기	남	94	87	92	91.0	A
13	채소정	여	69.2	70	82	73.7	C
14	채연정	여	81	93	75	83.0	B
15	최도열	남	71	95	65	77.0	C

이름	성별	전공
김태일	남	79
노은숙	남 / 여	63
박무현		98

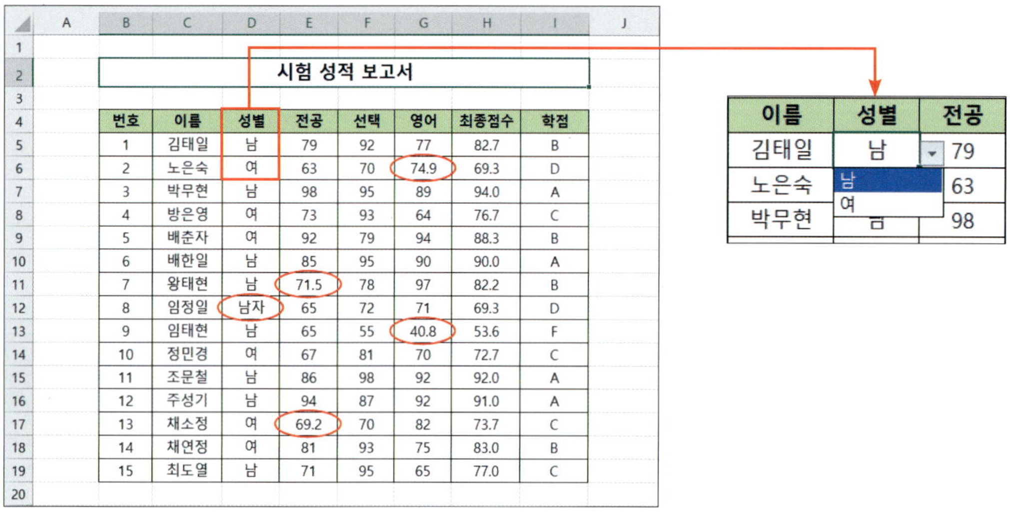

2

'Section14-1.xlsx' 파일의 '실적평가' 워크시트에서 다음 지시에 따라 데이터 유효성 검사를 설정하세요.

① 평가(E5:E18) : A등급, B등급, C등급 중에서만 입력할 수 있도록 설정
② 이름(H4) : [B5:B18]에 입력된 이름 중에서 선택할 수 있도록 설정

[표1] 실적표

이름	성별	실적	평가
송태림	남	7,216	A등급
최성현	남	6,685	A등급 / B등급 / C등급
노정환	남	7,717	
임건모	남	7,141	A등급
주영철	남	4,542	C등급
한상규	남	3,140	C등급
한상일	남	4,935	C등급
송민식	남	5,202	B등급
정정숙	여	4,144	C등급
임소현	여	6,043	B등급
주소정	여	5,104	B등급
전명희	여	7,062	A등급
강혜숙	여	7,562	A등급
임순애	여	2,938	C등급

[표2] 개인 실적 조회

이름	강혜숙
성별	여
실적	7,562
평가	A등급

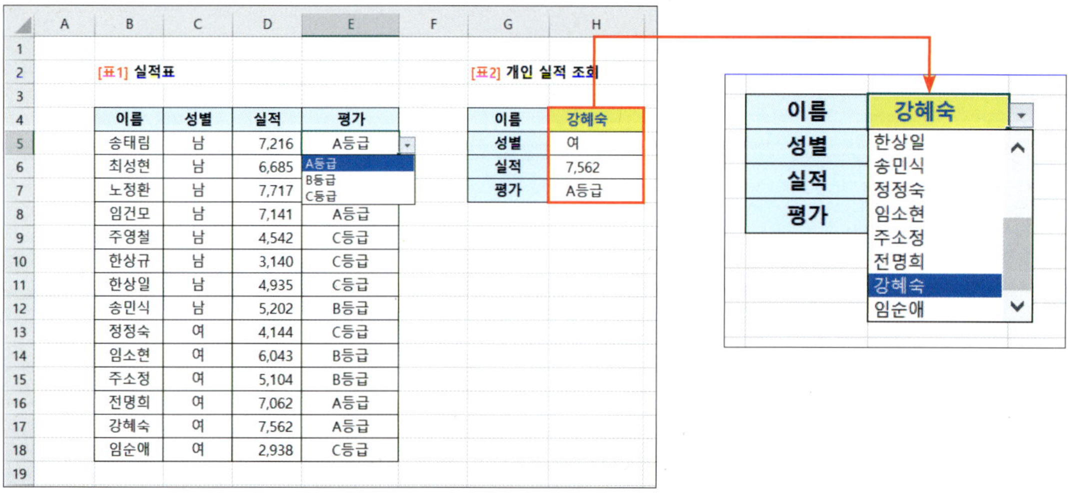

심화문제

1) 'Section14-2.xlsx' 파일의 '사원채용' 워크시트에서 다음 지시에 따라 중복된 항목을 제거하세요.

① [B4:G17] 영역에 대해 중복된 항목 제거
② 주민등록번호가 중복 입력되었을 경우 하나만 남기고 제거(나머지 열은 중복 검사하지 않음)

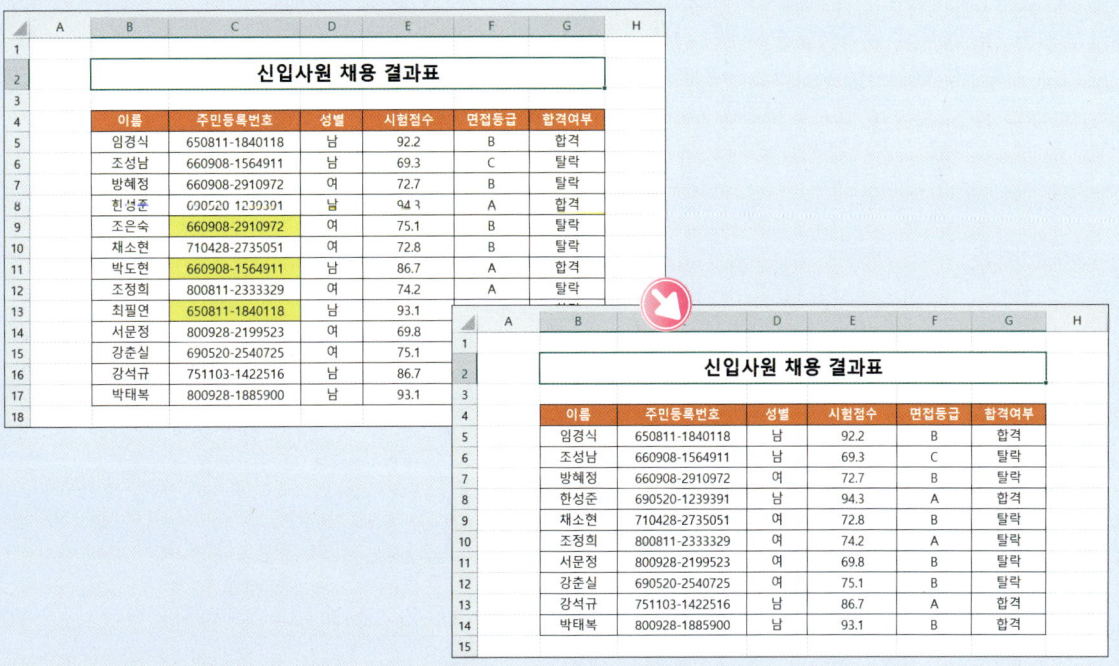

2) 'Section14-2.xlsx' 파일의 '판매현황' 워크시트에서 다음 지시에 따라 텍스트 나누기를 실행하세요.

① 상품코드와 단가 사이에 새로운 열을 삽입
② 상품코드를 '-'을 기준으로 나누어 상품분류와 상품코드 열로 분리

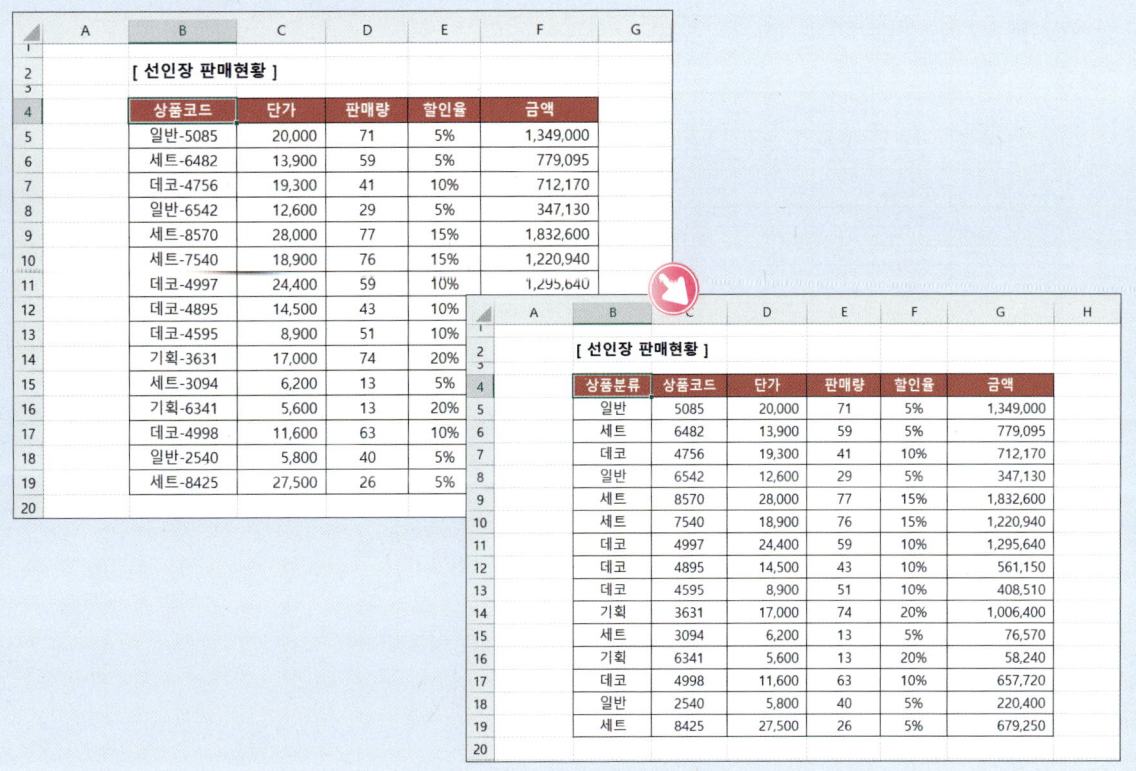

Section 15 정렬 및 부분합 이용하기

정렬은 일정한 기준에 따라 데이터를 순서대로 다시 배열하는 기능입니다. 예를 들어 이름의 가나다 순서로 데이터를 정렬할 수 있습니다. 부분합은 데이터를 정렬한 다음 실행해야 하는데 데이터를 특정 열의 값이 같은 것끼리 그룹화하여 선택한 열에 대해 합계, 평균, 개수, 최대 및 최소 등의 요약 행을 자동으로 삽입하는 기능입니다.

〈학습내용〉

01. 오름차순 정렬 및 내림차순 정렬
02. 2개 이상의 기준으로 정렬하기
03. 부분합 삽입하기
04. 중첩 부분합 삽입하기

◀ 완성파일 : Section15.xlsx

핵심내용

- 데이터를 특정 기준에 따라 오름차순으로 또는 내림차순으로 정렬합니다.
- 여러 개의 기준을 사용하여 데이터를 정렬합니다.
- 특정 열을 기준으로 데이터를 그룹화하고 선택한 함수로 부분합을 작성합니다.
- 두 개 이상의 부분합을 겹쳐서 삽입하는 중첩 부분합을 작성합니다.

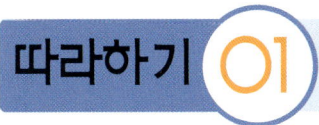

따라하기 01 오름차순 정렬 및 내림차순 정렬

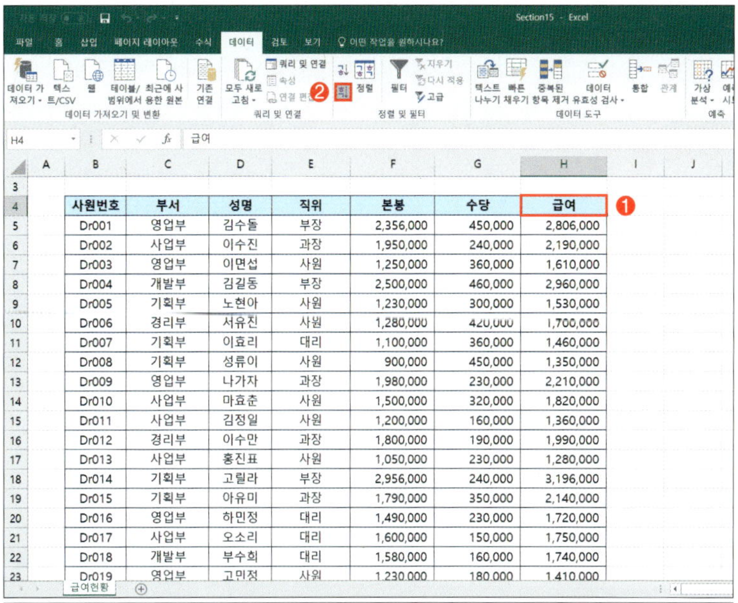

▶ 준비파일 : Section15.xlsx

01 급여가 큰 순서대로 데이터를 정렬해 보겠습니다. [H4] 셀을 클릭한 후 [데이터] 탭 → [정렬 및 필터] 그룹 → [내림차순 정렬]을 클릭합니다.

사원번호	부서	성명	직위	본봉	수당	급여
Dr001	영업부	김수돌	부장	2,356,000	450,000	2,806,000
Dr002	사업부	이수진	과장	1,950,000	240,000	2,190,000
Dr003	영업부	이면섭	사원	1,250,000	360,000	1,610,000
Dr004	개발부	김길동	부장	2,500,000	460,000	2,960,000
Dr005	기획부	노현아	사원	1,230,000	300,000	1,530,000
Dr006	경리부	서유진	사원	1,280,000	420,000	1,700,000
Dr007	기획부	이효리	대리	1,100,000	360,000	1,460,000
Dr008	기획부	성류이	사원	900,000	450,000	1,350,000
Dr009	영업부	나가자	과장	1,980,000	230,000	2,210,000
Dr010	사업부	마효춘	사원	1,500,000	320,000	1,820,000
Dr011	사업부	김정일	사원	1,200,000	160,000	1,360,000
Dr012	경리부	이수만	과장	1,800,000	190,000	1,990,000
Dr013	사업부	홍진표	사원	1,050,000	230,000	1,280,000
Dr014	기획부	고릴라	부장	2,956,000	240,000	3,196,000
Dr015	기획부	아유미	과장	1,790,000	350,000	2,140,000
Dr016	영업부	하민정	대리	1,490,000	230,000	1,720,000
Dr017	사업부	오소리	대리	1,600,000	150,000	1,750,000
Dr018	개발부	부수희	대리	1,580,000	160,000	1,740,000
Dr019	영업부	고민정	사원	1,230,000	180,000	1,410,000

TIP

정렬의 기준이 되는 필드(열)에 있는 임의의 셀을 클릭한 다음 정렬을 실행합니다.

02 그림과 같이 급여가 큰 순서대로 데이터가 정렬됩니다. 내림차순 정렬은 값이 큰 데이터가 앞에 오는 정렬입니다.

사원번호	부서	성명	직위	본봉	수당	급여
Dr023	경리부	강감찬	부장	3,000,000	310,000	3,310,000
Dr014	기획부	고릴라	부장	2,956,000	240,000	3,196,000
Dr004	개발부	김길동	부장	2,500,000	460,000	2,960,000
Dr021	사업부	이미연	부장	2,654,000	230,000	2,884,000
Dr001	영업부	김수돌	부장	2,356,000	450,000	2,806,000
Dr009	영업부	나가자	과장	1,980,000	230,000	2,210,000
Dr002	사업부	이수진	과장	1,950,000	240,000	2,190,000
Dr015	기획부	아유미	과장	1,790,000	350,000	2,140,000
Dr012	경리부	이수만	과장	1,800,000	190,000	1,990,000
Dr020	개발부	유진철	과장	1,750,000	200,000	1,950,000
Dr022	경리부	홍승수	대리	1,560,000	350,000	1,910,000
Dr010	사업부	마효춘	사원	1,500,000	320,000	1,820,000
Dr017	사업부	오소리	대리	1,600,000	150,000	1,750,000
Dr018	개발부	부수희	대리	1,580,000	160,000	1,740,000
Dr016	영업부	하민정	대리	1,490,000	230,000	1,720,000
Dr006	경리부	서유진	사원	1,280,000	420,000	1,700,000
Dr003	영업부	이면섭	사원	1,250,000	360,000	1,610,000
Dr005	기획부	노현아	사원	1,230,000	300,000	1,530,000
Dr007	기획부	이효리	대리	1,100,000	360,000	1,460,000

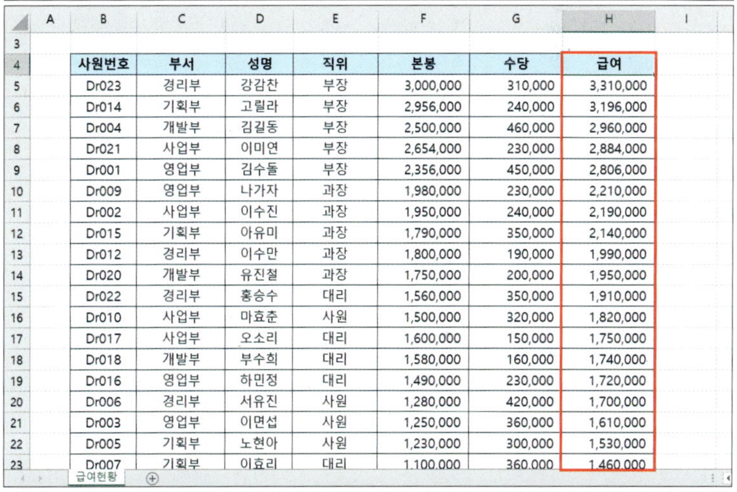

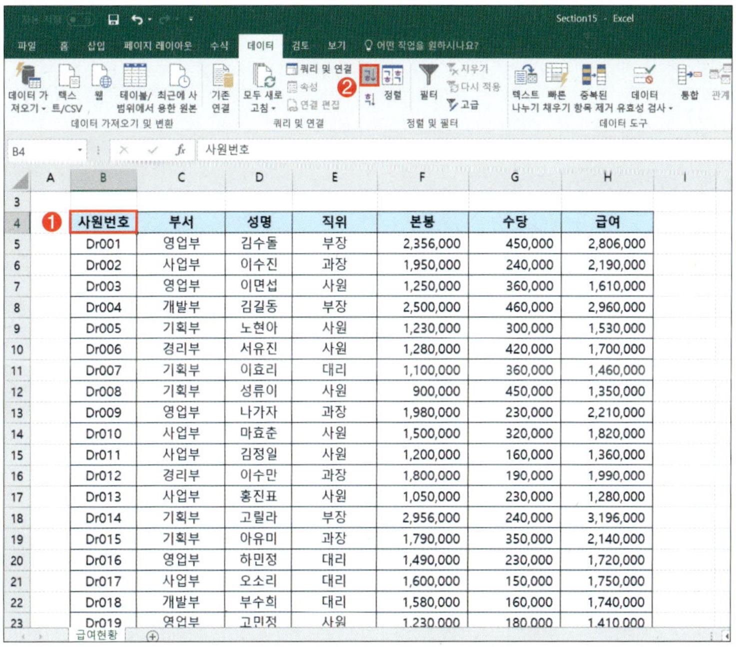

03 이번에는 [B4] 셀을 클릭한 후 [오름차순 정렬]을 클릭합니다. 이렇게 하면 사원번호가 작은 순서대로 데이터가 정렬됩니다.

사원번호	부서	성명	직위	본봉	수당	급여
Dr001	영업부	김수돌	부장	2,356,000	450,000	2,806,000
Dr002	사업부	이수진	과장	1,950,000	240,000	2,190,000
Dr003	영업부	이면섭	사원	1,250,000	360,000	1,610,000
Dr004	개발부	김길동	부장	2,500,000	460,000	2,960,000
Dr005	기획부	노현아	사원	1,230,000	300,000	1,530,000
Dr006	경리부	서유진	사원	1,280,000	420,000	1,700,000
Dr007	기획부	이효리	대리	1,100,000	360,000	1,460,000
Dr008	기획부	성류이	사원	900,000	450,000	1,350,000
Dr009	영업부	나가자	과장	1,980,000	230,000	2,210,000
Dr010	사업부	마효춘	사원	1,500,000	320,000	1,820,000
Dr011	사업부	김정일	사원	1,200,000	160,000	1,360,000
Dr012	경리부	이수만	과장	1,800,000	190,000	1,990,000
Dr013	사업부	홍진표	사원	1,050,000	230,000	1,280,000
Dr014	기획부	고릴라	부장	2,956,000	240,000	3,196,000
Dr015	기획부	아유미	과장	1,790,000	350,000	2,140,000
Dr016	영업부	하민정	대리	1,490,000	230,000	1,720,000
Dr017	사업부	오소리	대리	1,600,000	150,000	1,750,000
Dr018	개발부	부수희	대리	1,580,000	160,000	1,740,000
Dr019	영업부	고민정	사원	1,230,000	180,000	1,410,000

따라하기 02 2개 이상의 기준으로 정렬하기

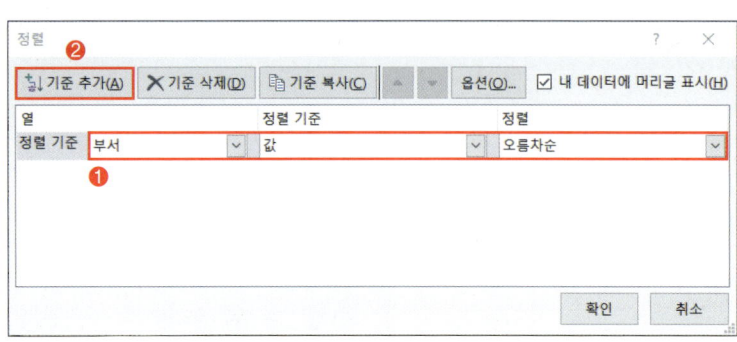

01 [B4] 셀에서 [데이터] 탭 → [정렬 및 필터] 그룹 → [정렬]을 클릭하면 [정렬] 대화상자가 실행됩니다. 첫 번째 정렬 기준을 부서, 값, 오름차순으로 지정한 다음 [기준 추가] 단추를 클릭합니다.

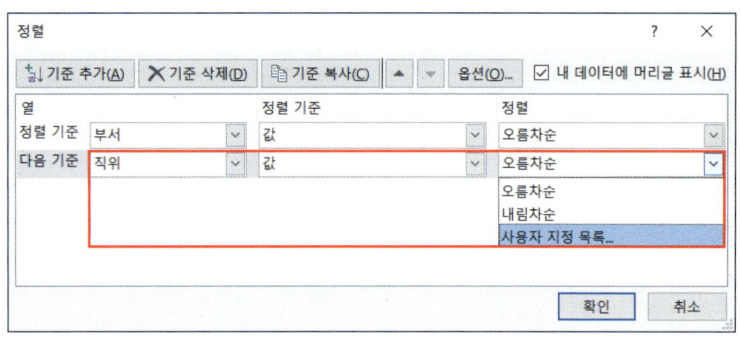

02 다음 기준이 추가되면 열은 직위, 정렬 기준은 값으로 선택한 다음 정렬에서 목록 단추를 클릭하고 [사용자 지정 목록]을 선택합니다.

> **TIP**
> [사용자 지정 목록]은 정렬 순서를 사용자 마음대로 지정하는 정렬 방식입니다.

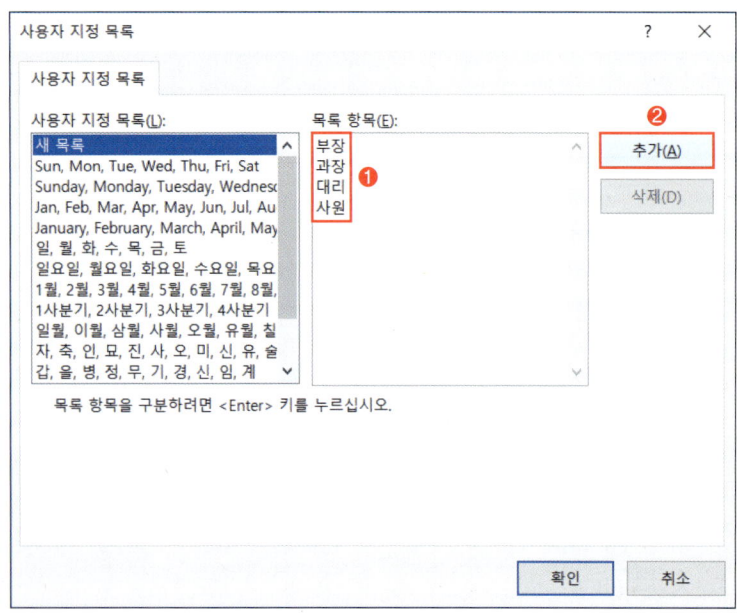

03 [사용자 지정 목록] 대화상자가 실행되면 목록 항목에 부장, 과장, 대리, 사원을 Enter 키로 구분해 가며 입력하고 [추가] 단추를 클릭합니다.

04 사용자 지정 목록에 새로운 목록이 추가되면 [확인] 단추를 클릭합니다.

> **참고** 사용자 지정 목록 중 하나를 선택하고 [삭제] 단추를 클릭하여 목록을 제거할 수 있습니다. 하지만 엑셀이 제공하는 기본 목록은 삭제할 수 없습니다.

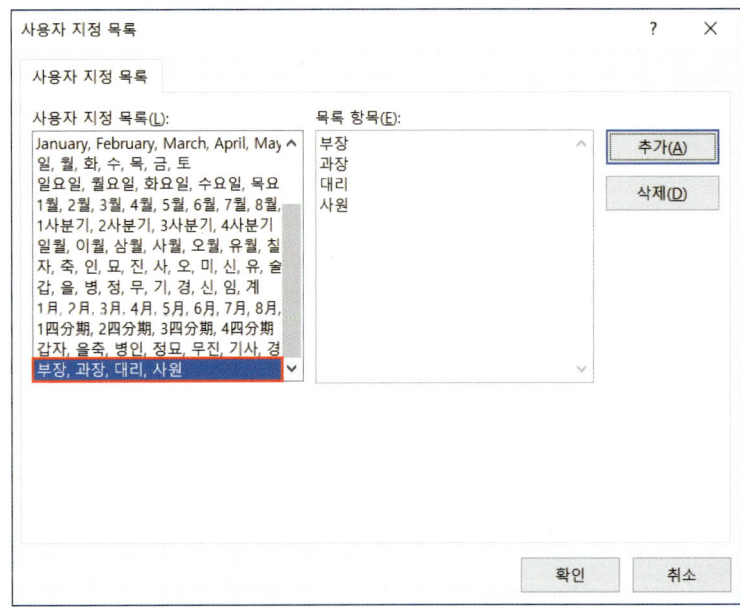

05 [정렬] 대화상자로 돌아오면 [확인] 단추를 클릭합니다. 필요하다면 더 많은 기준을 추가할 수도 있습니다.

06 두 개의 기준을 사용하여 데이터를 정렬한 결과는 그림과 같습니다. 먼저 부서의 오름차순으로 데이터를 정렬하고, 부서가 같을 경우에는 직위를 부장, 과장, 대리, 사원 순서로 정렬한 것입니다.

사원번호	부서	성명	직위	본봉	수당	급여
Dr004	개발부	김길동	부장	2,500,000	460,000	2,960,000
Dr020	개발부	유진철	과장	1,750,000	200,000	1,950,000
Dr018	개발부	부수희	대리	1,580,000	160,000	1,740,000
Dr023	경리부	강감찬	부장	3,000,000	310,000	3,310,000
Dr012	경리부	이수만	과장	1,800,000	190,000	1,990,000
Dr022	경리부	홍승수	대리	1,560,000	350,000	1,910,000
Dr006	경리부	서유진	사원	1,280,000	420,000	1,700,000
Dr025	경리부	진서라	사원	980,000	210,000	1,190,000
Dr026	경리부	고도리	사원	950,000	310,000	1,260,000
Dr014	기획부	고릴라	부장	2,956,000	240,000	3,196,000
Dr015	기획부	아유미	과장	1,790,000	350,000	2,140,000
Dr007	기획부	이효리	대리	1,100,000	360,000	1,460,000
Dr005	기획부	노현아	사원	1,230,000	300,000	1,530,000
Dr008	기획부	성류이	사원	900,000	450,000	1,350,000
Dr024	기획부	유수진	사원	1,000,000	280,000	1,280,000
Dr021	사업부	이미연	부장	2,654,000	230,000	2,884,000
Dr002	사업부	이수진	과장	1,950,000	240,000	2,190,000
Dr017	사업부	오소리	대리	1,600,000	150,000	1,750,000
Dr010	사업부	마효추	사원	1,500,000	320,000	1,820,000

따라하기 03 부분합 삽입하기

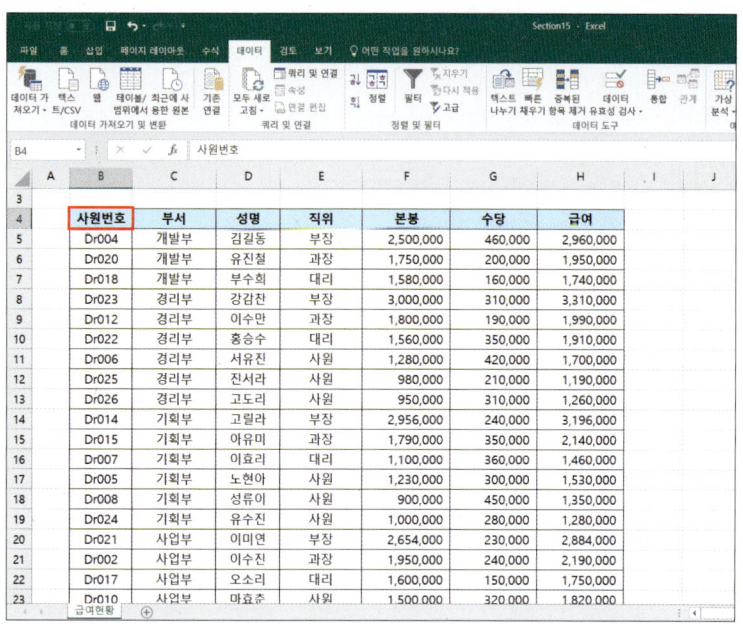

01 부서를 기준으로 데이터를 그룹화하여 본봉과 수당, 급여의 합계를 구하는 부분합을 삽입하려고 합니다. [B4] 셀에서 [데이터] 탭 → [개요] 그룹 → [부분합]을 클릭합니다.

> **TIP**
> 부분합을 실행하기 전에 미리 그룹화하고자 하는 필드(열)를 기준으로 데이터가 정렬되어 있어야 합니다.

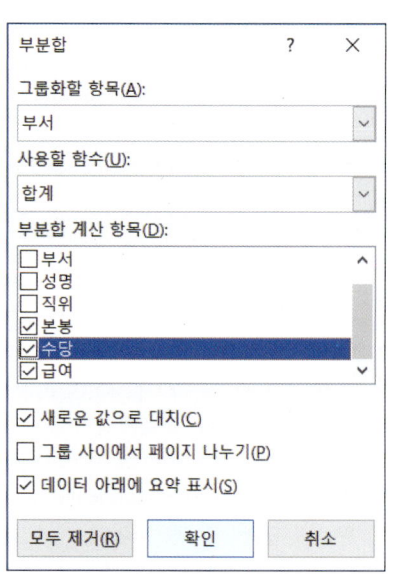

02 [부분합] 대화상자가 실행되면 그룹화할 항목을 [부서]로 지정하고 사용할 함수는 [합계]로 지정합니다. 부분합 계산 항목에서 본봉, 수당, 급여를 클릭해서 선택한 다음 [확인] 단추를 클릭합니다.

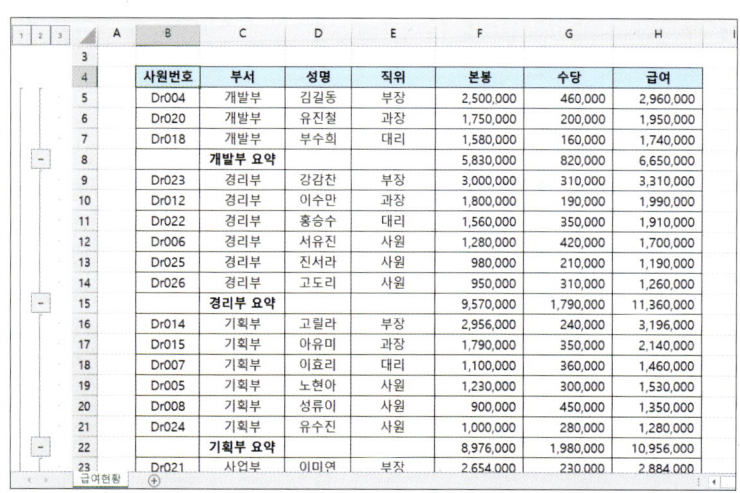

03 그림과 같이 부서에 따라 본봉, 수당, 급여의 합계가 자동으로 삽입되었습니다. 워크시트 왼쪽에서 자동으로 윤곽 기호가 표시됩니다. 윤곽 기호에 대해서는 뒤에서 다룹니다.

> **TIP**
> 부분합을 제거하려면 [부분합]을 클릭한 다음 [부분합] 대화상자에서 [모두 제거] 단추를 클릭합니다.

따라하기 04 중첩 부분합 삽입하기

01 부분합이 삽입되어 있는 데이터 목록에서 [데이터] 탭 → [개요] 그룹 → [부분합]을 클릭합니다. [부분합] 대화상자에서 그룹화할 항목은 [부서]를 그대로 두고 사용할 함수를 [평균]으로 변경합니다. 부분합 계산 항목도 이전과 똑같이 두고 [새로운 값으로 대치] 확인란을 클릭해서 선택을 해제한 다음 [확인] 단추를 클릭합니다.

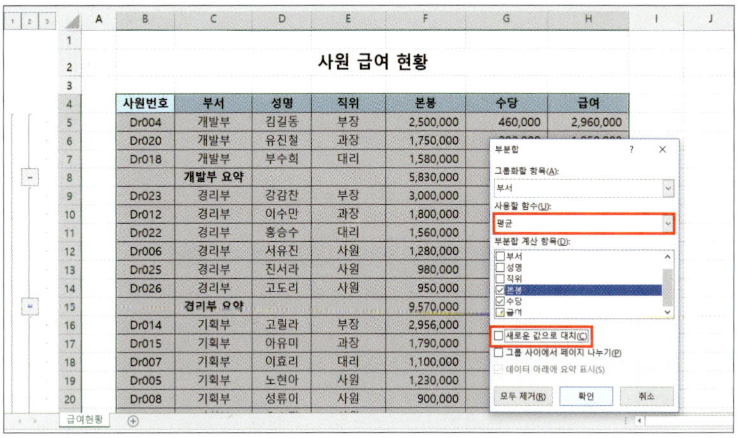

02 그림과 같이 부서에 따라 '평균'을 계산한 부분합이 '합계'를 계산한 부분합 바로 위에 삽입됩니다. 이렇게 두 개 이상의 부분합을 삽입하는 것을 중첩 부분합이라고 합니다.

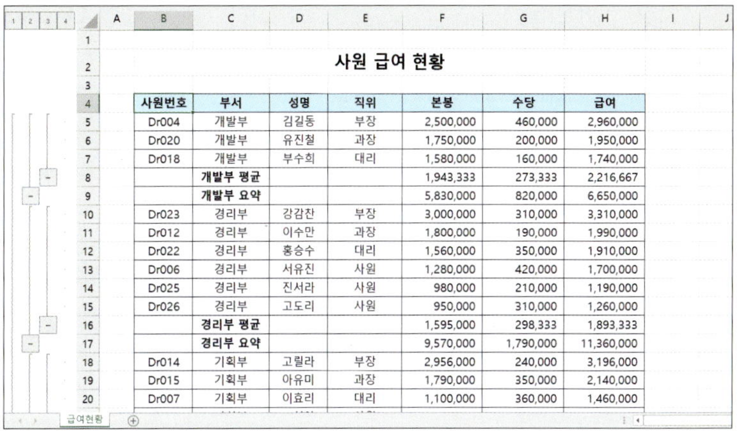

> **TIP**
> [새로운 값으로 대치] 확인란을 선택하면 이전 부분합을 제거하고 새로운 부분합이 삽입됩니다.

03 워크시트 왼쪽에 표시된 윤곽 기호에서 [3] 단추를 클릭하면 세부 데이터가 숨겨지고 부분합 결과만 볼 수 있습니다. [1]은 전체 부분합만, [2]는 첫 번째 부분합인 합계(요약)까지만 표시하고 [4]를 클릭하면 전체 데이터를 모두 표시합니다.

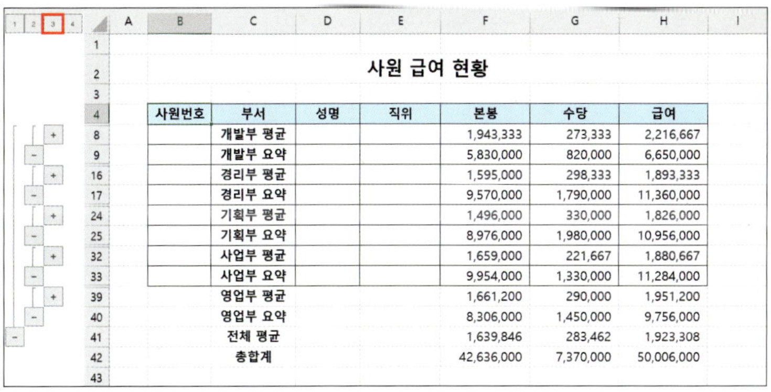

> **TIP**
> 부분합 행 앞에 있는 [+] 단추를 클릭하면 특정 부분합 행에 포함되어 있는 하위 데이터를 표시하고, [−] 단추를 클릭하면 하위 데이터가 숨겨집니다.

기초문제

1

'Section15-1.xlsx' 파일의 '지역판매량' 워크시트에서 다음 지시에 따라 데이터를 정렬하세요.

① 지역의 오름차순으로 정렬
② 지역이 같을 경우 지점명의 오름차순으로 정렬

2

'Section15-1.xlsx' 파일의 '판매량집계' 워크시트에서 다음 지시에 따라 부분합을 삽입하세요.

① 지역에 따라 목표량과 판매량의 합계 계산
② '서울시'에 대한 세부 데이터만 표시

힌트
- 지역의 오름차순(또는 내림차순)으로 데이터를 정렬한 후 부분합을 작성합니다.
- 윤곽 기호에서 [2] 단추를 클릭한 다음 '서울시 요약' 행 앞에 있는 [+] 단추를 클릭합니다.

심화문제

1) 'Section15-2.xlsx' 파일의 '능력시험' 워크시트에서 다음 지시에 따라 데이터를 정렬하세요.

① 번호의 셀 색이 '주황'인 데이터를 무조건 위에 표시
② 학교를 서교, 동교, 서초, 리라, 장원 순서로 정렬
③ 학교가 같을 경우 성별을 남자, 여자 순서로 정렬
④ 학교와 성별이 모두 같을 경우 이름의 가나다 순서로 정렬

힌트
- 번호, 학교, 성별, 이름 순서로 정렬 기준을 설정합니다.
- 번호의 정렬 기준을 [셀 색]으로 선택한 다음 주황색을 선택하고 [위에 표시]로 설정합니다.
- 학교는 사용자 지정 정렬을 이용합니다.

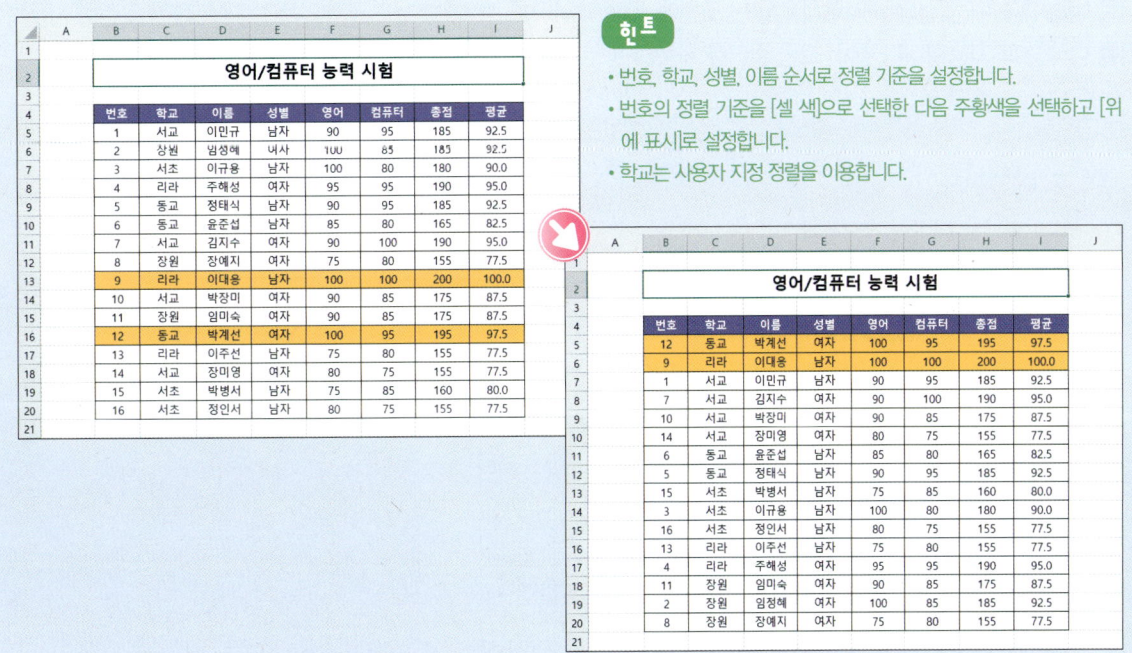

2) 'Section15-2.xlsx' 파일의 '급여명세서' 워크시트에서 다음 지시에 따라 부분합을 삽입하세요.

① 소속(1팀, 2팀, 3팀)에 따라 판매액, 활동수당, 정착수당, 실수령액의 합계 계산
② 소속에 따라 개수를 계산하여 직급 셀에 표시

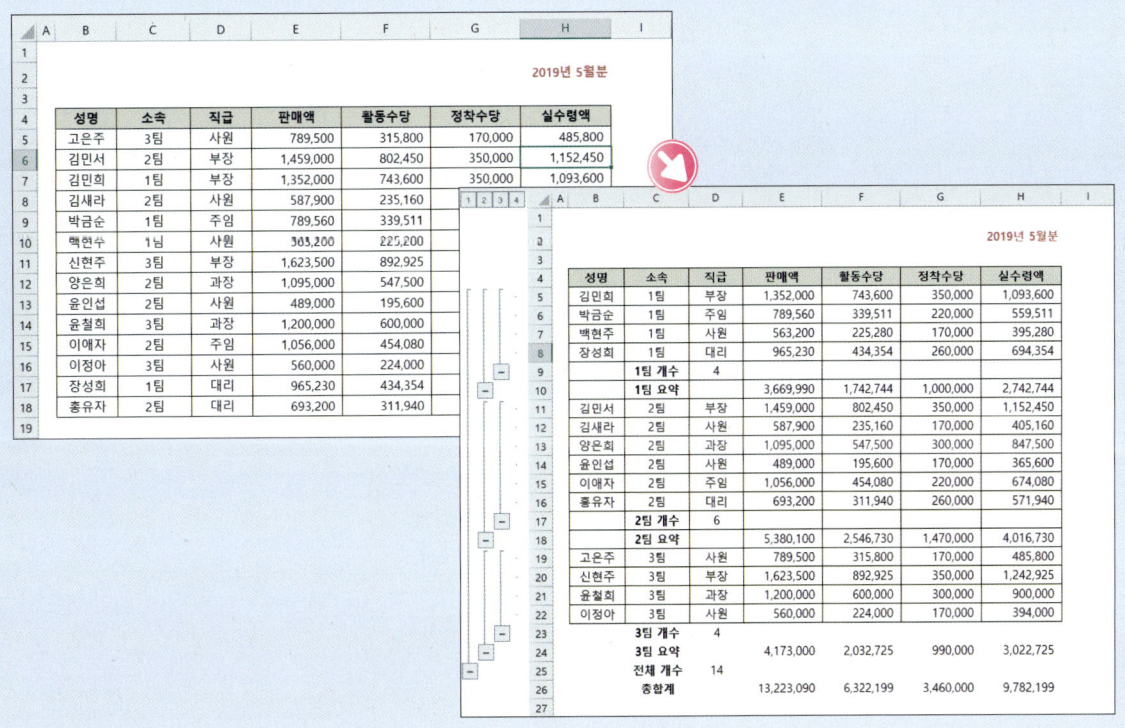

Section 16 자동 필터와 고급 필터

엑셀의 필터는 필드 값을 공유하는 레코드나 특정한 조건을 만족하는 레코드만 화면에 표시하는 기능으로 자동 필터와 고급 필터로 나눕니다. 자동 필터는 비교적 간단한 조건에 의해 데이터를 검색할 때, 고급 필터는 보다 복잡한 조건을 사용하여 데이터를 검색할 때 사용합니다. 특히 고급 필터를 사용하면 조건에 맞는 데이터를 다른 위치에 복사할 수도 있습니다.

Preview

〈학습내용〉

01. 자동 필터로 데이터 검색하기

02. 고급 필터로 데이터 검색하기

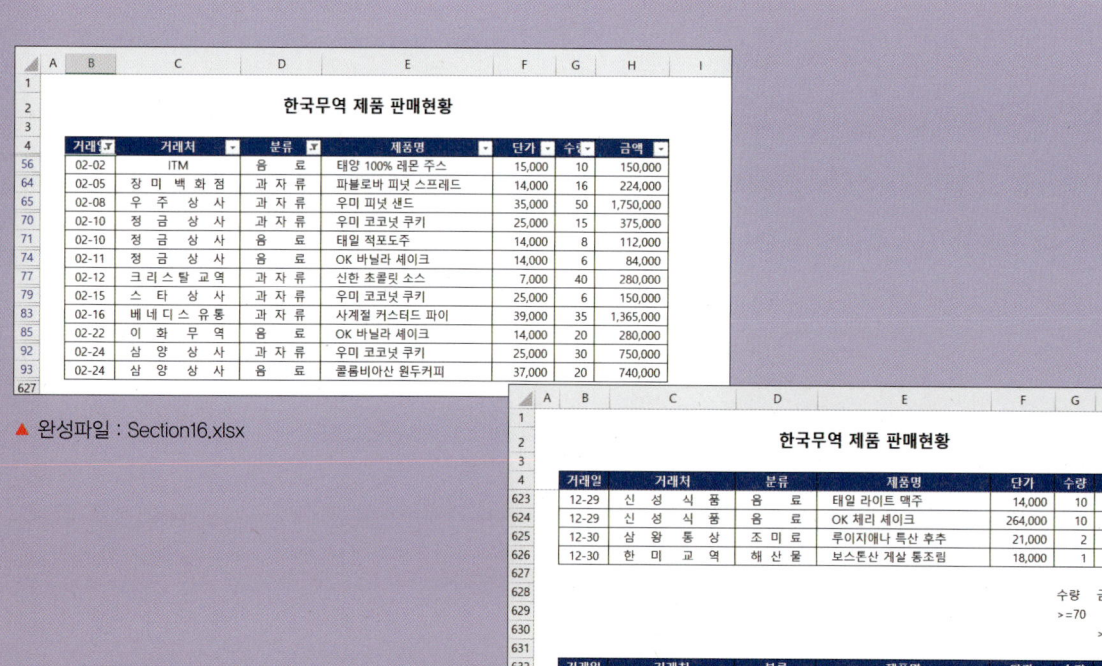

 완성파일 : Section16.xlsx

핵심내용

- 데이터 목록에 필터 단추를 표시합니다.
- 필터 단추를 이용하여 데이터를 검색하기 위한 조건 값을 설정합니다.
- 고급 필터를 실행하기 위한 조건 범위의 작성 방법을 익힙니다.
- 고급 필터를 실행하여 목록 범위와 조건 범위, 복사 위치를 지정합니다.

따라하기 01 자동 필터로 데이터 검색하기

▶ 준비파일 : Section16.xlsx

01 [B4] 셀에서 [데이터] 탭 → [정렬 및 필터] 그룹 → [필터]를 클릭하면 자동 필터가 실행되어 데이터 목록의 첫 번째 행에 있는 필드 이름에 필터 단추가 표시됩니다.

> **TIP**
> 셀 포인터가 데이터 목록에 있는 임의의 셀에 위치해 있어야 합니다.

02 분류 필드의 필터 단추를 누른 다음 필터 목록에서 '과자류'와 '음료'만 선택하고 나머지는 선택을 해제한 다음 [확인] 단추를 클릭합니다.

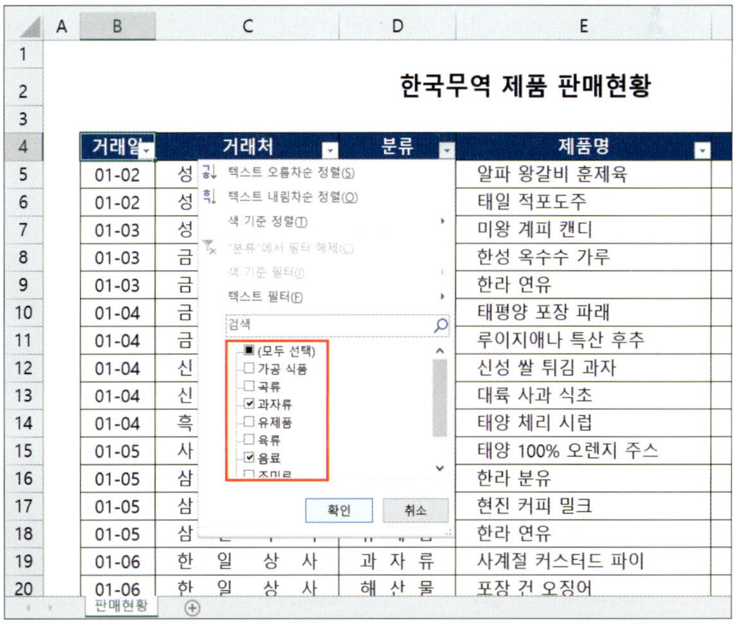

03 그림과 같이 분류 필드의 값이 과자류 또는 음료인 레코드(행)만 남고 나머지 데이터는 일시적으로 숨겨집니다. 필터 단추를 마우스로 가리키면 그 필드에 설정되어 있는 필터링 조건을 확인할 수 있습니다.

> **TIP**
> '(모두 선택)' 확인란을 클릭해서 일단 모든 항목을 해제한 후 '과자류'와 '음료'만 다시 클릭해서 선택합니다.

엑셀2016

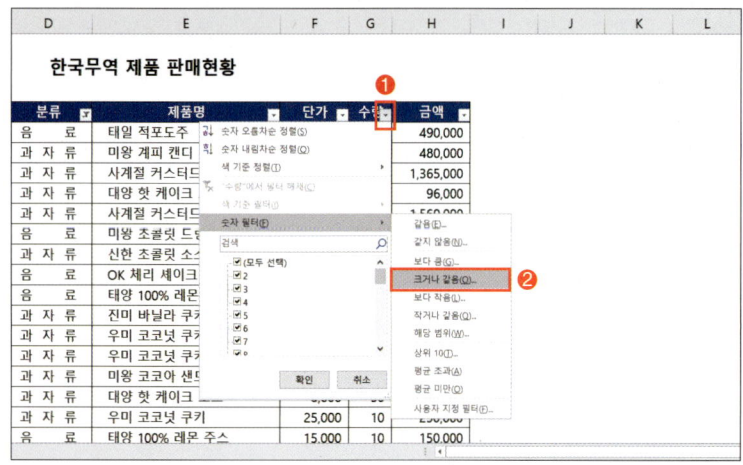

04 이번에는 수량 필드의 필터 단추를 클릭한 다음 [숫자 필터]-[크거나 같음]을 선택합니다.

> **참고** 필드에 입력되어 있는 데이터 종류에 따라 숫자 필터, 날짜 필터, 텍스트 필터 등의 메뉴가 표시됩니다.

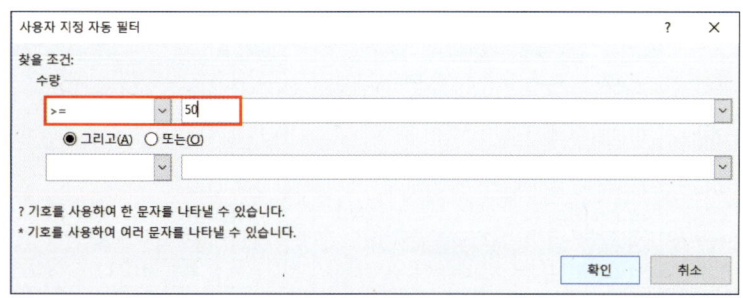

05 [사용자 지정 자동 필터] 대화상자가 실행되고 첫 번째 조건의 비교 연산자로 '>='가 자동 설정됩니다. 오른쪽에 비교할 값으로 '50'을 입력한 다음 [확인] 단추를 클릭합니다.

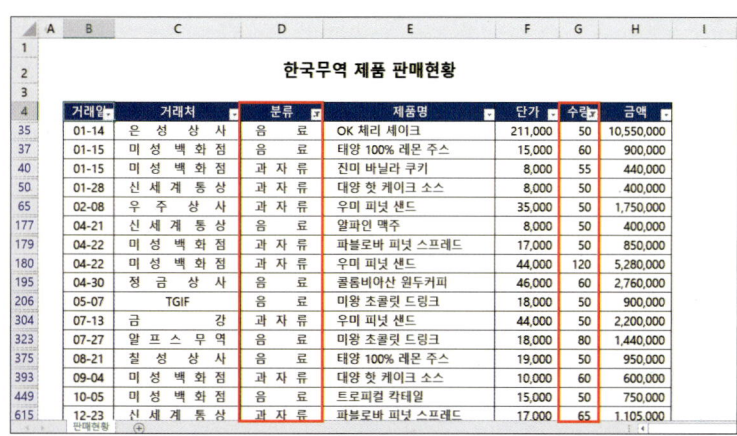

06 필터링 결과는 그림과 같습니다. 분류가 과자류 또는 음료인 데이터 중에서 수량이 '50'보다 크거나 같은 레코드만 화면에 표시된 것입니다.

> **TIP** 자동 필터로 두 개 이상의 필드에 필터링 조건을 설정하면 모든 조건을 만족하는 레코드만 검색합니다.

Section 16 자동 필터와 고급 필터

07 필드에 설정된 필터링 조건을 해제해 보겠습니다. 수량 필드의 필터 단추를 클릭한 다음 ["수량"에서 필터 해제]를 선택합니다.

> **Tip**
> 현재 데이터 목록에 설정된 모든 필터링 조건을 한 번에 해제하려면 [데이터] 탭→[정렬 및 필터] 그룹→[지우기]를 클릭합니다.

08 거래일 필드의 필터 단추를 클릭하고 필터 목록에서 '2월'만 선택한 다음 [확인] 단추를 클릭합니다. 특정 날짜를 선택하거나 해제하려면 각 월의 [+] 단추를 클릭해서 날짜 목록을 표시한 후 사용합니다.

> **Tip**
> [날짜 필터]에서 오늘, 어제, 내일, 다음 주, 이번 달 등 여러 방식으로 날짜를 선택할 수 있습니다. 또 [날짜 필터]-[해당 기간의 모든 날짜]에서 1분기, 2분기 등으로 날짜를 선택할 수 있습니다.

09 거래일이 2월인 레코드만 필터링한 결과입니다. 이전에 분류 필드에 설정한 조건을 해제하지 않았으므로 2월 중에서 과자류와 음료의 데이터만 화면에 표시됩니다.

> **Tip**
> 자동 필터가 실행된 상태에서 [필터]를 클릭하면 자동 필터가 해제되고 모든 데이터가 화면에 표시됩니다.

EXCEL 2016 **169**

따라하기 02 고급 필터로 데이터 검색하기

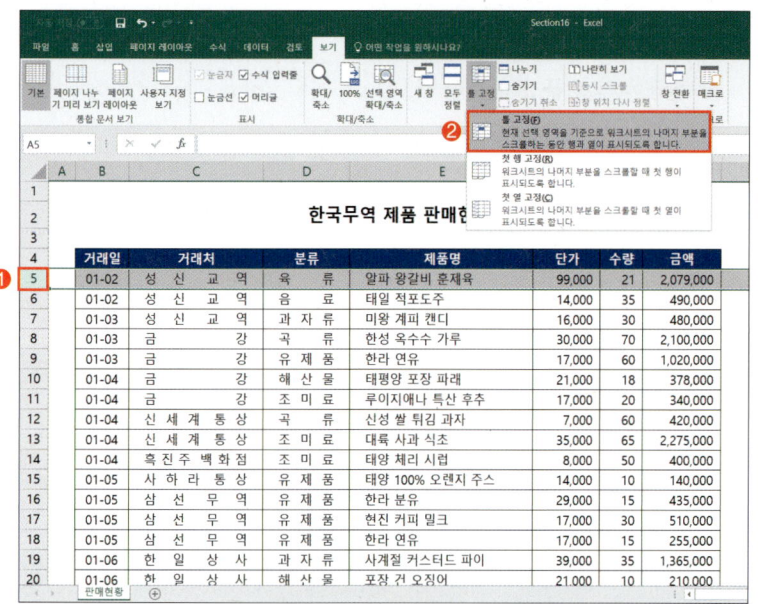

01 [데이터] 탭 → [정렬 및 필터] 그룹 → [필터]를 클릭해서 자동 필터를 해제합니다. 그런 다음 5행 머리글을 클릭하고 [보기] 탭 → [창] 그룹 → [틀 고정]에서 [틀 고정]을 선택합니다. 이렇게 하면 5행 위쪽에 있는 행이 고정됩니다.

> **TIP** 틀 고정은 몇 개의 행, 몇 개의 열을 화면에 고정하여 화면을 스크롤해도 사라지지 않도록 하는 기능입니다. 주로 데이터가 매우 많을 때 필드 이름을 항상 화면에 표시하기 위해 사용합니다.

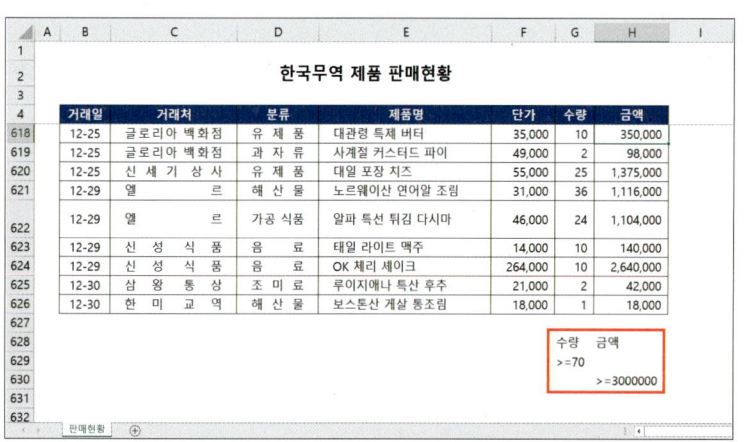

02 [G628:H630] 영역에 그림과 같이 고급 필터의 조건 범위를 작성합니다. 이 조건 범위는 수량이 '70 이상'이거나 금액이 '3000000 이상'인 데이터를 검색하기 위한 것입니다.

> **참고** 조건 범위의 첫 행에는 데이터 목록에 있는 것과 동일한 필드 이름을 입력하고 두 번째 행부터 조건 값을 입력합니다.

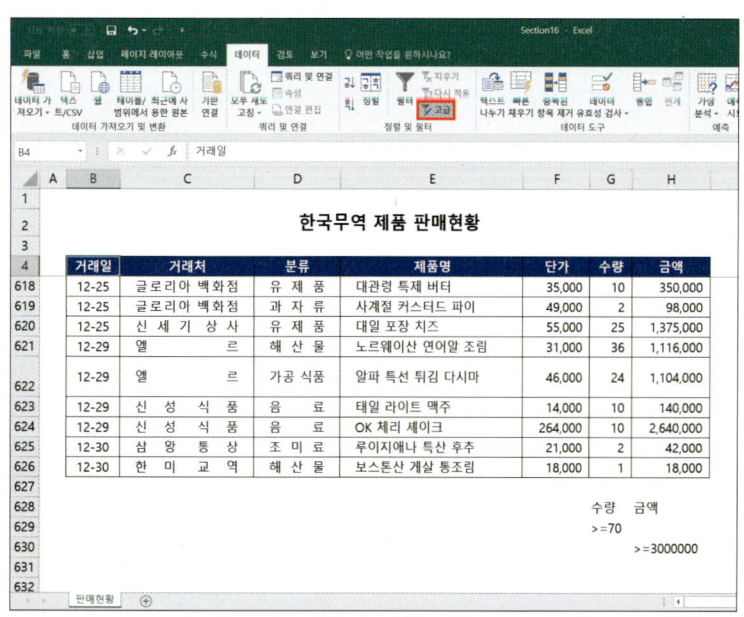

03 데이터 목록에 있는 임의의 셀에서 [데이터] 탭 → [정렬 및 필터] 그룹 → [고급]을 클릭합니다.

170 EXCEL 2016

자동 필터와 고급 필터 Section 16

04 [고급 필터] 대화상자가 실행되면 결과 옵션을 [다른 장소에 복사]로 선택합니다. 목록 범위는 자동 설정된 범위를 그대로 사용하고, 조건 범위를 [G628:H630]으로 지정합니다. 복사 위치는 [B632]로 지정한 다음 [확인] 단추를 클릭합니다.

05 고급 필터를 실행한 결과 [B4] 셀부터 수량이 '70' 이상이거나 금액이 '3000000' 이상인 데이터가 복사되었습니다. 이렇게 고급 필터는 필터링 결과를 다른 장소에 복사할 때 매우 유용합니다.

> **Tip**
> [고급 필터] 대화상자에서 결과 옵션을 [현재 위치에 필터]로 설정하면 자동 필터처럼 데이터 목록에 조건을 만족하는 레코드만 남게 됩니다.

Power Upgrade — 고급 필터의 조건 범위 만들기

고급 필터는 실행하기 전에 반드시 조건 범위를 작성해야 합니다. 다음 규칙을 참고하여 조건 범위를 작성합니다.

- 조건 범위의 첫 행에 데이터 목록에 있는 필드 이름과 동일한 필드 이름을 입력합니다.
- 필드 이름 아래에 조건으로 사용할 값을 입력합니다. 비교 연산자를 사용할 수 있습니다.
- 조건으로 사용할 값을 같은 행에 입력하면 AND(그리고) 조건, 다른 행에 입력하면 OR(또는) 조건으로 동작합니다.
- 다음 예제에서 [B2:C3]은 지역이 서울이고 판매량이 700 이상인 데이터를 검색하기 조건이고, [E2:F4]는 지역이 서울이거나 판매량이 700 이상인 데이터를 검색하기 위한 조건입니다.

기초문제

1

'Section16-1.xlsx' 파일의 '연락망' 워크시트에서 필터 기능을 이용하여 부서가 '영업부'인 데이터만 검색하세요.

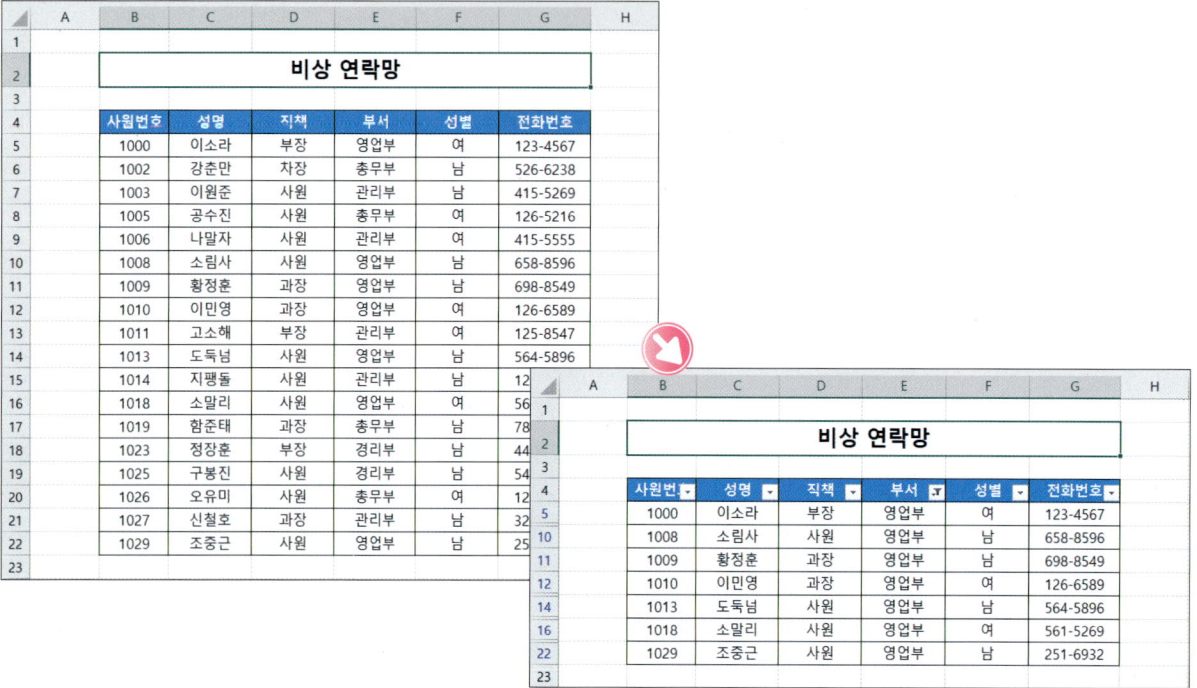

2

'Section16-1.xlsx' 파일의 '경영성과' 워크시트에서 필터 기능으로 다음 조건을 모두 만족하는 데이터를 검색하세요.

① 매출이익이 상위 30% 이내에 드는 레코드
② 지역이 서울, 경기, 인천인 레코드

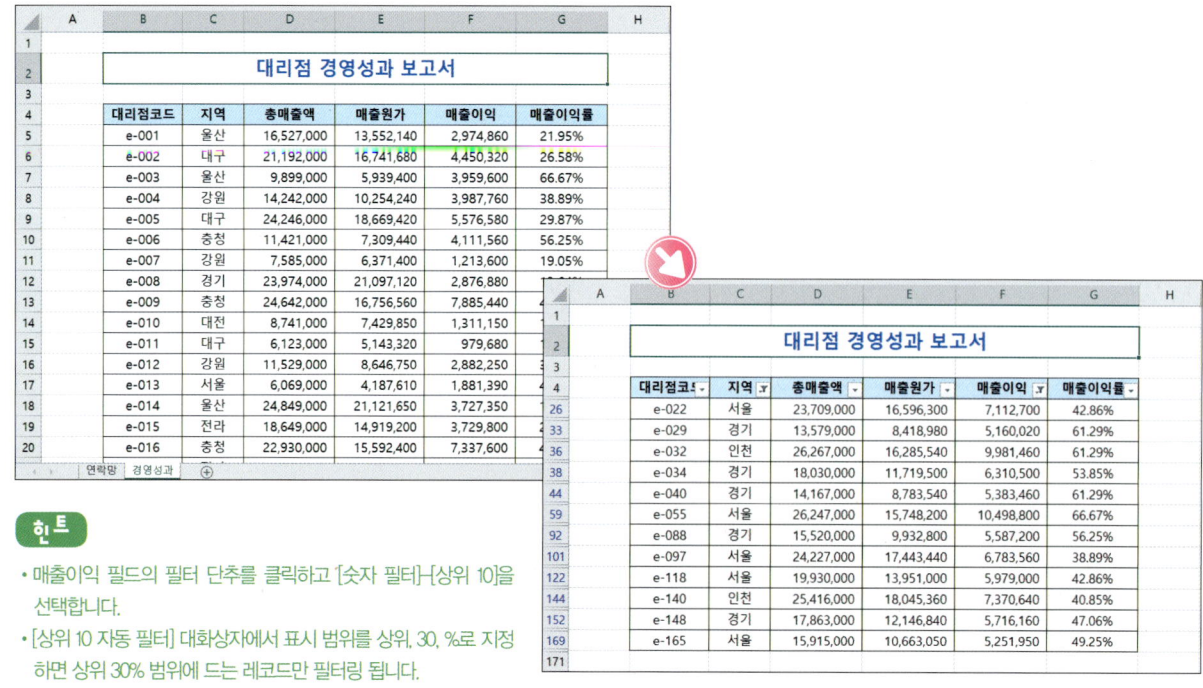

힌트

- 매출이익 필드의 필터 단추를 클릭하고 [숫자 필터]-[상위 10]을 선택합니다.
- [상위 10 자동 필터] 대화상자에서 표시 범위를 상위, 30, %로 지정하면 상위 30% 범위에 드는 레코드만 필터링 됩니다.

심화문제

1) 'Section16-2.xlsx' 파일의 '경영성과' 워크시트에서 고급 필터를 이용하여 다음 지시대로 데이터를 검색하세요.

① [B172:C173] 영역에 지역이 서울이고 매출이익이 '5000000' 이상인 데이터를 검색하는 조건 범위를 작성할 것
② 데이터 목록에서 조건을 만족하는 데이터를 추출하여 [B175] 셀부터 복사

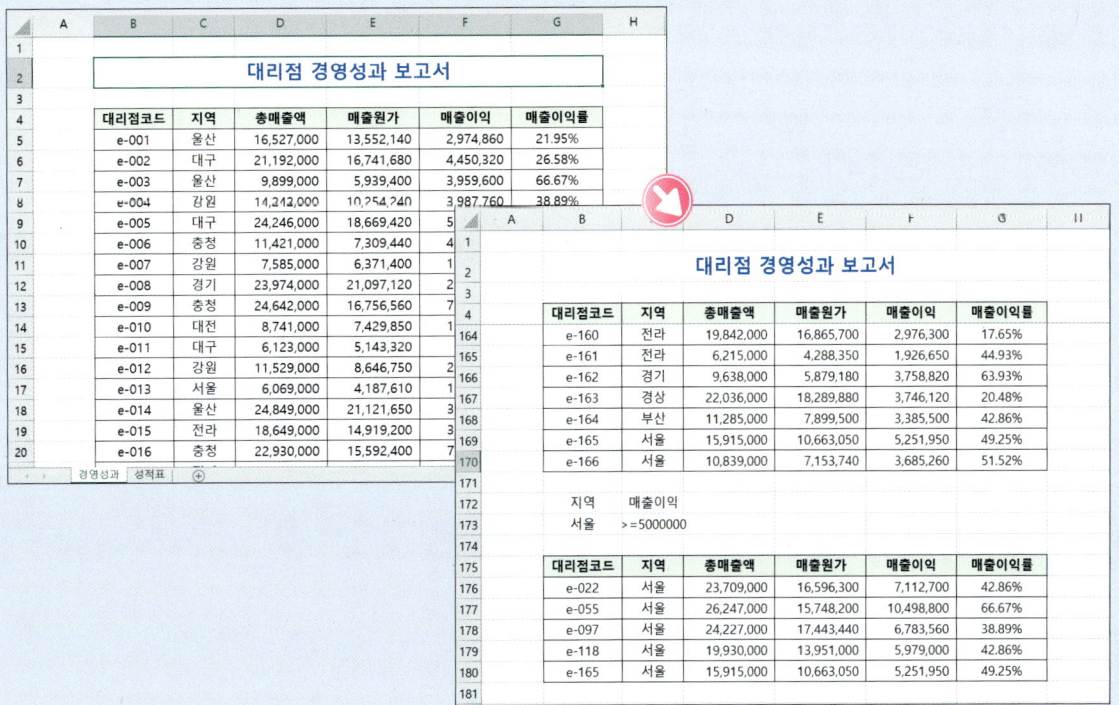

2) 'Section16-2.xlsx' 파일의 '성적표' 워크시트에서 고급 필터를 이용하여 다음 지시대로 데이터를 검색하세요.

① 검색 조건 : 지원부서가 디자인 개발부이고 전공과 종합점수가 모두 80점 이상인 데이터
② 조건 범위 : 임의 위치에 작성
③ 복사 위치 : [J4] 셀
④ 기타 서식은 결과 그림을 참고하여 지정

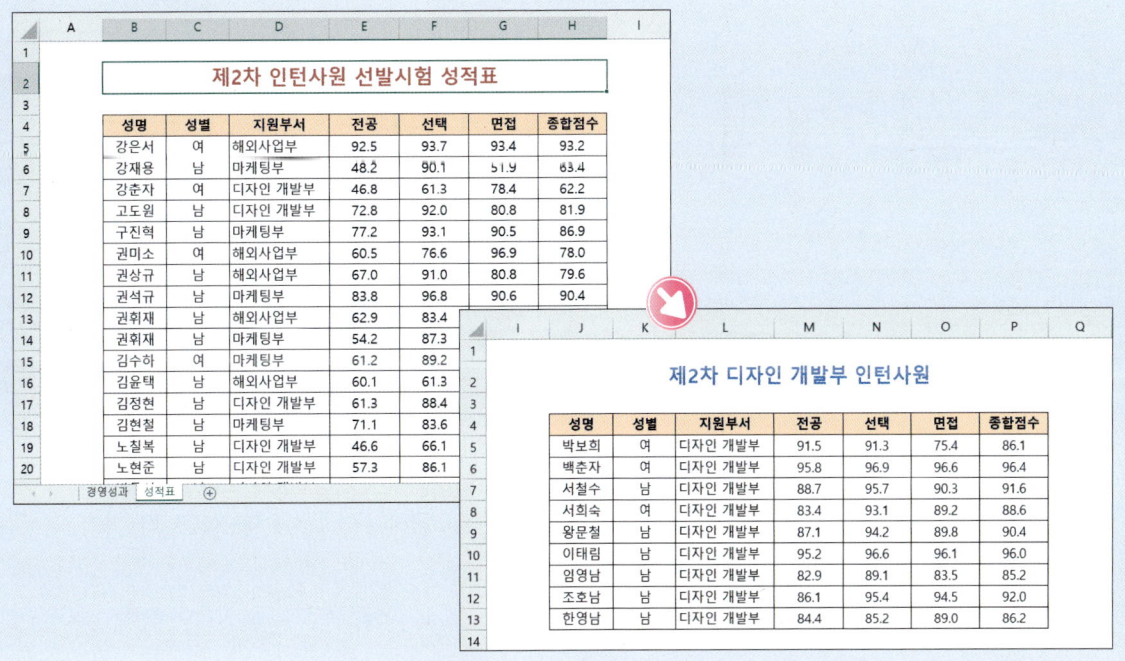

Section 17 피벗 테이블 사용하기

피벗 테이블은 대량의 데이터를 특정 필드의 고유 데이터 항목을 기준으로 여러 각도에서 요약하고 분석하는 매우 강력하고 편리한 도구입니다. 간단한 마우스 조작만으로 데이터를 여러 가지 방향에서 재구성하여 여러분이 원하는 형태의 보고서를 쉽고 빠르게 만들 수 있으며, 원본 데이터가 변경되었을 때 피벗 테이블에 바로 변경된 내용을 반영하여 항상 최신의 상태로 피벗 테이블을 유지할 수 있습니다.

Preview

〈학습내용〉

01. 피벗 테이블 만들기
02. 피벗 테이블에서 데이터 분석하기
03. 피벗 차트 만들기

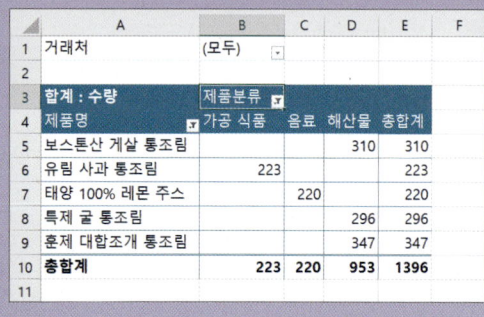

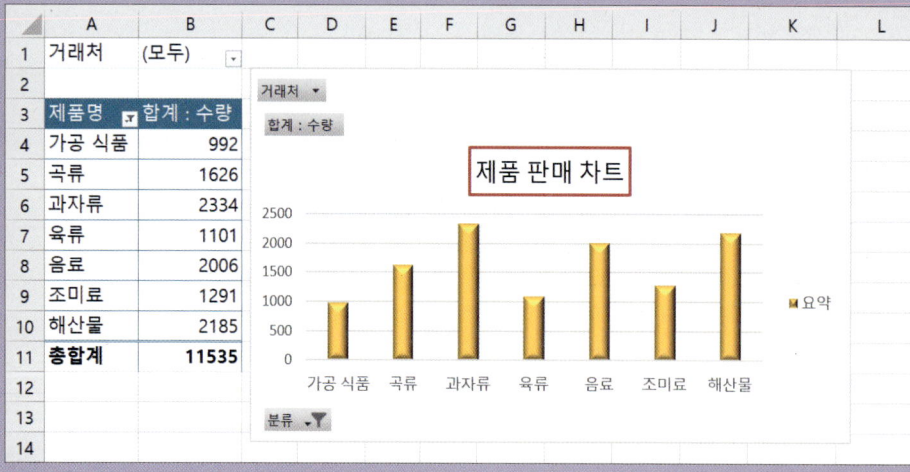

 완성파일 : Section17.xlsx

핵심내용

- 워크시트에 입력한 데이터에서 원하는 데이터만 사용하여 피벗 테이블 보고서로 요약합니다.
- 보고서 필터와 행 레이블, 열 레이블에서 원하는 데이터 항목만 필터링하여 보고서를 재구성합니다.
- 피벗 테이블 보고서와 연결된 피벗 차트를 작성합니다.

따라하기 01 피벗 테이블 만들기

▶ 준비파일 : Section17.xlsx

01 데이터 목록에 있는 임의의 셀에서 [삽입] 탭 → [표] 그룹 → [피벗 테이블]을 클릭하면 [피벗 테이블 만들기] 대화상자가 실행됩니다. 자동 설정된 표/범위를 그대로 두고 피벗 테이블 보고서를 넣을 위치도 기본 값인 [새 워크시트] 옵션이 선택된 상태에서 바로 [확인] 단추를 클릭합니다.

02 '판매현황' 워크시트 앞에 새 워크시트가 삽입되고 비어 있는 피벗 테이블과 피벗 테이블 필드 목록이 표시되면 워크시트 이름을 '판매분석'으로 변경합니다.

> **참고** 피벗 테이블 필드 목록은 [피벗 테이블 도구]의 [분석] 탭 → [표시] 그룹 → [필드 목록]으로 표시하거나 숨길 수 있습니다.

03 피벗 테이블 필드 목록의 보고서에 추가할 필드 선택에서 거래처와 분류, 제품명, 수량 필드를 클릭합니다. 그러면 자동으로 피벗 테이블이 구성됩니다.

엑셀2016

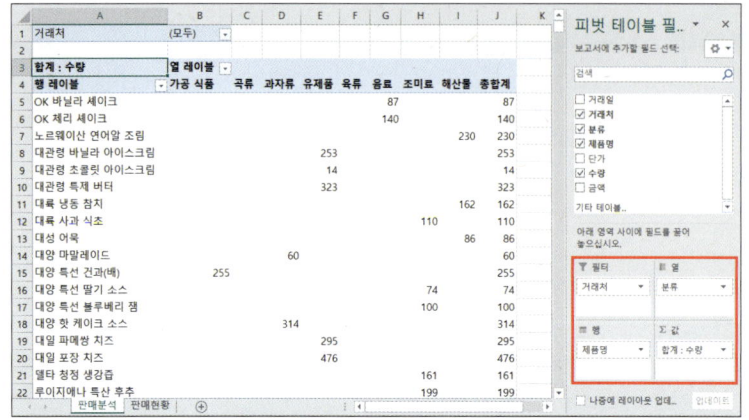

04 행 레이블에 설정된 거래처 필드를 보고서 필터로 드래그하여 이동합니다. 같은 방법으로 분류 필드를 열 레이블로 이동합니다. 필드를 이동할 때마다 피벗 테이블이 자동으로 업데이트 됩니다.

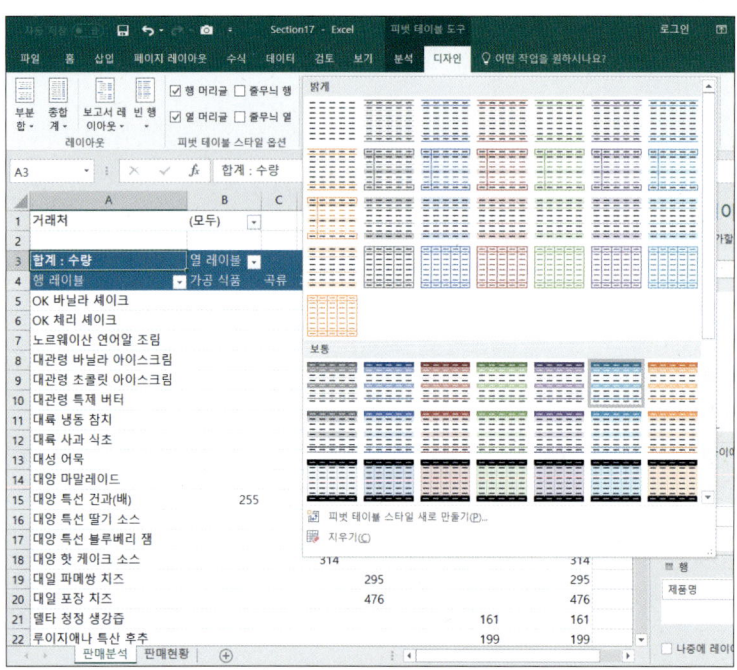

05 셀 포인터가 피벗 테이블 내에 있으면 [피벗 테이블 도구]가 표시됩니다. [디자인] 탭 → [피벗 테이블 스타일] 그룹에서 목록 단추를 눌러 피벗 테이블에 적용할 스타일을 클릭하여 서식을 변경합니다.

> **TIP**
> 피벗 테이블 레이아웃 구성이 모두 끝나면 피벗 테이블 필드 목록은 닫아도 됩니다.

06 [피벗 테이블 스타일 옵션] 그룹에서 [줄무늬 행]과 [줄무늬 열] 확인란을 선택하면 행과 열을 구분하기 위한 테두리가 그림과 같이 추가됩니다.

> **TIP**
> 셀에 서식을 지정하는 것과 같은 방법으로 피벗 테이블에 여러분이 원하는 서식을 지정할 수 있습니다.

따라하기 02 피벗 테이블에서 데이터 분석하기

01 보고서 필터의 필터 단추를 클릭한 다음 [여러 항목 선택] 확인란을 클릭하면 데이터 항목 앞에 확인란이 만들어집니다. 먼저 '(모두)'를 클릭해서 모든 항목의 선택을 해제한 다음 원하는 데이터 항목만 따로 클릭해서 선택하고 [확인] 단추를 클릭합니다.

> **TIP**
> 두 개 이상의 데이터 항목을 선택할 필요가 있을 때만 [여러 항목 선택] 확인란을 선택합니다.

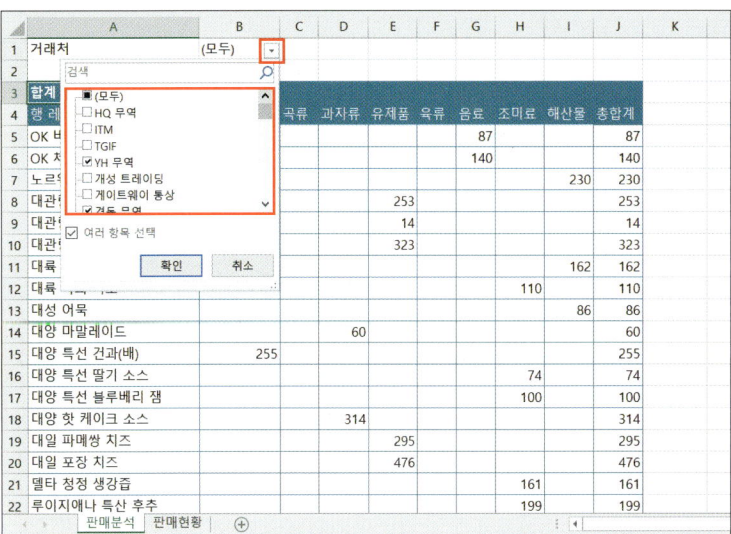

02 보고서 필터에서 선택한 거래처에 해당되는 데이터만 피벗 테이블 보고서에 표시됩니다. 설정한 필터 조건을 해제하기 위해 [분석] 탭 → [동작] 그룹 → [지우기]를 클릭하고 [필터 해제]를 선택합니다.

> **TIP**
> [지우기]의 [필터 해제]는 피벗 테이블에 설정된 모든 필터 조건을 해제하는 역할을 합니다. [모두 지우기]는 피벗 테이블에서 모든 필드와 서식을 제거합니다.

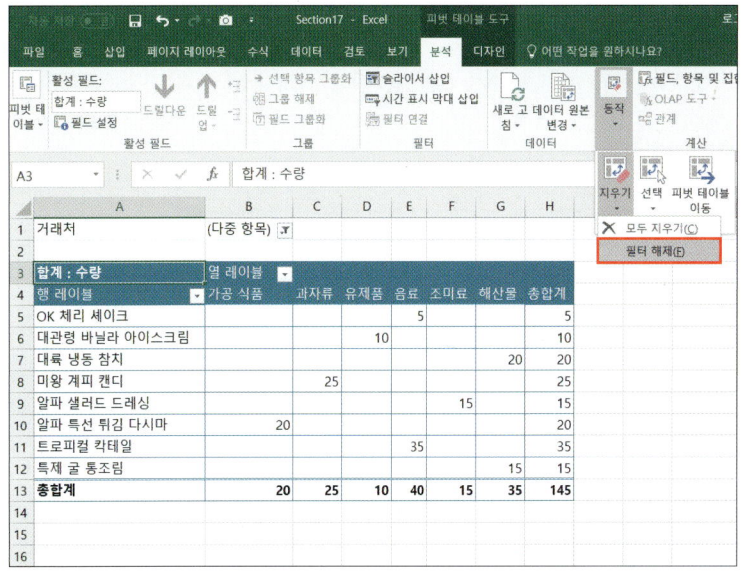

03 [A4] 셀을 클릭하고 '제품명'을 입력하여 행 레이블을 알아보기 쉽게 변경합니다. 그런 다음 제품명의 필터 단추를 클릭하고 검색 상자에 '주스'를 입력합니다. 그러면 제품명에 '주스'가 포함되어 있는 데이터 항목만 선택된 상태로 나타나는데 이때 [확인] 단추를 클릭합니다.

EXCEL 2016 **177**

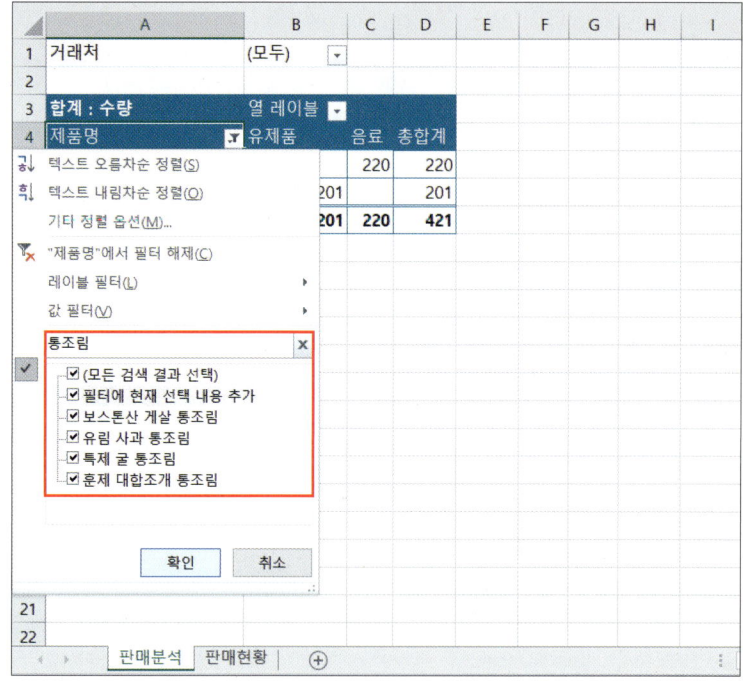

04 다시 제품명의 필터 단추를 클릭하고 검색 상자에 '통조림'을 입력합니다. '통조림'이 포함되어 있는 제품명만 선택 상태로 표시되면 [필터에 현재 선택 내용 추가] 확인란을 선택한 다음 [확인] 단추를 클릭합니다.

> **TIP**
> [필터에 현재 선택 내용 추가] 확인란을 선택하지 않으면 제품명 '주스'에 대한 필터 조건을 무시하고 현재 선택한 내용만 피벗 테이블에 표시됩니다.

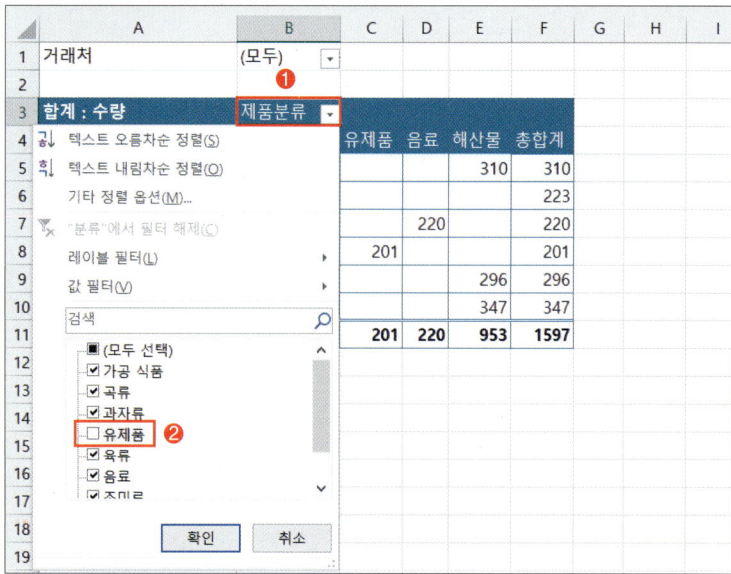

05 [B3] 셀의 열 레이블을 '제품분류'로 변경한 다음 필터 단추를 클릭합니다. 필터 목록에서 '유제품'을 클릭해서 선택을 해제한 다음 [확인] 단추를 클릭합니다.

	A	B	C	D	E	F
1	거래처	(모두)				
2						
3	합계 : 수량	제품분류				
4	제품명	가공 식품	음료	해산물	총합계	
5	보스톤산 게살 통조림			310	310	
6	유림 사과 통조림	223			223	
7	태양 100% 레몬 주스		220		220	
8	특제 굴 통조림			296	296	
9	훈제 대합조개 통조림			347	347	
10	총합계	223	220	953	1396	
11						

06 그러면 '유제품'을 제외한 목록만이 나타납니다. 지금까지 필터 과정을 거쳐 변경된 피벗 테이블 보고서는 그림과 같습니다. 이와 같이 보고서 필터와 행 레이블, 열 레이블에 필터 조건을 설정하면 여러분이 원하는 데이터만 피벗 테이블 보고서로 구성할 수 있습니다.

따라하기 03 피벗 차트 만들기

01 [분석] 탭 → [표시] 그룹 → [필드 목록]을 클릭해서 피벗 테이블 필드 목록을 표시합니다. 보고서에 추가할 필드 선택에서 거래처, 분류, 수량만 선택한 다음 분류 필드를 행 레이블 영역으로 드래그해서 그림과 같이 피벗 테이블 보고서를 변경합니다.

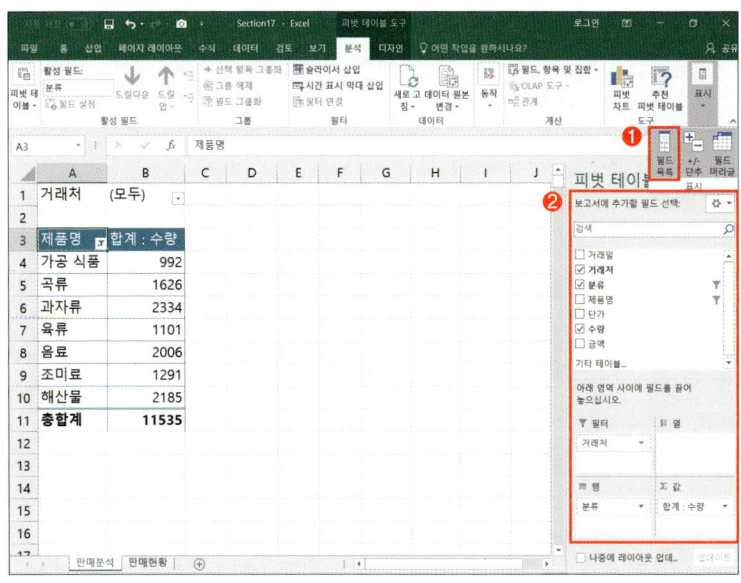

02 피벗 테이블 보고서 내에 셀 포인터가 있을 때 [피벗 테이블 도구]의 [분석] 탭 → [도구] 그룹 → [피벗 차트]를 클릭합니다. [차트 삽입] 대화상자가 실행되면 [묶은 세로 막대형] 차트를 선택하고 [확인] 단추를 클릭합니다.

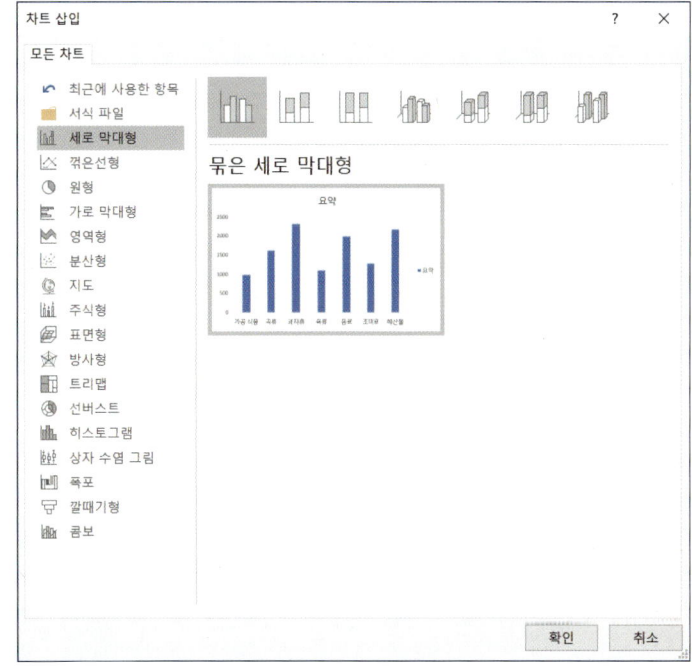

03 워크시트에 피벗 차트가 삽입되면 일반 차트에서와 똑같은 방법으로 차트 스타일과 레이아웃, 서식 등을 지정하여 그림과 같이 완성합니다. 피벗 차트는 피벗 테이블과 연결되어 있는 상태로 피벗 테이블이 변경되면 피벗 차트도 함께 변경됩니다. 반대로 피벗 차트를 변경하면 피벗 테이블 보고서 역시 함께 변경됩니다.

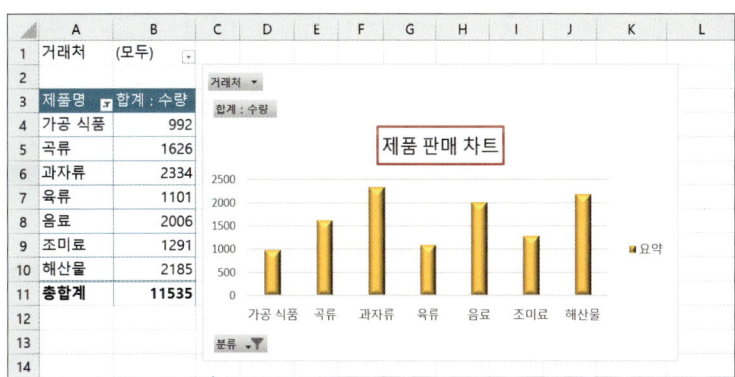

EXCEL 2016　179

기초문제

1

'Section17-1.xlsx' 파일의 '경영성과' 워크시트에 있는 데이터를 사용하여 다음 지시대로 피벗 테이블 보고서를 작성하세요.

① 새 워크시트에 작성하고 시트 이름을 '경영성과분석'으로 설정
② 지역별로 총매출액과 매출이익의 합계 계산
③ 레이블을 지역, 매출금액, 이익금액으로 각각 변경
④ 피벗 테이블 스타일은 그림을 참고하여 설정

2

'Section17-1.xlsx' 파일의 '급여현황' 워크시트에 있는 데이터를 사용하여 다음 지시대로 피벗 테이블 보고서를 작성하세요.

① 새 워크시트에 작성하고 시트 이름을 '급여분석'으로 설정
② 보고서 필터에 부서, 행 레이블에 급여 필드 배치
③ 급여의 평균이 표시되도록 값 필드 설정을 변경할 것
④ 3차원 효과의 원형 차트로 피벗 차트 작성
⑤ 피벗 테이블 스타일과 피벗 차트의 레이아웃 및 서식은 그림을 참고하여 설정

힌트
- 값 필드에서 [분석] 탭 → [활성 필드] 그룹 → [필드 설정]을 클릭하면 [값 필드 설정] 대화상자가 실행됩니다.
- [값 필드 설정] 대화상자의 [값 요약 기준] 탭에서 계산 유형을 [평균]으로 변경합니다.

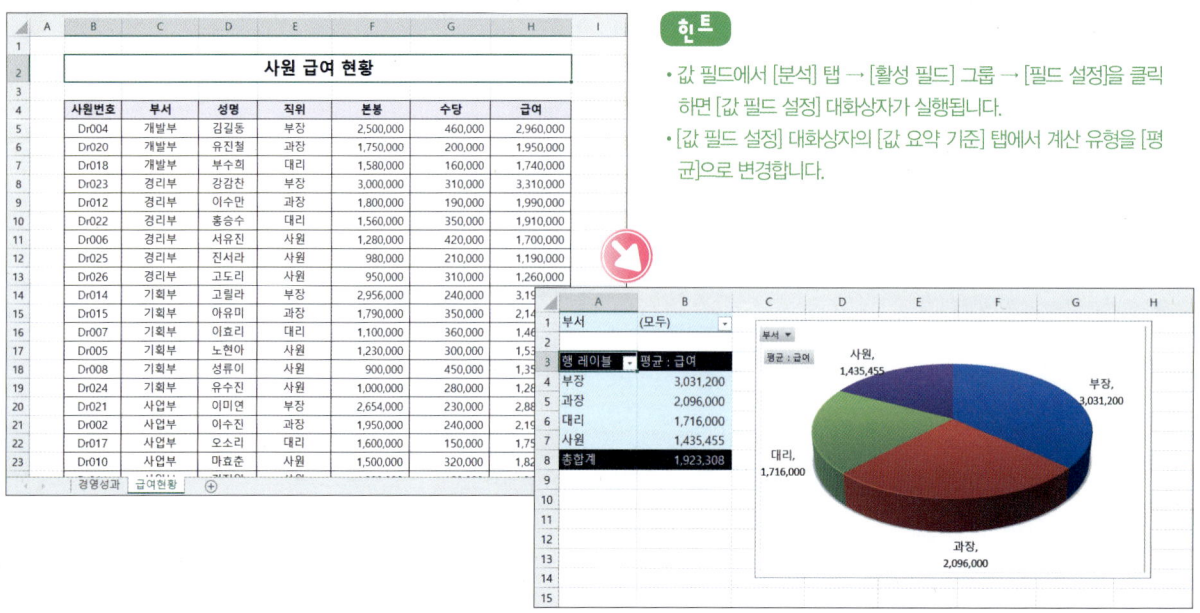

심화문제

1) 'Section17-2.xlsx' 파일의 '사원채용' 워크시트에 있는 데이터를 사용하여 다음 지시대로 피벗 테이블 보고서를 작성하세요.

① '피벗' 워크시트의 [B4] 셀에 작성
② 행 레이블에 성별 및 합격여부 필드, 열 레이블에 면접 필드, 값 필드에 총점수 필드 배치
③ 총점수 필드의 개수가 표시되도록 값 필드 설정
④ [B2:G2]에 제목을 작성하고 레이블 이름과 서식은 그림을 참고하여 설정

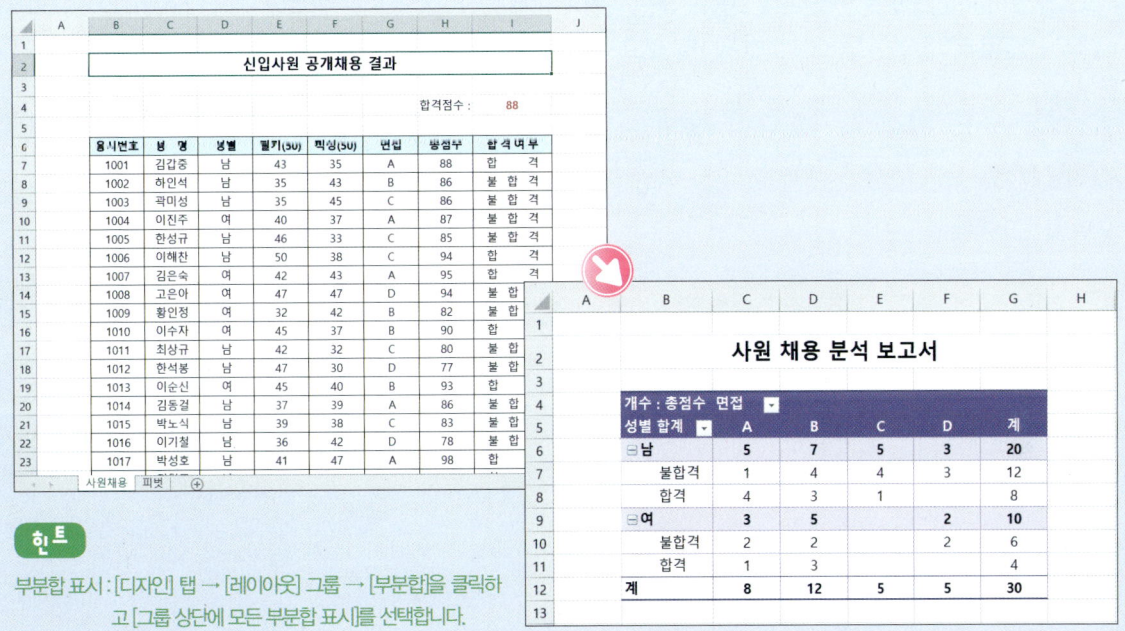

힌트

부분합 표시 : [디자인] 탭 → [레이아웃] 그룹 → [부분합]을 클릭하고 [그룹 상단에 모든 부분합 표시]를 선택합니다.

2) 'Section17-2.xlsx' 파일의 '사원채용' 워크시트에서 다음 지시대로 데이터를 수정하고 피벗 테이블을 업데이트 하세요.

① '사원채용' 워크시트에서 [I4] 셀의 값을 '95'로 변경
② 변경된 원본 데이터로 피벗 테이블 새로 고침
③ 부분합이 하단에 표시되도록 설정

힌트

• 새로 고침 : 피벗 테이블에서 [분석] 탭 → [데이터] 그룹 → [새로 고침]을 클릭하면 현재 원본 데이터를 반영하여 피벗 테이블이 업데이트 됩니다.
• 부분합 표시 : [디자인] 탭 → [레이아웃] 그룹 → [부분합]을 클릭하고 [그룹 하단에 모든 부분합 표시]를 선택합니다.

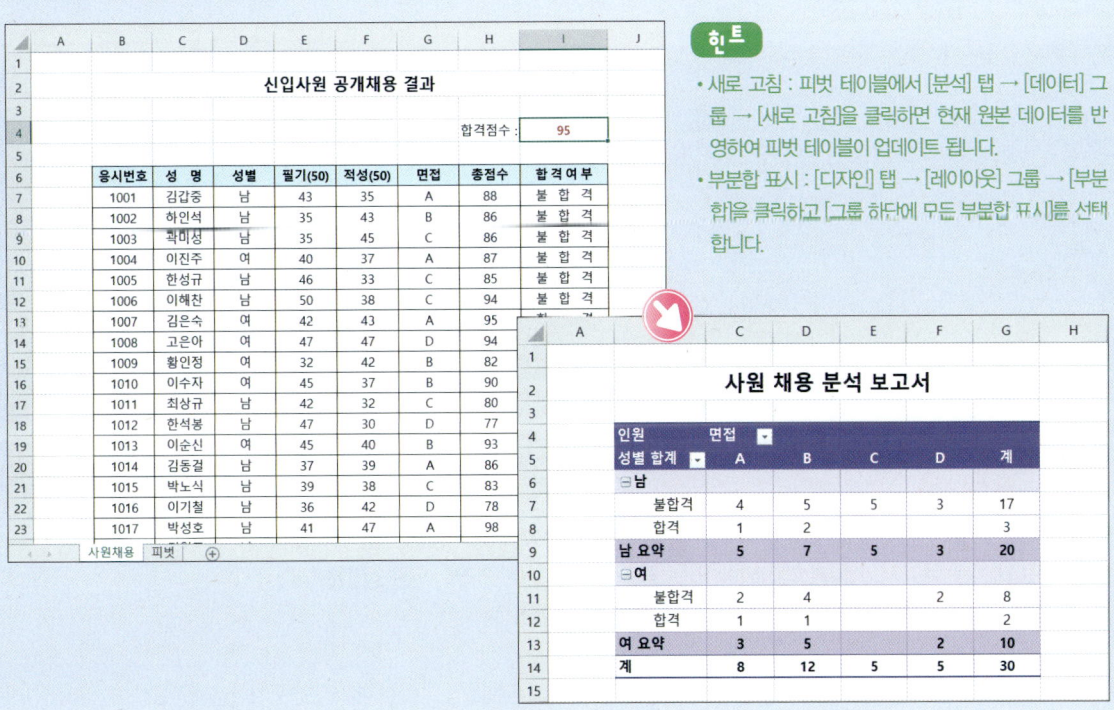

Section 18 피벗 테이블 응용하기

피벗 테이블 보고서는 대량의 데이터를 효과적으로 요약하고 분석하는 훌륭한 도구입니다. 여기서는 피벗 테이블 보고서에서 날짜 필드를 월이나 분기 또는 연 단위로 그룹화 하는 방법과 함께 슬라이서의 사용 방법에 대해 알아봅니다. 슬라이서는 보고서 필터나 행/열 레이블을 이용하여 피벗 테이블 보고서를 필터링하는 기능을 대체할 수 있는 새로운 기능입니다.

〈학습내용〉

01. 필드의 그룹 설정하기   02. 슬라이서 사용하기

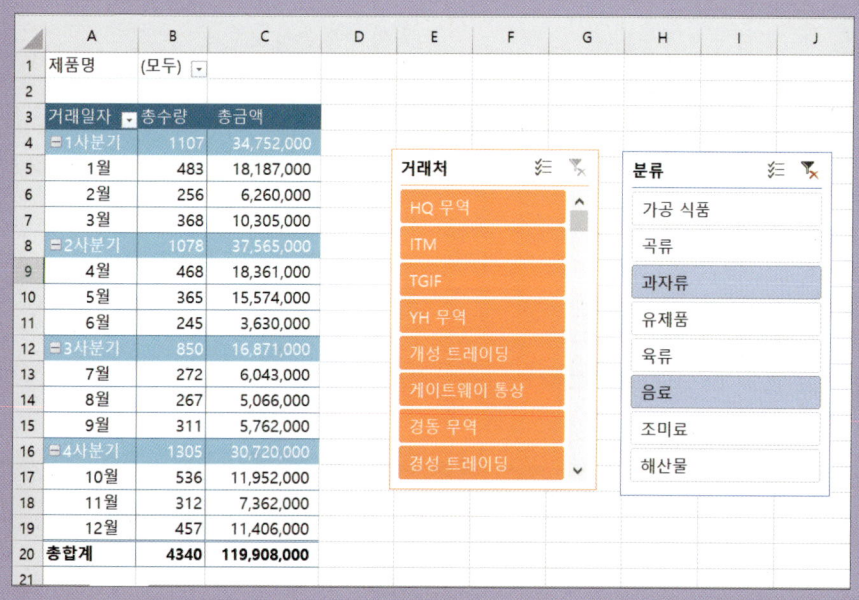

▲ 완성파일 : Section18.xlsx

핵심내용

- 피벗 테이블 보고서에 배치한 날짜 필드를 특정 단위를 사용하여 그룹으로 설정합니다.
- 피벗 테이블 보고서의 원본 데이터에 있는 필드를 선택하여 슬라이서를 삽입합니다.
- 슬라이서를 이용하여 피벗 테이블 보고서를 필터링합니다.

따라하기 01 필드의 그룹 설정하기

▶ 준비파일 : Section18.xlsx

01 [B4] 셀에서 [삽입] 탭 → [표] 그룹 → [피벗 테이블]을 클릭합니다. [피벗 테이블 만들기] 대화상자가 나타나면 자동 설정된 표/범위를 그대로 둔 상태로 [확인] 단추를 클릭합니다.

02 새 워크시트에 비어 있는 상태의 피벗 테이블과 피벗 테이블 필드 목록이 표시됩니다. 피벗 테이블 필드 목록에서 그림과 같이 거래일, 제품명, 수량, 금액 필드를 각 영역에 배치해서 피벗 테이블 보고서를 구성합니다.

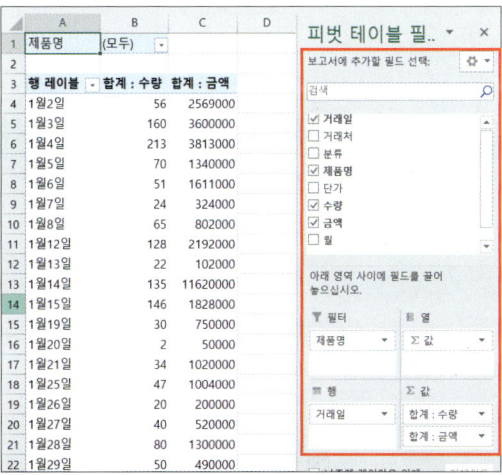

03 [피벗 테이블 도구]의 [디자인] 탭 → [피벗 테이블 스타일] 그룹에서 원하는 스타일을 선택하고 [피벗 테이블 스타일 옵션]에서 [줄무늬 행]과 [줄무늬 열]을 선택하여 서식을 지정합니다. 또 필드 이름을 거래일자, 총수량, 총금액으로 변경해 줍니다.

> **참고** 필드 이름을 바꿀 때 원본에서 사용하고 있는 필드 이름은 사용할 수 없으므로 주의합니다.

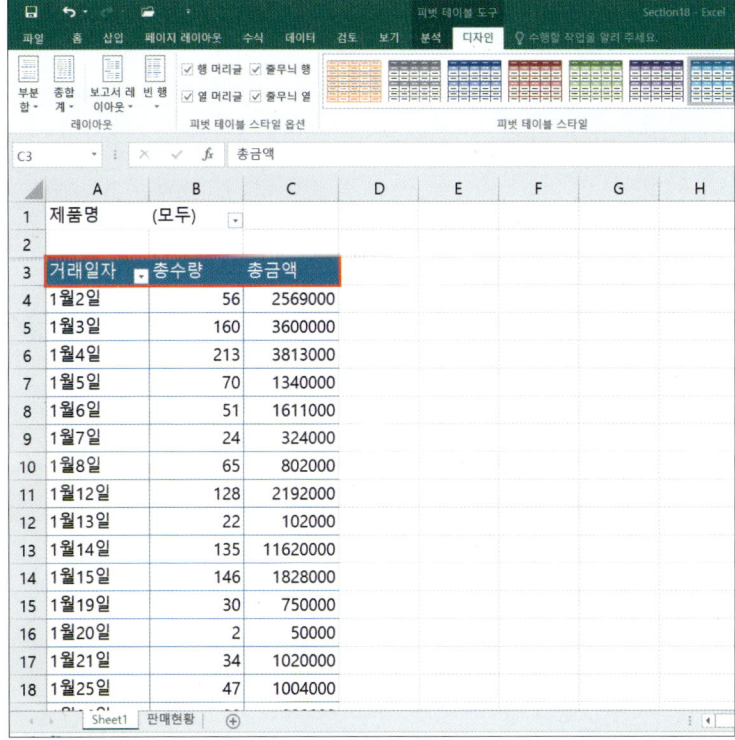

EXCEL 2016 **183**

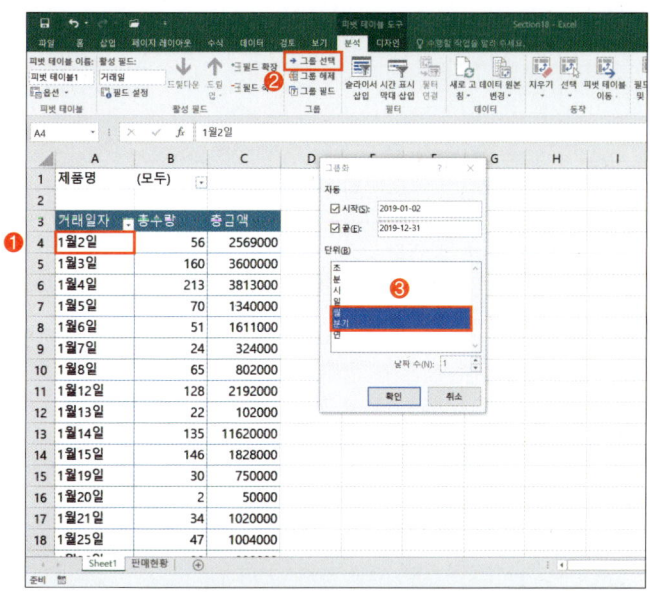

04 거래일자가 입력되어 있는 임의의 셀에서 [분석] 탭 → [그룹] 그룹 → [그룹 선택](→ 그룹 선택)을 클릭합니다. [그룹화] 대화상자가 실행되면 단위로 '월'과 '분기'만을 선택한 후 [확인] 단추를 클릭합니다.

> **TIP**
> 단위는 한 번 클릭할 때마다 선택과 해제가 반복됩니다.

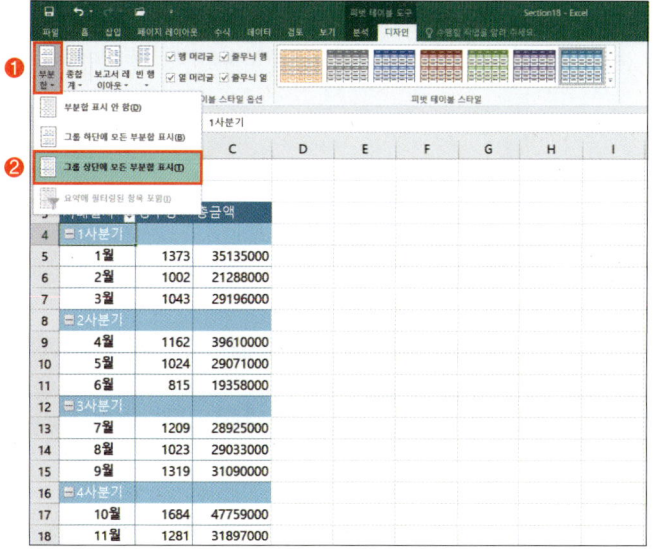

05 거래일자가 월과 분기 단위의 그룹으로 설정되면 [디자인] 탭 → [레이아웃] 그룹 → [부분합]을 클릭하고 [그룹 상단에 모든 부분합 표시]를 선택합니다.

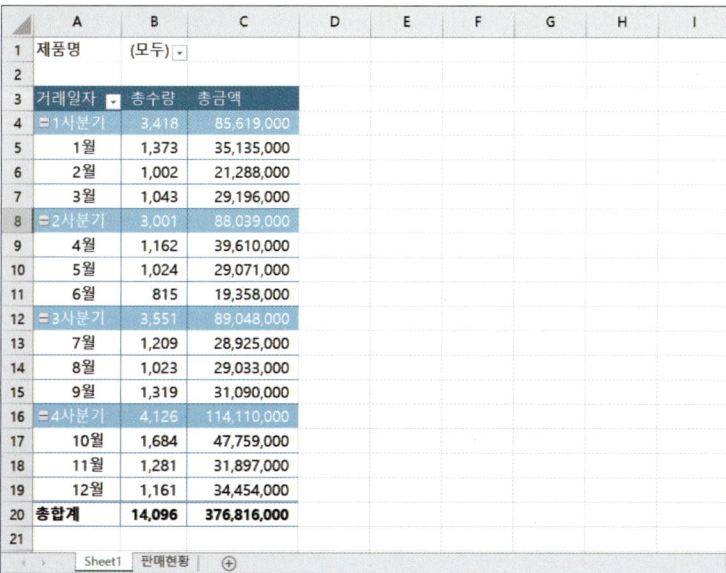

06 그룹 상단에 부분합을 표시한 결과입니다. 그룹 하단에 부분합을 표시할 경우 1사분기 데이터는 3월 아래에 부분합이 삽입됩니다.

07 셀 포인터를 분기가 있는 셀에 두고 [분석] 탭 → [활성 필드] 그룹 → [필드 축소](필드 축소)를 클릭합니다.

TIP
[분석] 탭 → [표시] 그룹 → +/- 단추를 사용하여 그룹으로 설정된 데이터 앞의 +/- 단추를 표시하거나 숨길 수 있습니다.

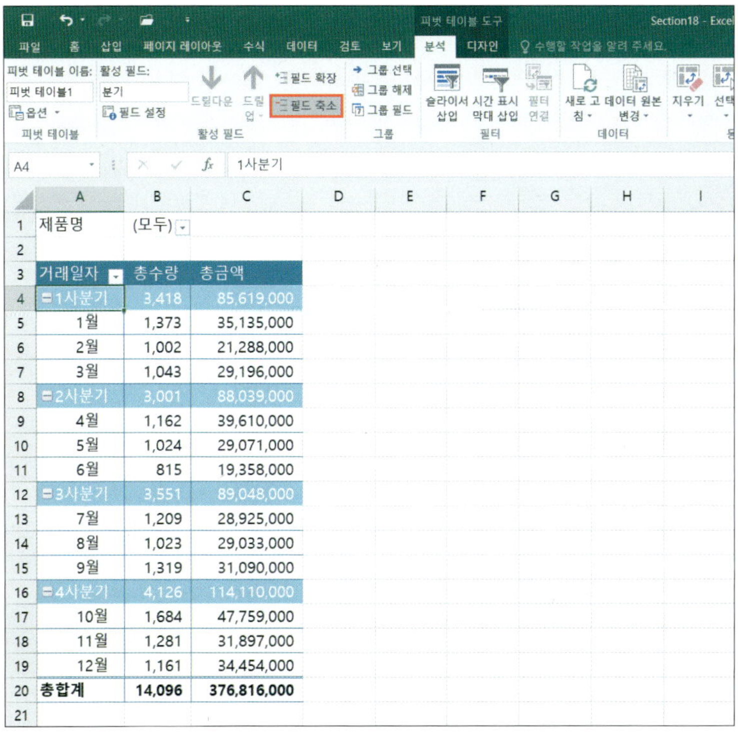

	A	B	C
1	제품명	(모두)	
2			
3	거래일자	총수량	총금액
4	⊟1사분기	3,418	85,619,000
5	1월	1,373	35,135,000
6	2월	1,002	21,288,000
7	3월	1,043	29,196,000
8	⊟2사분기	3,001	88,039,000
9	4월	1,162	39,610,000
10	5월	1,024	29,071,000
11	6월	815	19,358,000
12	⊟3사분기	3,551	89,048,000
13	7월	1,209	28,925,000
14	8월	1,023	29,033,000
15	9월	1,319	31,090,000
16	⊟4사분기	4,126	114,110,000
17	10월	1,684	47,759,000
18	11월	1,281	31,897,000
19	12월	1,161	34,454,000
20	총합계	14,096	376,816,000
21			

08 전체 필드를 축소하면 그림과 같이 분기의 하위 데이터에 해당되는 월 데이터가 모두 숨겨집니다. 반대로 [필드 확장](필드 확장)은 선택한 데이터의 하위 데이터를 모두 표시하는 역할을 합니다.

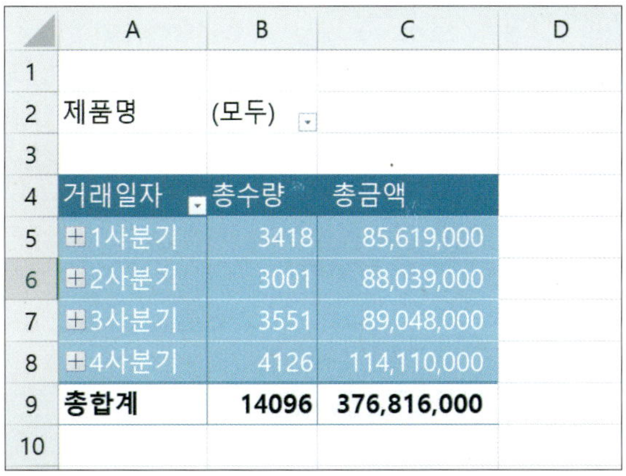

	A	B	C
1			
2	제품명	(모두)	
3			
4	거래일자	총수량	총금액
5	⊞1사분기	3418	85,619,000
6	⊞2사분기	3001	88,039,000
7	⊞3사분기	3551	89,048,000
8	⊞4사분기	4126	114,110,000
9	총합계	14096	376,816,000
10			

09 필드가 축소되어 있는 상태에서 특정 데이터의 [+] 단추를 클릭하면 단추 모양이 [–] 모양으로 바뀌면서 필드가 확장됩니다.

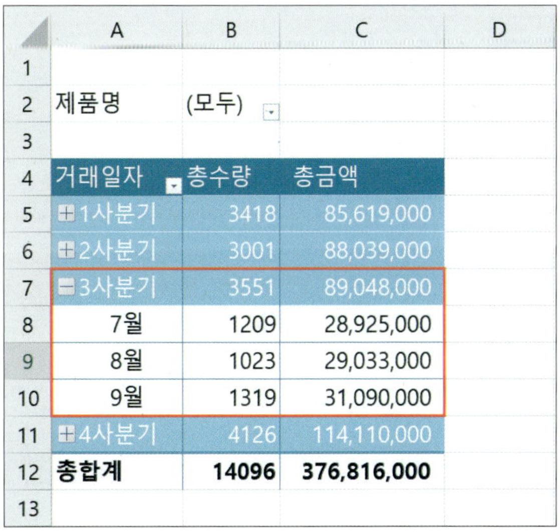

	A	B	C
1			
2	제품명	(모두)	
3			
4	거래일자	총수량	총금액
5	⊞1사분기	3418	85,619,000
6	⊞2사분기	3001	88,039,000
7	⊟3사분기	3551	89,048,000
8	7월	1209	28,925,000
9	8월	1023	29,033,000
10	9월	1319	31,090,000
11	⊞4사분기	4126	114,110,000
12	총합계	14096	376,816,000
13			

따라하기 02 슬라이서 사용하기

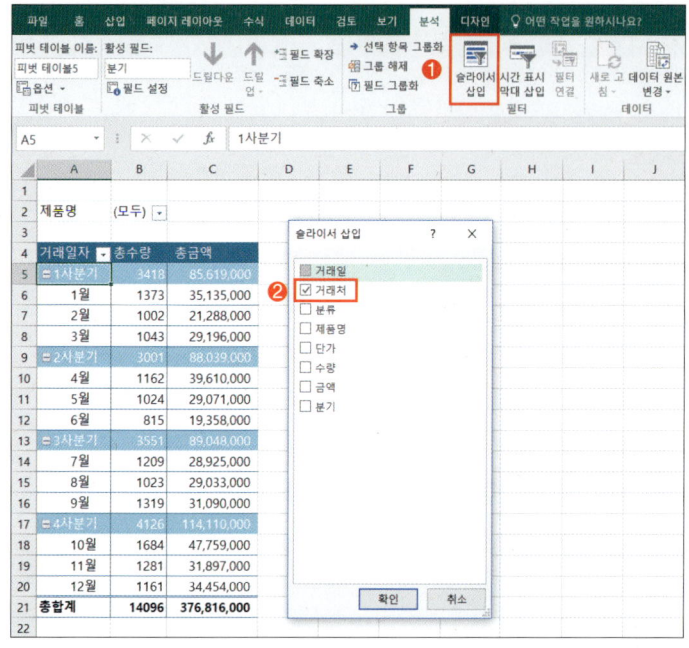

01 피벗 테이블 보고서에 있는 임의의 셀에서 [분석] 탭 → [필터] 그룹 → [슬라이서 삽입]을 클릭합니다. [슬라이서 삽입] 대화상자가 실행되면 [거래처] 필드를 선택하고 [확인] 단추를 클릭합니다.

> 참고: 두 개 이상의 필드를 선택하면 한 번에 여러 개의 슬라이서가 삽입됩니다.

02 워크시트에 거래처 필드의 슬라이서가 삽입되면 [슬라이서 도구]의 [옵션] 탭 → [슬라이서 스타일] 그룹에서 슬라이서에 적용할 스타일을 선택합니다.

> TIP: 슬라이서 테두리를 드래그하여 슬라이서를 원하는 곳으로 이동할 수 있으며, 상하 좌우와 모서리에 있는 크기 조절 핸들로 슬라이서의 크기를 조정할 수 있습니다.

03 슬라이서는 피벗 테이블의 데이터를 필터링하기 위해 사용합니다. 그림과 같이 슬라이서에서 특정 데이터 항목을 클릭하면 피벗 테이블 보고서가 선택한 데이터를 기준으로 변경됩니다.

> TIP: 슬라이서 오른쪽 상단에 있는 [필터 지우기]( ) 단추를 클릭하면 필터가 해제되어 슬라이서의 모든 데이터 항목이 선택됩니다.

04 슬라이서에서 두 개 이상의 데이터 항목을 선택하려면 Ctrl 키를 누른 상태에서 원하는 데이터 항목을 차례로 클릭하면 됩니다. 선택되어 있는 데이터 항목의 선택을 해제할 때도 Ctrl 키를 누른 상태에서 데이터 항목을 클릭합니다.

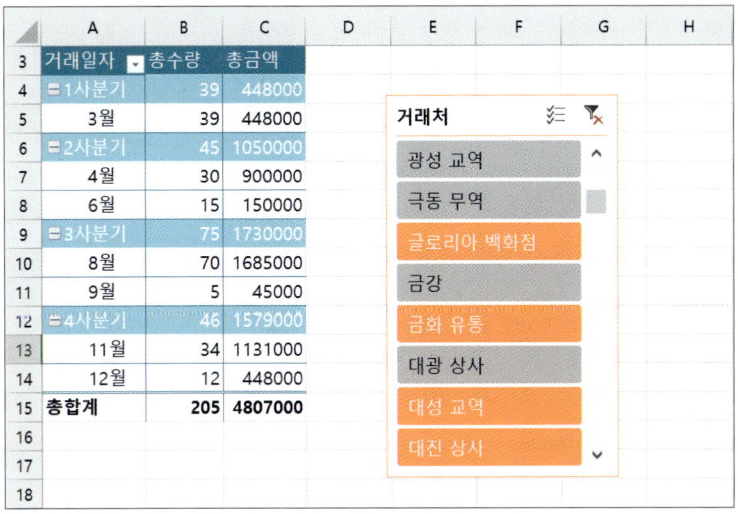

05 앞에서와 같은 방법으로 이번에는 '분류' 필드에 대한 슬라이서를 삽입하고 스타일을 지정합니다. 처음 슬라이서를 삽입하면 슬라이서의 모든 데이터 항목이 선택된 상태로 나타납니다.

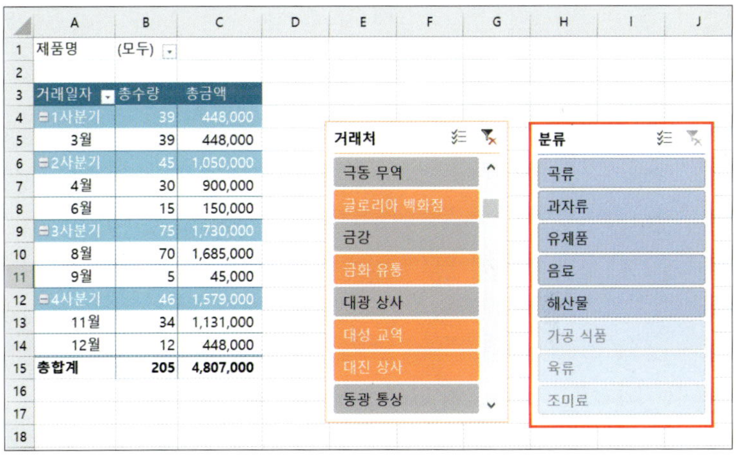

06 거래처 슬라이서와 분류 슬라이서를 이용하여 여러 방향으로 피벗 테이블을 필터링할 수 있습니다.

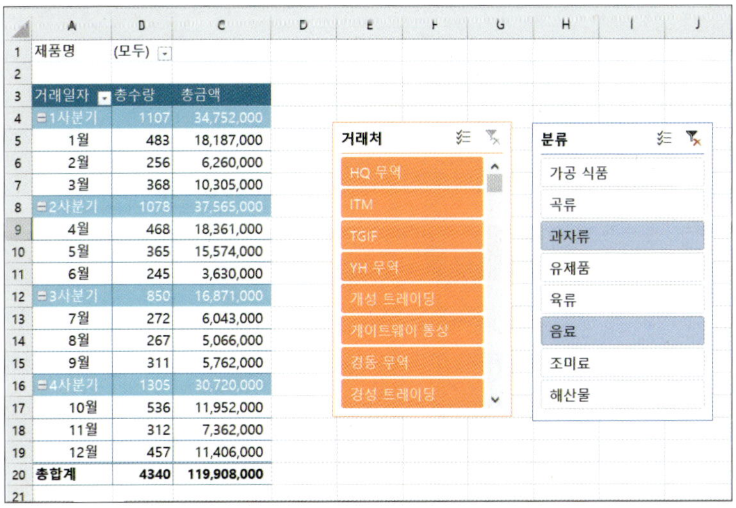

> **TIP**
> 슬라이서가 선택된 상태에서 Delete 키를 눌러 불필요한 슬라이서를 삭제합니다.

기초문제

1

'Section18-1.xlsx' 파일의 '판매일지' 워크시트에 있는 데이터를 사용하여 다음 지시대로 작업하세요.

① 피벗 테이블을 새 워크시트에 작성하고 시트 이름을 '판매분석'으로 설정
② 판매일자(행 레이블), 차종(열 레이블), 판매대수(값) 필드로 피벗 테이블 작성
③ 판매일자를 월과 분기로 그룹화하고 분기별 부분합 표시
④ 기타 서식은 그림을 참고하여 설정할 것

2

'Section18-1.xlsx' 파일의 '판매분석' 워크시트에서 다음 지시대로 작업하세요.

① 영업점 필드로 슬라이서 삽입
② 슬라이서를 이용하여 신촌점과 홍대점의 데이터 검색

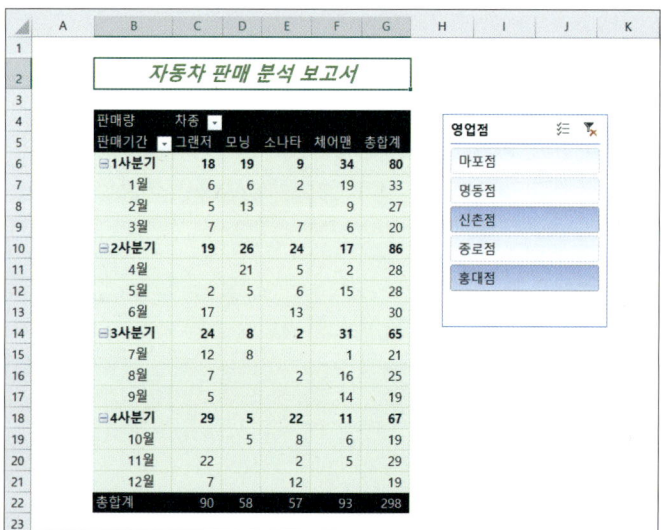

심화문제

1) 'Section18-2.xlsx' 파일의 '사원채용' 워크시트에서 다음 지시대로 작업하세요.

① 피벗 테이블을 새 워크시트에 작성하고 시트 이름을 '성적분석'으로 설정
② 총점수(행 레이블), 성별과 합격여부(열 레이블), 성명(값) 필드로 피벗 테이블 작성
③ 점수를 10 단위의 그룹으로 설정
④ 기타 서식은 그림을 참고하여 설정할 것

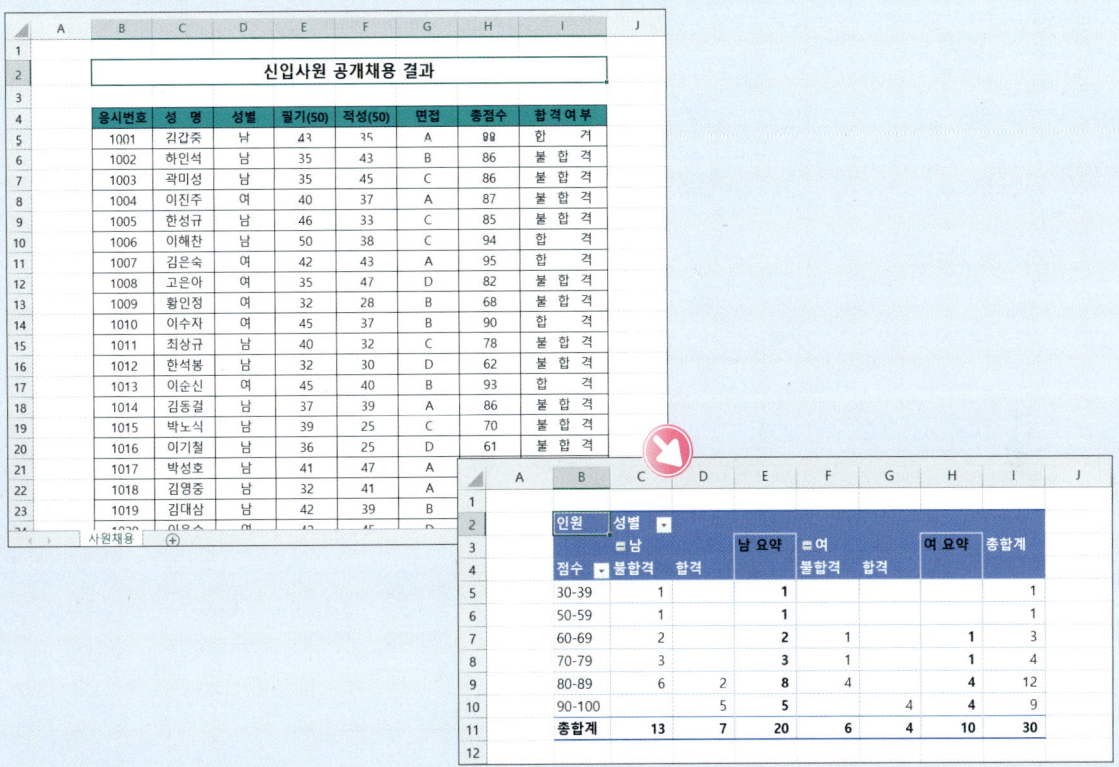

2) 'Section18-2.xlsx' 파일의 '사원채용' 워크시트에서 다음 지시대로 작업하세요.

① 피벗 테이블을 새 워크시트에 작성하고 시트 이름을 '성적조회'로 설정
② 성명(행 레이블), 필기, 적성, 총점수(값) 필드로 피벗 테이블 작성
③ 총합계는 표시하지 않도록 설정
④ 성별과 합격여부 필드로 슬라이서를 삽입하고 '남' 중에서 '불합격'인 데이터만 필터링
⑤ 기타 서식은 그림을 참고하여 설정할 것

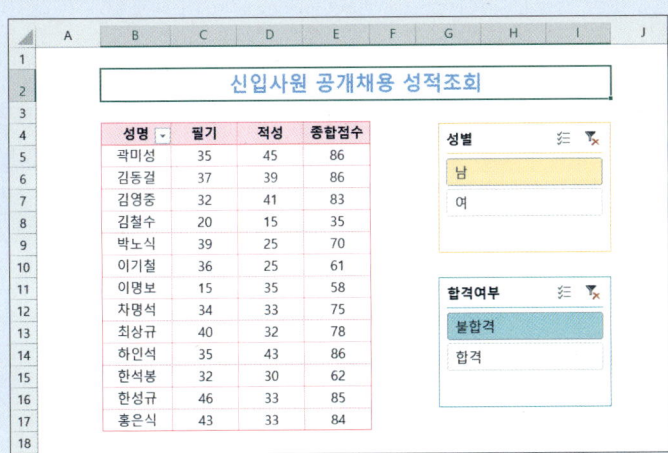

힌트

[디자인] 탭 → [레이아웃] 그룹 → [총합계]를 클릭하고 [행 및 열의 총합계 해제]를 선택하면 피벗 테이블의 총합계를 해제할 수 있습니다.

Section 19 시나리오와 목표값 찾기

시나리오와 목표값 찾기, 데이터 표는 가상의 값을 워크시트의 수식에 대입해 미리 계산 결과를 살펴볼 수 있도록 가상 분석을 수행합니다. 이러한 기능들은 데이터 변화에 따라 수식의 계산 결과가 어떻게 달라지는지 검토하여 제품 가격을 결정하거나 영업 계획 등을 수립할 때 도움을 줍니다.

Preview

〈학습내용〉

01. 시나리오 관리자
02. 목표값 찾기
03. 데이터 표 사용하기

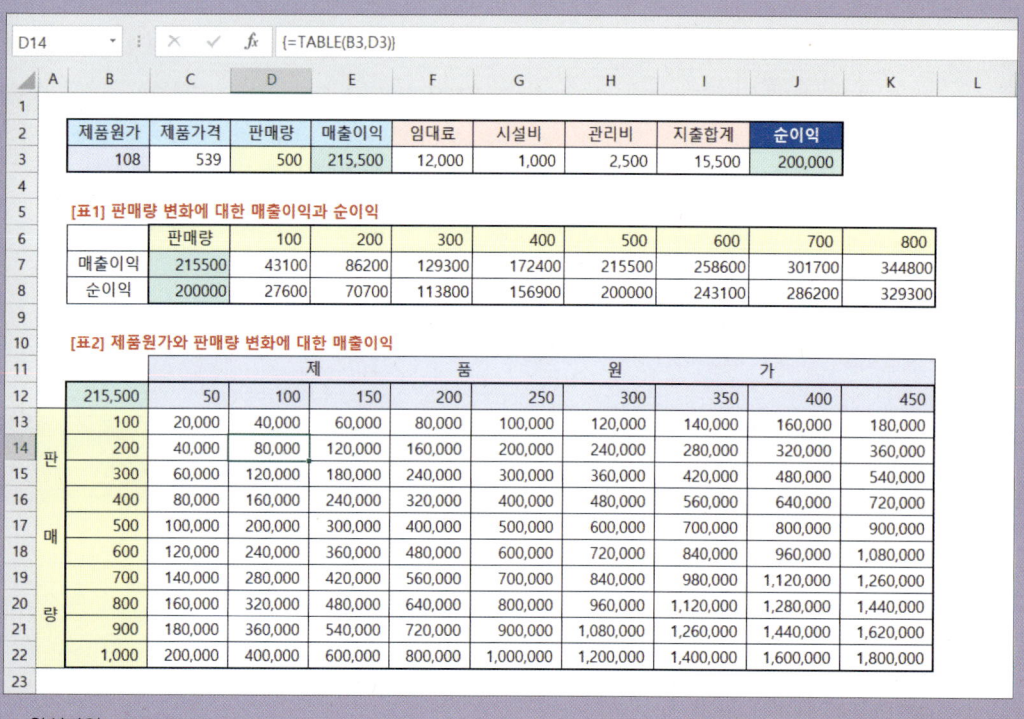

▲ 완성파일 : Section19.xlsx

핵심내용

- 시나리오는 워크시트에 가상의 값 집합을 저장해 두고 필요할 때 원하는 시나리오를 워크시트에 표시합니다.
- 목표값 찾기는 수식의 결과가 원하는 값에 도달하도록 특정 셀의 값을 변경합니다.
- 데이터 표는 수식이 참조하는 셀 값을 다양하게 변화시켜 셀 값에 따라 달라진 수식 결과를 표로 만듭니다.

따라하기 01 시나리오 관리자

▶ 준비파일 : Section19.xlsx

01 [데이터] 탭 → [예측] 그룹 → [가상 분석]을 클릭하고 [시나리오 관리자]를 선택합니다.

> 참고: 현재 제품원가 60원, 판매량 500개에 대한 데이터가 만들어져 있는 상태에서 각각 100원, 500개일 때와 200원, 300개일 때 매출이익 및 순이익 변화량을 보고자 합니다.

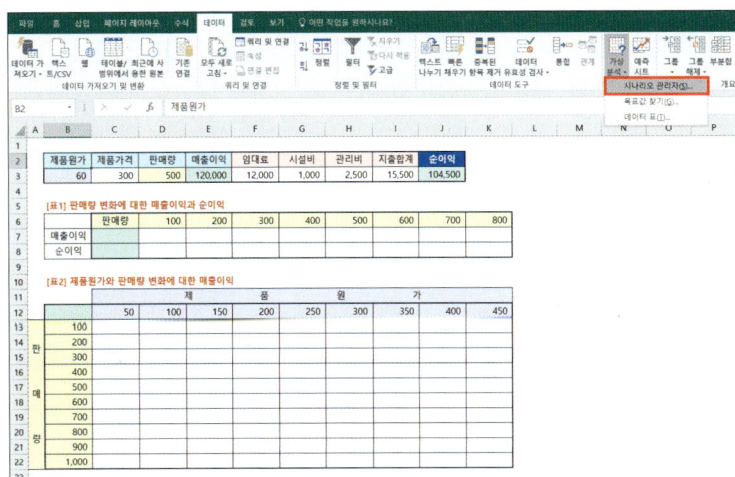

02 [시나리오 관리자] 대화상자가 실행되면 새 시나리오를 작성하기 위해 [추가] 단추를 클릭합니다.

03 [시나리오 추가] 대화상자가 실행되면 시나리오 이름에 'Case_1'을 입력합니다. 변경 셀에서 Ctrl 키를 이용하여 [B3] 셀과 [D3] 셀을 지정한 다음 [확인] 단추를 클릭합니다.

> 참고: 설명에 작성하려는 시나리오에 대한 간단한 설명을 입력할 수 있습니다.

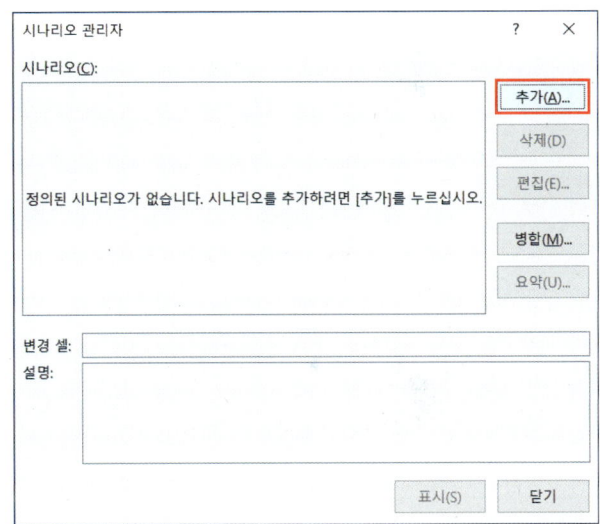

엑셀2016

04 [시나리오 값] 대화상자가 실행되면 첫 번째 시나리오는 현재 워크시트에 있는 값을 그대로 사용한다는 의미로 값을 변경하지 말고 바로 [추가] 단추를 클릭합니다.

> **TIP** 새 시나리오를 추가하지 않고 작업을 끝내려면 [확인] 단추를 클릭합니다.

05 [시나리오 추가] 대화상자가 다시 실행되면 이번에는 시나리오 이름을 'Case_2'로 입력하고 [확인] 단추를 클릭합니다. 변경 셀은 이전 시나리오와 똑같은 셀을 사용할 것이므로 다시 지정하지 않아도 됩니다.

06 [시나리오 값] 대화상자가 실행되면 제품원가에 '100'을 입력하고, 판매량에 '500'을 입력합니다. 그런 다음 새 시나리오를 계속 작성하기 위해 [추가] 단추를 클릭합니다.

> **TIP** [B3] 셀에 '제품원가', [D3] 셀에 '판매량'으로 이름이 정의되어 있습니다.

Section 19 시나리오와 목표값 찾기

07 [시나리오 추가] 대화상자에서 'Case_3'으로 시나리오 이름을 입력하고, 변경 셀은 그대로 유지한 채 [확인] 단추를 클릭합니다.

08 [시나리오 값] 대화상자에서 제품원가에 '200'을 입력하고, 판매량에 '300'을 입력한 다음 [확인] 단추를 클릭합니다.

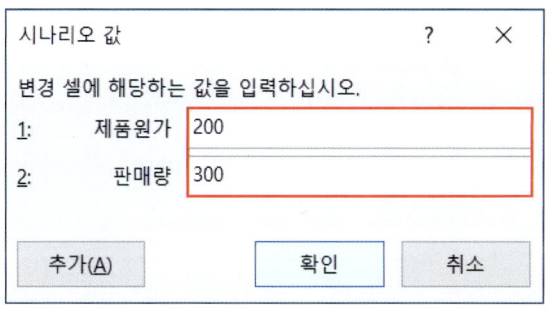

09 [시나리오 관리자] 대화상자로 돌아오면 앞에서 작성한 세 개의 시나리오가 목록에 표시됩니다. 시나리오 목록에서 'Case_2' 시나리오를 선택한 다음 [표시] 단추를 클릭하면 'Case_2' 시나리오에 지정한 제품원가(B3)와 판매량(D3)이 워크시트에 표시됩니다.

> **참고** 워크시트에 시나리오에 저장해 놓은 값이 표시되면 그 셀을 참조하는 수식의 결과가 모두 달라집니다.

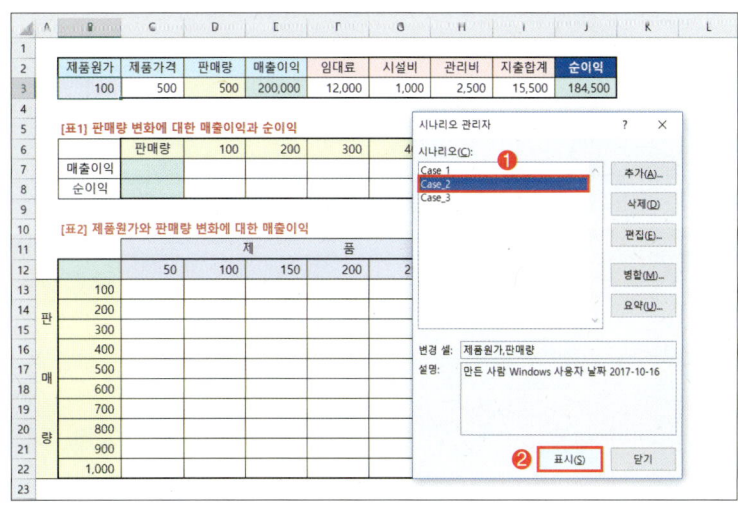

EXCEL 2016 **193**

엑셀 2016

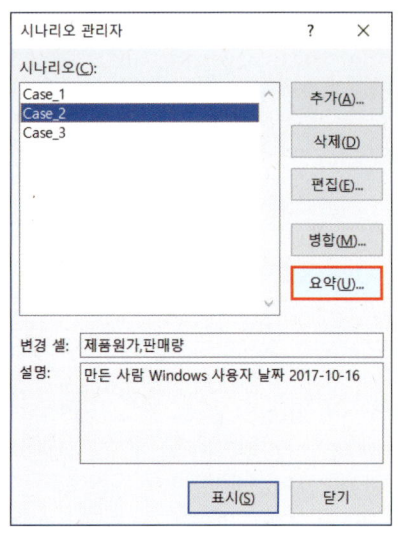

10 작성해 놓은 세 개의 시나리오에 저장되어 있는 값과 그 값을 참조하는 수식 셀의 결과를 한 눈에 확인할 수 있는 표를 만들기 위해 [시나리오 관리자] 대화상자에서 [요약] 단추를 클릭합니다.

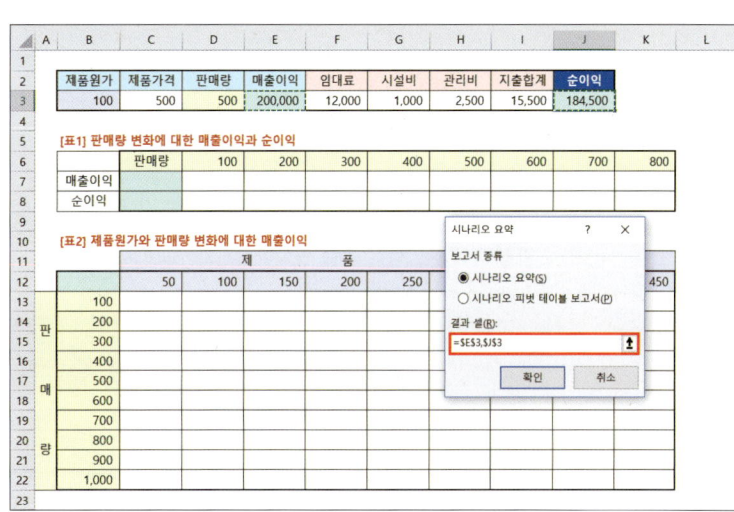

11 [시나리오 요약] 대화상자가 실행되면 [시나리오 요약] 옵션이 선택되어 있는 상태에서 결과 셀을 [E3] 셀과 [J3] 셀로 지정하고 [확인] 단추를 클릭합니다. 떨어져 있는 여러 개의 셀을 지정하기 위해 Ctrl 키를 이용합니다.

참고 [E3] 셀에는 '매출이익'으로, [J3] 셀에는 '순이익'으로 미리 이름을 정의해 두었습니다.

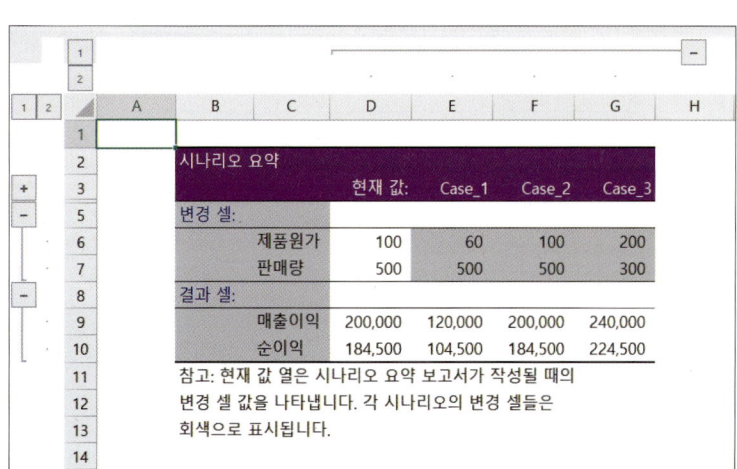

12 그림과 같이 현재 워크시트 앞에 '시나리오 요약' 워크시트가 삽입되고 시나리오 요약 보고서가 만들어집니다. 이 보고서를 통해 시나리오 이름과 변경 셀의 값, 결과 셀에 있는 수식의 결과를 모두 확인할 수 있습니다.

따라하기 02 목표값 찾기

01 순이익이 '200000'원이 되기 위해서는 제품원가가 얼마여야 하는지를 알아보려고 합니다. 순이익이 있는 [J3] 셀에서 [데이터] 탭 → [예측] 그룹 → [가상 분석]을 클릭하고 [목표값 찾기]를 선택합니다.

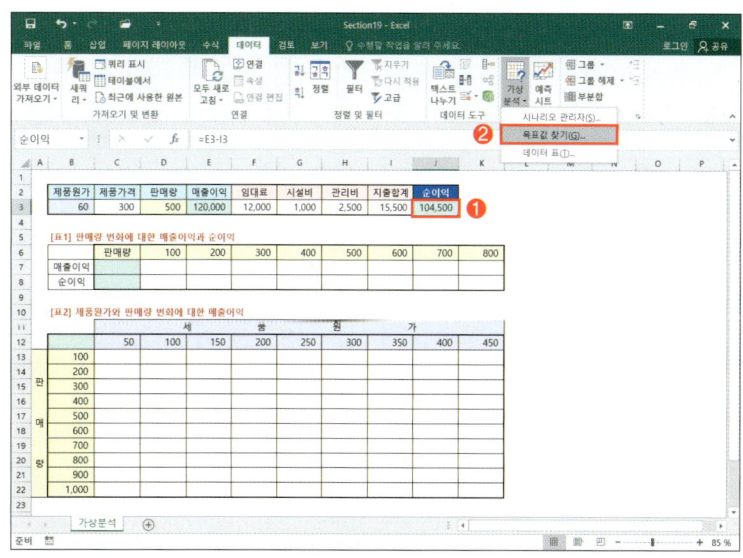

02 [목표값 찾기] 대화상자가 실행되고 수식 셀에 자동으로 [J3] 셀이 설정됩니다. 찾는 값에 '200000'을 입력하고, 값을 바꿀 셀을 [B3] 셀로 지정한 다음 [확인] 단추를 클릭합니다.

> **TIP**
> 수식(J3)의 결과를 원하는 값(200000)으로 얻기 위해서 수식이 직접 또는 간접으로 참조하고 있는 셀(B3)의 값을 바꿔야 합니다.

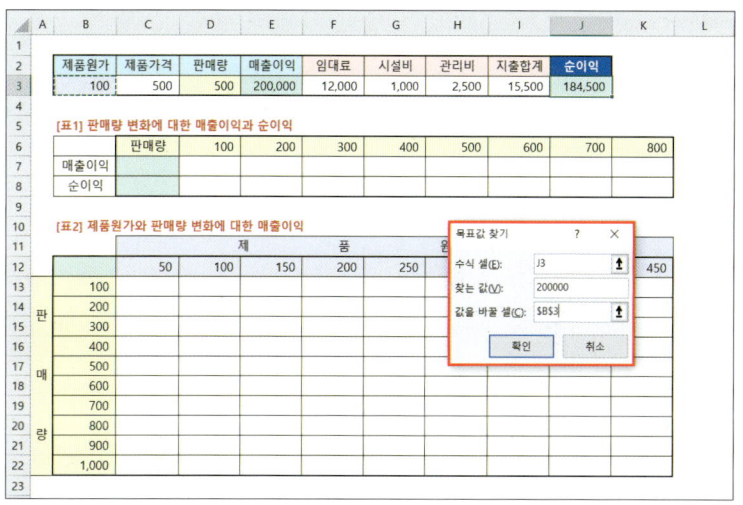

03 [목표값 찾기 상태] 대화상자가 나오면 찾은 값을 워크시트에 적용하기 위해 [확인] 단추를 클릭합니다. [취소] 단추를 클릭하면 이전 값을 그대로 유지합니다.

> **참고** 순이익 200,000원에 도달하기 위해 필요한 데이터로 변경되었습니다.

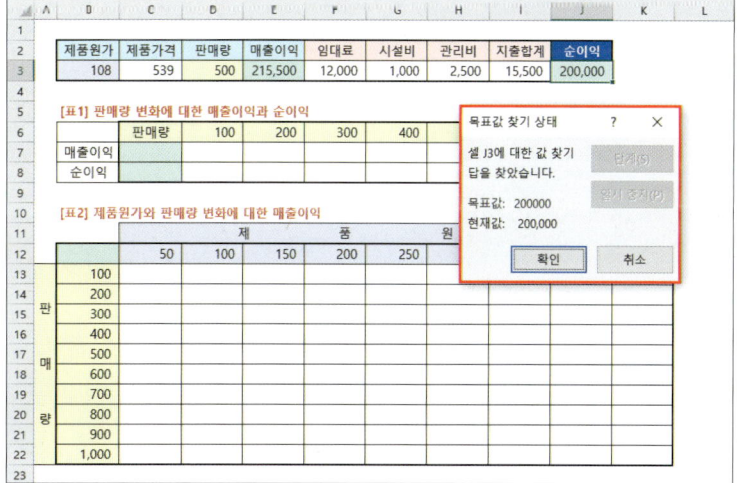

EXCEL 2016 **195**

따라하기 03 데이터 표 사용하기

01 [D6:K6]에 입력한 판매량의 변화 값을 이용하여 매출이익과 순이익을 계산하는 데이터 표를 작성하려고 합니다. [C7] 셀에 '=매출이익'을 입력하여 [E3] 셀의 수식과 같은 값이 나오도록 하고, [C8] 셀에는 '=순이익'을 입력하여 [J3] 셀의 수식과 같은 값이 나오도록 합니다.

02 데이터 표가 될 범위 [C6:K8]을 블록으로 지정한 다음 [데이터] 탭 → [예측] 그룹 → [가상 분석]을 클릭하고 [데이터 표]를 선택합니다.

> **TIP**
> 데이터 표 범위의 왼쪽 열이나 위쪽 행에 데이터 변화 값을 입력합니다. 여기서는 위쪽 행에만 데이터 변화 값을 입력하였습니다.

Power Upgrade — 단일 변수 데이터 표의 구성

변수가 하나인 데이터 표에서는 표 범위의 왼쪽 열이나 첫째 행 중 한쪽에 변수에 대입할 데이터의 변화 값을 입력합니다. 그리고 수식은 데이터가 왼쪽 열에 입력되어 있으면 첫째 행에, 데이터가 첫째 행에 입력되어 있으면 왼쪽 열에 입력해야 합니다.

	수식	수식	수식
데이터			
데이터			
데이터			
데이터			

	데이터	데이터	데이터
수식			
수식			
수식			
수식			

03 [데이터 표] 대화상자가 실행되면 행 입력 셀을 [D3] 셀로 지정하고, 열 입력 셀은 비워둔 채 [확인] 단추를 클릭합니다.

> **TIP**
> 행 입력 셀은 표 범위의 첫째 행에 판매량(D3)의 변화 값이 입력되어 있다는 뜻입니다. 만약 표 범위의 왼쪽 열에 데이터 변화 값이 입력되어 있다면 열 입력 셀로 지정해야 합니다.

04 [D7:K8] 영역에 데이터 표 기능으로 매출이익과 순이익이 자동 계산되었습니다. 이 표를 통해 판매량에 따라 매출이익과 순이익이 어떻게 달라지는지 쉽게 확인할 수 있게 됩니다.

05 이번에는 판매량과 제품원가에 따라 매출이익이 어떻게 달라지는지 알아보려 합니다. [B12] 셀에 '=매출이익'을 입력해서 [E3] 셀의 수식과 같은 결과가 나타나게 합니다.

> **TIP**
> 두 개의 변수(판매량과 제품원가)를 사용하는 데이터 표에서 수식은 표 범위의 첫 번째 셀에 입력합니다.

엑셀2016

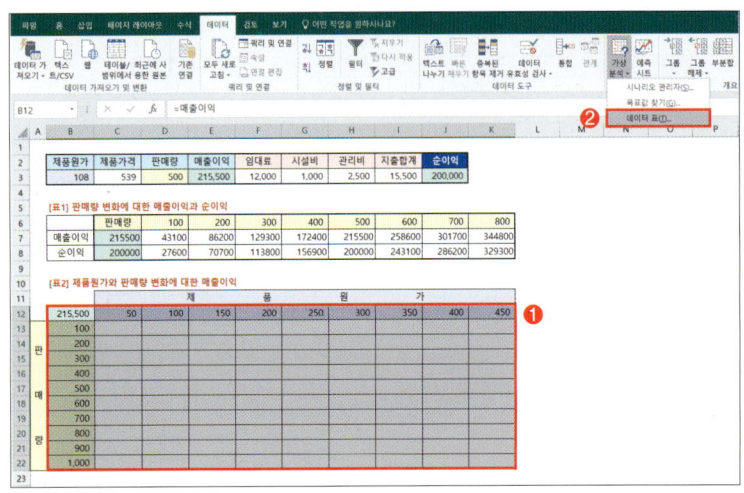

06 데이터 표 범위 [B12:K22]를 블록으로 지정한 다음 [가상 분석]을 클릭하고 [데이터 표]를 선택합니다.

> **TIP**
> 변수 판매량은 표 범위의 왼쪽 열에 입력되어 있고, 제품원가는 표 범위의 첫째 행에 입력되어 있습니다.

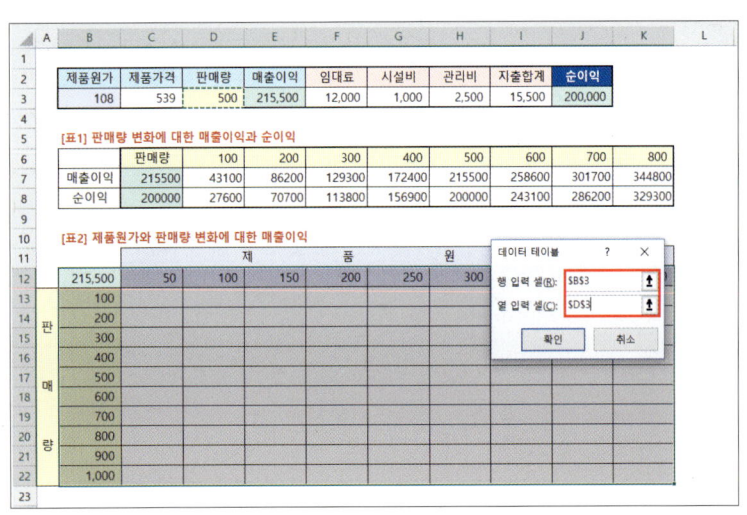

07 [데이터 표] 대화상자가 실행되면 행 입력 셀을 [B3] 셀로 지정하고, 열 입력 셀을 [D3] 셀로 지정한 다음 [확인] 단추를 클릭합니다.

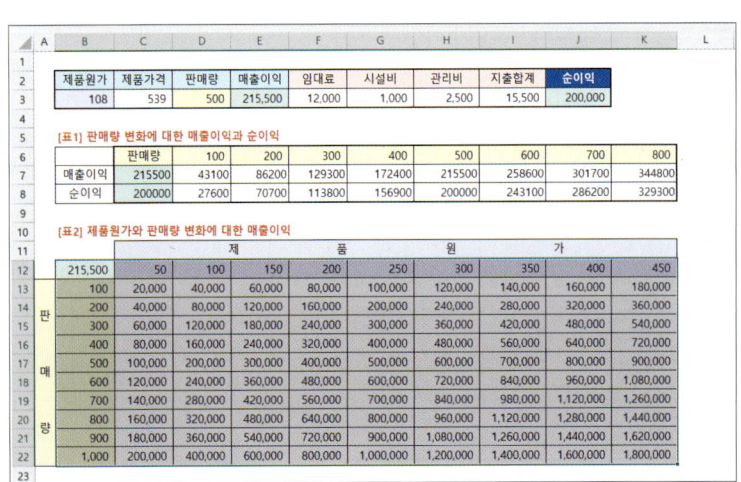

08 그림과 같이 자동 계산된 결과가 나타납니다. 왼쪽 열과 첫째 행에 데이터 변화 값을 입력하고, 범위의 시작 셀에 수식을 입력하는 이러한 형태의 표를 이중 변수 데이터 표라고 합니다.

> **참고** 계산 결과가 '####' 형태로 표시될 경우 열 너비를 늘려주면 정상으로 표시됩니다.

198 EXCEL 2016

Section 19 시나리오와 목표값 찾기

09 [C13:K22] 영역에 있는 임의의 셀을 클릭해 보면 수식 입력줄에서 '{=TABLE(B3,D3)}' 형태의 수식이 입력되어 있는 것을 알 수 있습니다. 이 수식은 [B3] 셀과 [D3] 셀을 행 입력 셀과 열 입력 셀로 각각 사용하여 계산했다는 의미입니다.

> **참고** 같은 표 범위에 있는 모든 셀에 동일한 수식이 입력되어 있습니다.

10 [C13:K22] 영역에 있는 임의의 셀에 Delete 키를 눌러 내용을 지우려고 시도하면 그림과 같이 데이터 표의 일부를 변경할 수 없다는 경고 메시지가 나타납니다. 데이터 표를 삭제하려면 데이터 표 기능을 통해 수식이 입력된 [C13:K22]를 블록으로 지정하고 Delete 키를 눌러야 합니다.

Power Upgrade — 이중 변수 데이터 표의 구성

이중 변수 데이터 표는 두 개의 변수를 사용하여 계산합니다. 데이터 표 범위의 왼쪽 열과 첫째 행에 두 개의 변수에 각각 대입할 데이터 변화 값을 입력하고 표의 시작 셀에 하나의 수식만 입력합니다. 왼쪽 열에 입력한 값이 열 입력 셀에 대입되고, 첫째 행에 입력한 값이 행 입력 셀에 대입됩니다.

수식	데이터	데이터	데이터	데이터
데이터				
데이터				
데이터				
데이터				

기초문제

1

'Section19-1.xlsx' 파일의 '예상수익' 워크시트에서 평균 예상수익액(F16)이 '1,000,000'원이 되려면 평균 수익률(E16)이 얼마가 되어야 하는지 목표값 찾기 기능을 통해 계산하고 워크시트에 적용하세요.

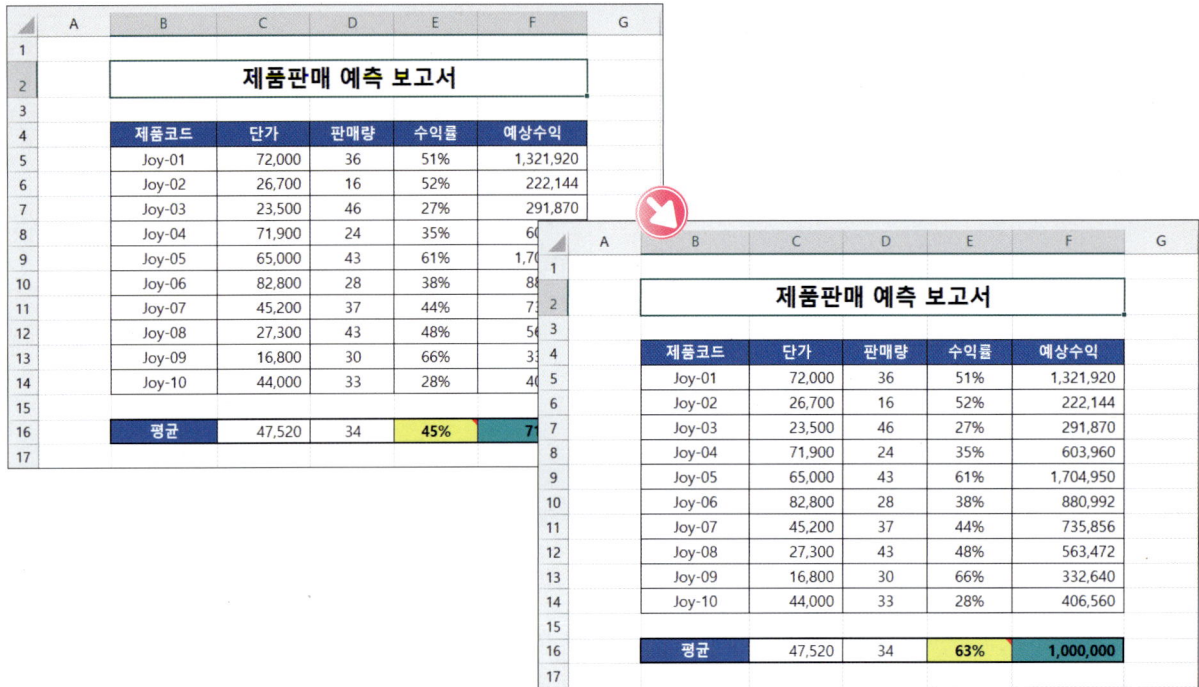

2

'Section19-1.xlsx' 파일의 '측정표' 워크시트에서 목표량(G6:G18) 변화에 따른 제1월, 제2월, 제3월 측정량을 [H6:J18] 영역에 데이터 표 기능을 이용하여 계산하세요.

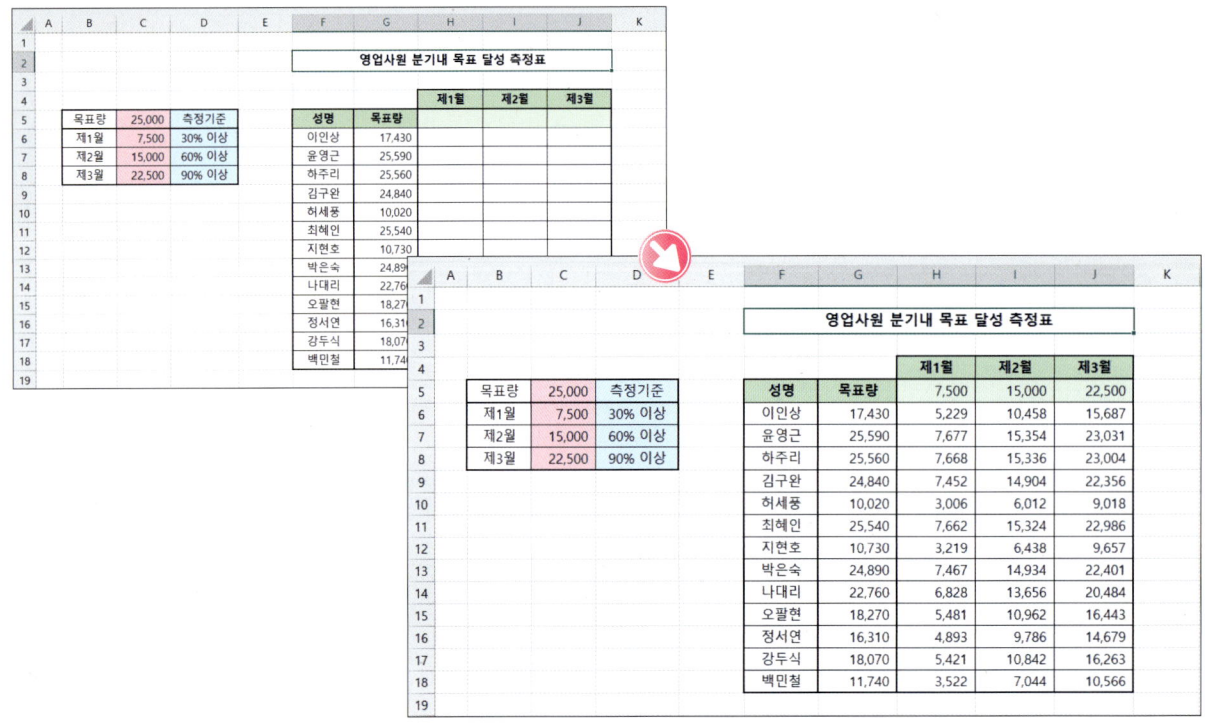

심화문제

1) 'Section19-2.xlsx' 파일의 '할인금액' 워크시트에서 다음 사항을 참고하여 단가와 할인율 변동에 대한 할인금액을 데이터 표 기능으로 계산하세요.

① 단가 : [C9:C18] 영역에 제품의 단가가 입력되어 있음
② 할인율 : [D8:J8] 영역에 5%~35%까지 할인율이 5% 단위로 입력되어 있음
③ 할인금액 : [D9:J18] 영역에 계산

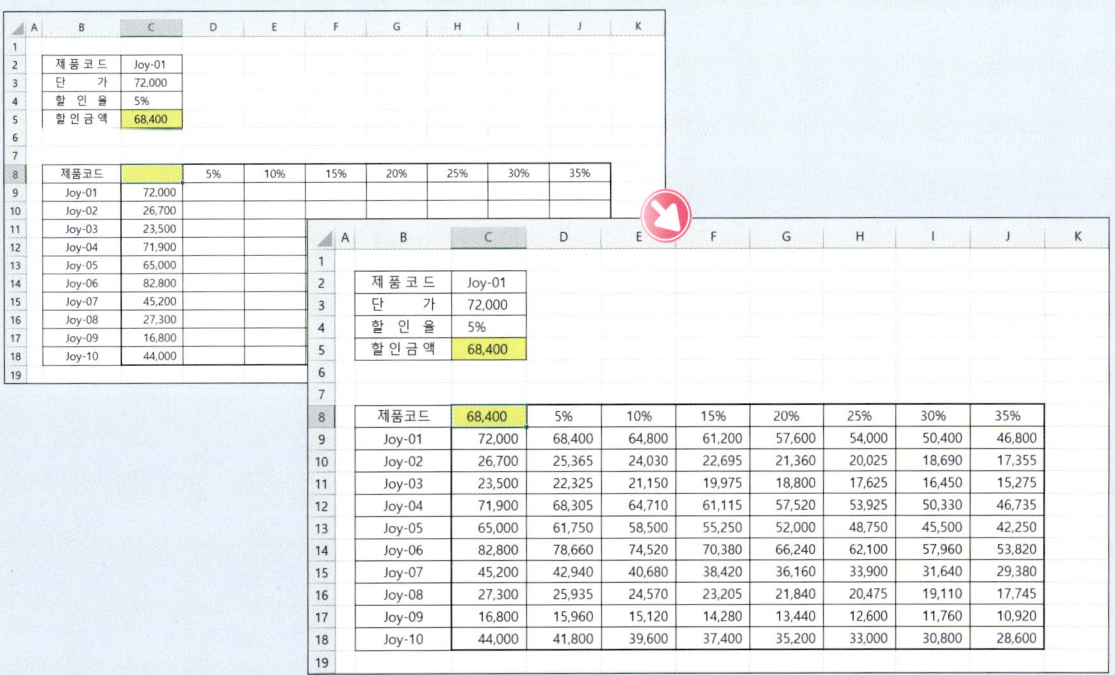

2) 'Section19-2.xlsx' 파일의 '예상수익' 워크시트에서 다음 지시대로 시나리오를 작성하고 예상수익(F16)을 알아보는 시나리오 요약 보고서를 작성하세요.

	시나리오 이름	평균단가(C16)	평균판매량(D16)	평균수익률(E16)
	예상수익(1)	47,520	75,000	24,800
	예상수익(2)	34	30	80
	예상수익(3)	45%	38%	56%

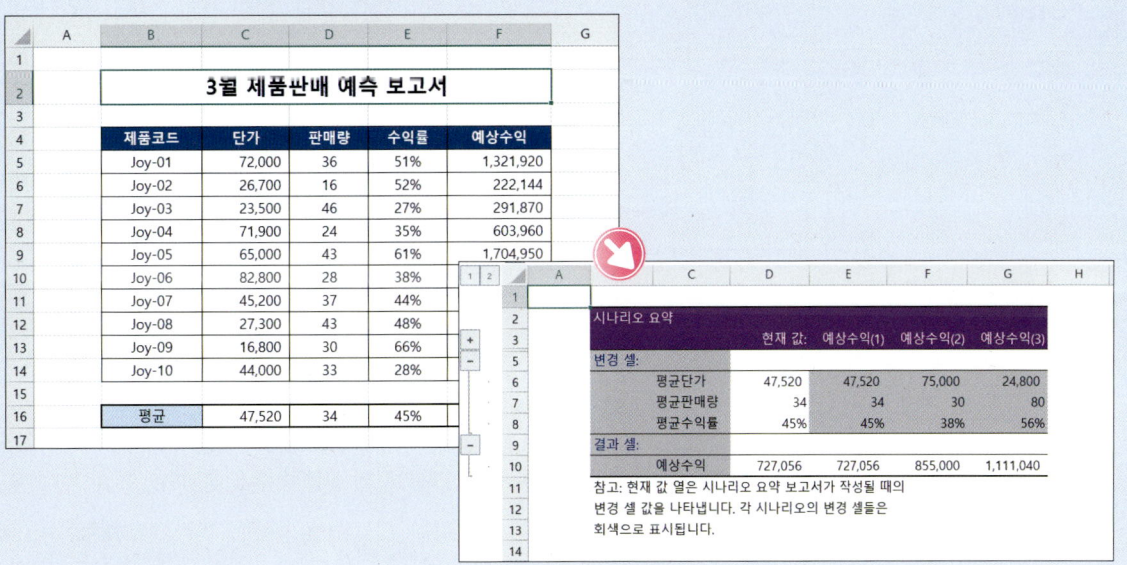

Section 20 매크로 사용하기

엑셀에서 반복적으로 자주 사용하는 작업 내용을 '매크로'에 순서대로 기록해 두면 그 작업이 필요할 때마다 번거로운 작업 과정을 되풀이하지 않아도 '매크로'만 실행시켜 자동으로 작업이 이뤄지게 할 수 있습니다. 매크로는 엑셀 작업을 자동화하기 위한 고급 기능입니다. 매크로를 능숙하게 다루기 위해서는 매크로를 만들 때 사용하는 프로그래밍 언어인 VBA(Visual Basic for Applications)를 학습해야 합니다. 하지만 매크로 기록 기능을 사용하면 VBA 언어를 전혀 모르더라도 매크로 작성에 도전할 수 있습니다.

Preview

〈학습내용〉
01. 매크로 사용 통합문서 열기
02. 매크로 기록하기
03. 매크로 실행하기

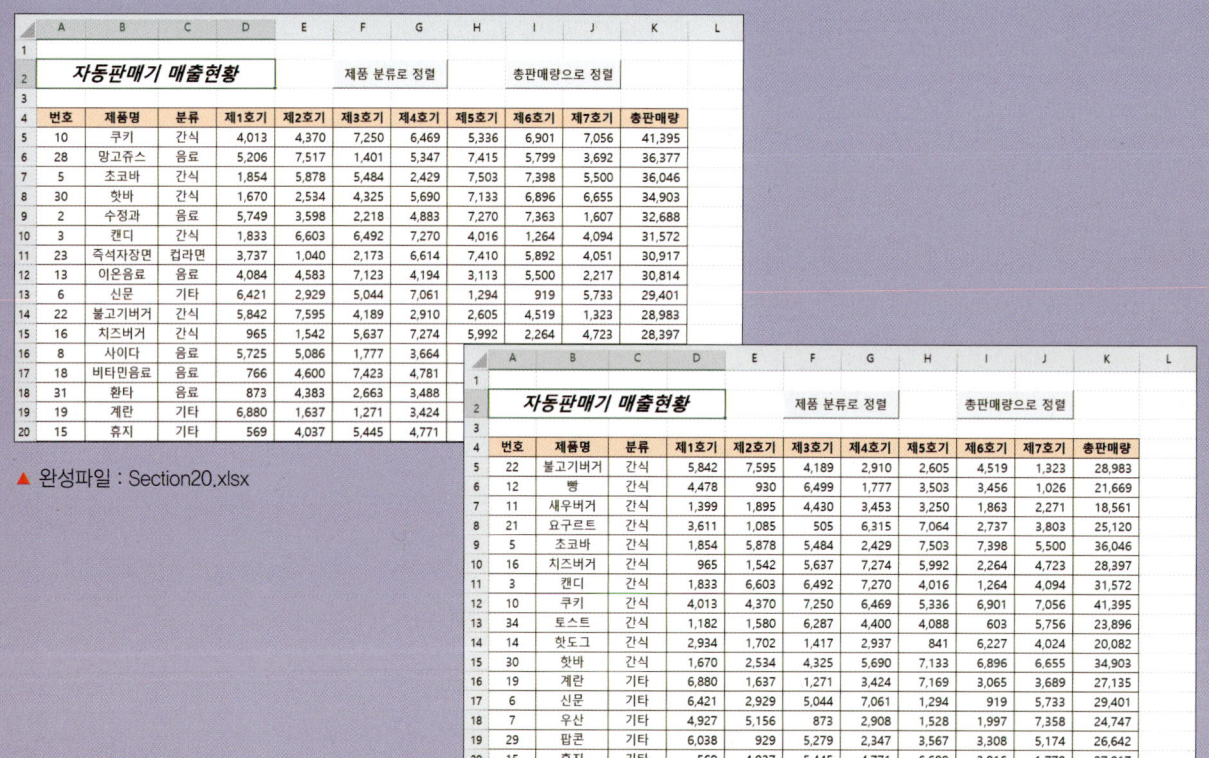

▲ 완성파일 : Section20.xlsx

핵심내용
- 매크로 사용 통합문서(.xlsm)를 열 때는 매크로를 사용할 수 있도록 [콘텐츠 사용] 단추를 클릭해야 합니다.
- 리본 메뉴에 [개발 도구] 탭을 표시해 두고 매크로 관련 명령을 실행합니다.
- 매크로 이름과 바로 가기 키 등을 설정하고 자주 사용하는 작업을 순서대로 매크로에 기록합니다.
- 단추 컨트롤을 그리고 매크로를 지정하면 단추 컨트롤을 클릭하여 매크로를 실행할 수 있습니다.

따라하기 01 매크로 사용 통합문서 열기

▶ 준비파일 : Section20.xlsm

01 [파일] 탭에서 [열기] 메뉴를 선택하면 [열기] 대화상자가 실행됩니다. 여기서 'Section20.xlsm' 파일을 찾아 선택하고 [열기] 단추를 클릭합니다.

> **참고** 매크로가 포함되어 있는 통합문서의 파일 확장자는 '.xlsm'입니다. [열기] 대화상자에서 보면 파일 아이콘의 모양이 일반 통합문서 파일(.xlsx)의 아이콘과 다르다는 것을 알 수 있습니다.

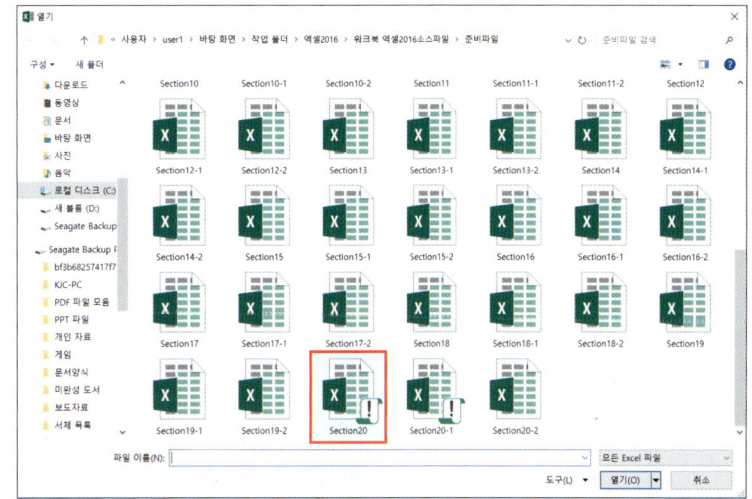

02 매크로 사용 통합 문서가 열리면 리본 메뉴 아래에 보안 경고 메시지가 표시됩니다. 통합문서에 들어 있는 매크로를 사용하기 위해서는 여기서 [콘텐츠 사용]을 클릭해야 합니다.

> **참고** 한 번 [콘텐츠 사용]을 클릭해 주면 같은 컴퓨터에서 이 통합문서를 열 때 보안 경고 메시지가 더 이상 나타나지 않습니다.

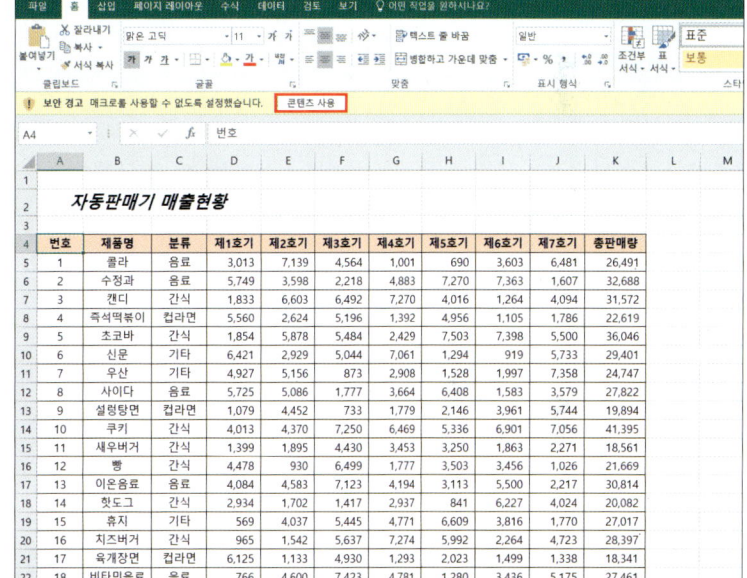

03 [파일] 탭에서 [옵션] 메뉴를 선택하여 [Excel 옵션] 대화상자를 엽니다. [리본 사용자 지정]에서 [개발 도구] 확인란을 클릭해서 리본 메뉴에 [개발 도구] 탭이 표시되도록 설정한 다음 [확인] 단추를 클릭합니다.

> **TIP** [개발 도구] 탭은 매크로 사용과 관련된 여러 명령을 포함하고 있습니다.

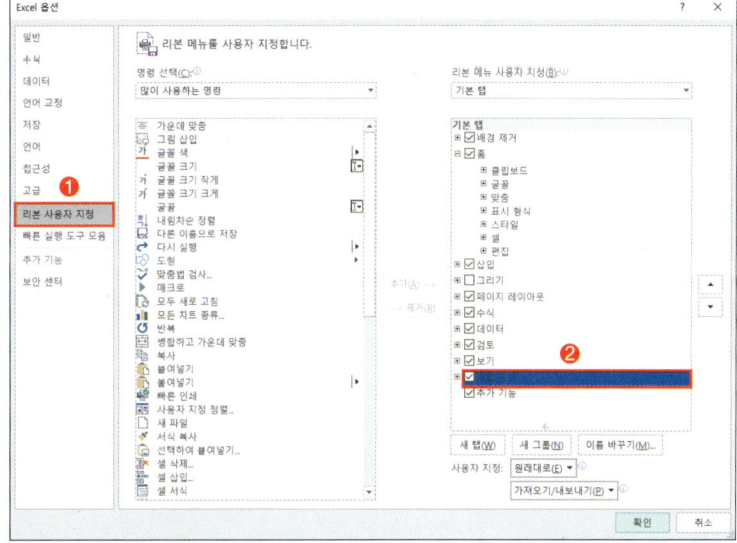

엑셀2016

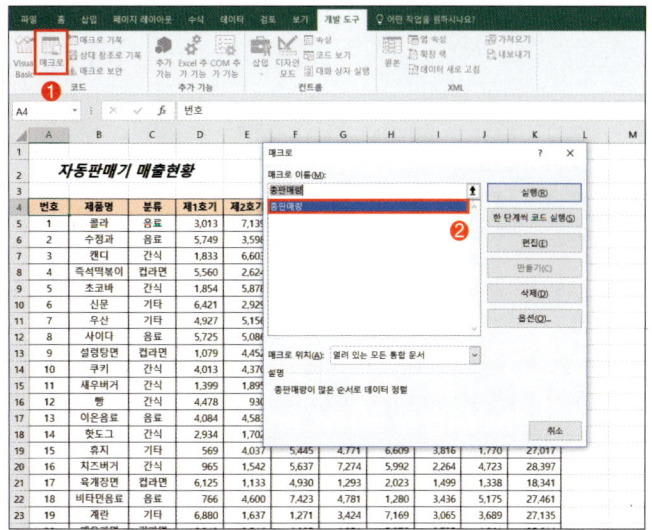

04 리본 메뉴에 [개발 도구] 탭이 표시되면 [코드] 그룹에서 [매크로]를 클릭합니다. [매크로] 대화상자가 나타나면 [총판매량] 매크로를 선택한 다음 [실행] 단추를 클릭합니다.

05 '총판매량' 매크로가 실행된 결과입니다. 이 매크로는 [A4] 셀부터 시작되는 데이터 목록을 '총판매량' 필드의 내림차순으로 정렬합니다.

매크로 사용 통합문서 저장하기

Power Upgrade

통합 문서에 매크로가 포함되어 있다면 'Excel 통합 문서(.xlsx)' 파일 형식으로 저장할 수 없습니다. 매크로를 포함해서 통합 문서를 저장하기 위해서는 [파일] 탭의 [다른 이름으로 저장] 메뉴를 선택한 다음 [다른 이름으로 저장] 대화상자에서 파일 형식을 'Excel 매크로 사용 통합 문서'로 변경해 줘야 합니다. 'Excel 매크로 사용 통합 문서' 파일 형식으로 통합 문서를 저장하면 확장자가 '.xlsm'으로 설정됩니다.

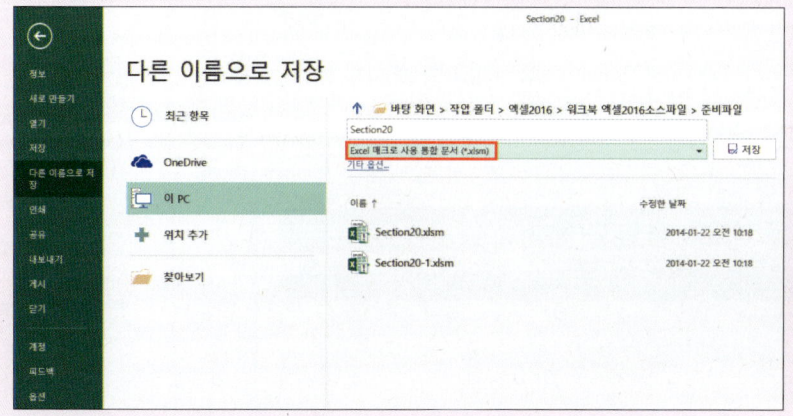

따라하기 02 매크로 기록하기

01 분류 필드의 데이터를 오름차순으로 정렬하고, 분류가 같을 때 제품명의 오름차순으로 다시 정렬하는 매크로를 작성하려고 합니다. [A2] 셀에서 [개발 도구] 탭 → [코드] 그룹 → [매크로 기록](매크로 기록)을 클릭합니다.

02 [매크로 기록] 대화상자가 실행되면 매크로 이름에 '분류와제품명'을 입력하고, 바로 가기 키에 소문자 'a'를 입력합니다. 설명 상자에 기록하려는 매크로에 대한 간단한 설명을 입력한 다음 [확인] 단추를 클릭합니다.

> **TIP**
> 매크로 이름과 매크로 저장 위치는 생략할 수 없지만 바로 가기 키와 설명은 생략할 수 있습니다.

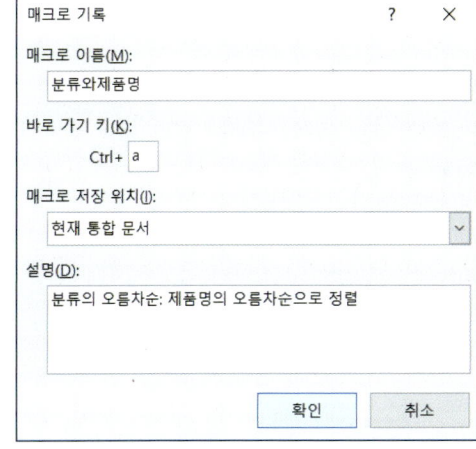

Power Upgrade — 매크로 기록 옵션

- **매크로 이름** : 매크로 이름은 항상 문자나 밑줄(_)로 시작해야 하며, 두 번째 글자부터는 문자, 밑줄(_), 숫자가 올 수 있습니다. 매크로 이름에는 공백을 포함시킬 수 없습니다.

- **바로 가기 키** : 영문자 한 글자로 지정합니다. 소문자로 입력하면 나중에 매크로를 실행할 때 Ctrl 키와 함께 문자키를 눌러 매크로를 실행합니다. 대문자로 입력하면 Ctrl + Shift 키를 누른 상태에서 문자키를 눌러 매크로를 실행해야 합니다.

- **매크로 저장 위치** : 지금 기록하려는 매크로를 저장할 위치로 현재 통합 문서, 새 통합 문서, 개인용 매크로 통합 문서 중에서 선택합니다. 기본 값은 현재 통합 문서입니다.

- **설명** : 어떤 동작을 실행하는 매크로인지 간단한 설명을 입력합니다.

엑셀2016

03 매크로 기록이 시작되면 [A4] 셀을 클릭하고 [데이터] 탭 → [정렬 및 필터] 그룹 → [정렬]을 클릭합니다.

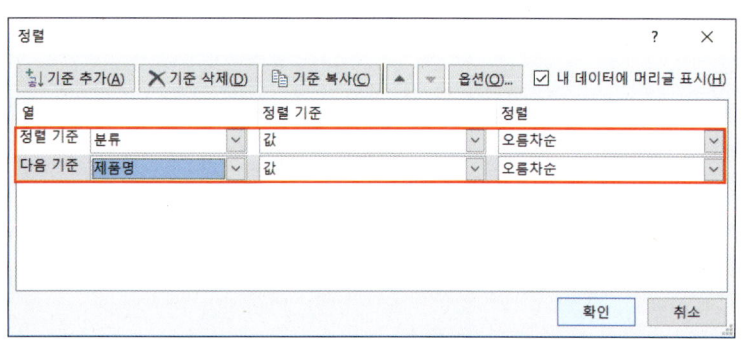

04 [정렬] 대화상자에서 첫 번째 정렬 기준을 분류, 값, 오름차순으로 지정한 다음 [기준 추가] 단추를 클릭합니다. 다음 기준을 제품명, 값, 오름차순으로 지정하고 [확인] 단추를 클릭합니다.

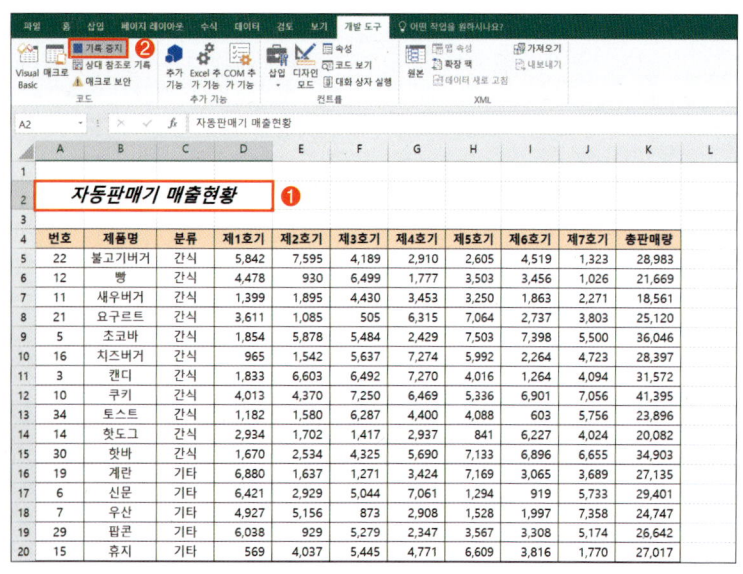

05 [A4] 셀부터 시작되는 데이터 목록이 분류와 제품명의 오름차순으로 정렬됩니다. 이제 [A2] 셀을 클릭해서 마지막 셀 포인터의 위치를 정해준 다음 [개발 도구] 탭 → [코드] 그룹 → [기록 중지](■ 기록 중지)를 클릭해서 매크로 기록을 마칩니다.

따라하기 03 매크로 실행하기

01 매크로를 실행하기 위해 워크시트에 단추 컨트롤을 삽입해서 사용하면 편리합니다. [개발 도구] 탭 → [컨트롤] 그룹 → [삽입]을 클릭하고 양식 컨트롤에 있는 [단추](▭)를 선택합니다.

> **참고** ActiveX 컨트롤에도 같은 모양의 컨트롤이 있으므로 실수하지 않도록 주의합니다.

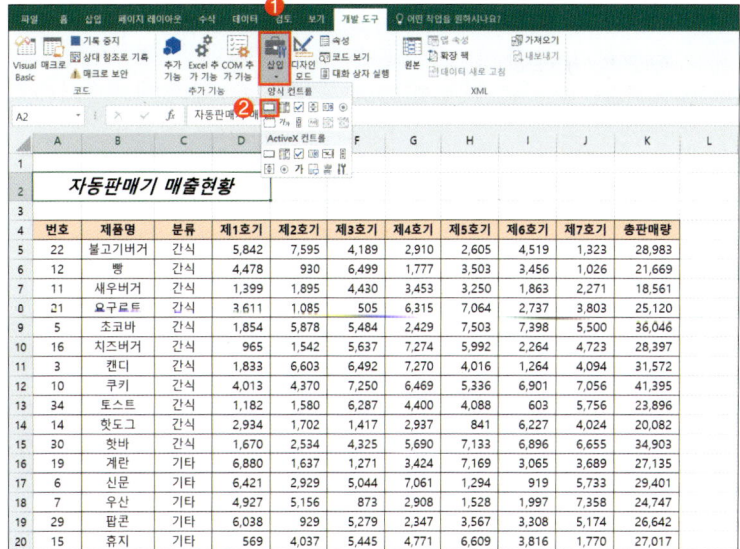

02 마우스 포인터가 십자(+) 모양으로 변하면 그림과 같이 적당한 위치에서 마우스를 드래그하여 원하는 크기로 단추 컨트롤을 그립니다.

03 마우스 단추에서 손을 떼면 바로 [매크로 지정] 대화상자가 실행됩니다. 현재 통합 문서에 저장되어 있는 두 개의 매크로 가운데 '분류와제품명' 매크로를 선택한 다음 [확인] 단추를 클릭합니다.

> **TIP** 양식 컨트롤에 있는 단추 컨트롤을 그린 다음에만 바로 [매크로 지정] 대화상자가 실행됩니다. 도형이나 이미지 등에 매크로를 지정할 때는 개체를 마우스 오른쪽 단추로 클릭한 다음 [매크로 지정] 메뉴를 선택해야 합니다.

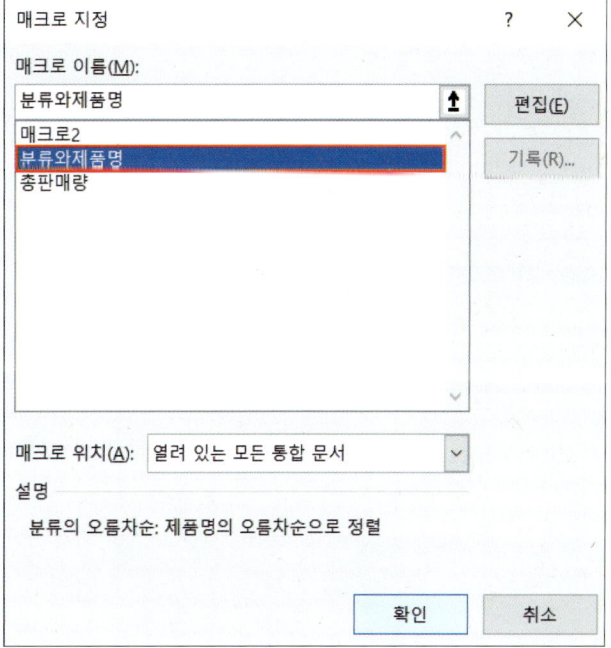

엑셀2016

04 단추 컨트롤에 매크로를 지정했으면 기본으로 표시되는 텍스트를 지우고 그림과 같이 매크로를 설명할 수 있는 간단한 텍스트를 입력합니다. 여기서는 '제품 분류로 정렬'이라고 입력했습니다. 텍스트 수정이 끝난 다음에는 임의의 셀을 클릭합니다.

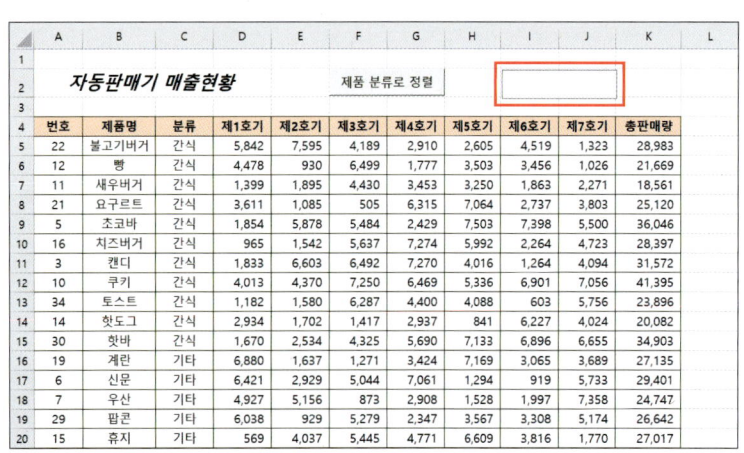

05 다시 [삽입]을 클릭하고 양식 컨트롤에 있는 [단추](□)를 선택한 다음, 마우스를 드래그하여 원하는 크기로 단추 컨트롤을 그립니다.

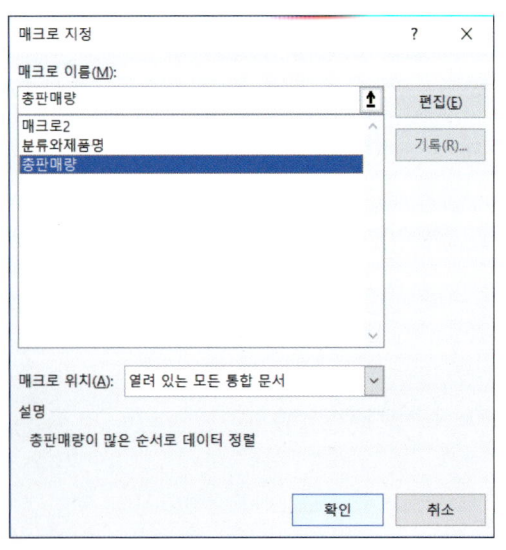

06 [매크로 지정] 대화상자가 실행되면 이번에는 '총판매량' 매크로를 선택하고 [확인] 단추를 클릭합니다.

07 두 번째 단추 컨트롤의 텍스트를 '총판매량으로 정렬'이라고 수정합니다. 텍스트 수정이 끝나면 임의의 셀을 클릭해서 컨트롤 선택 상태를 해제합니다.

> **TIP**
> 나중에 컨트롤의 텍스트를 수정하고 싶다면 컨트롤을 마우스 오른쪽 단추로 클릭하고 [텍스트 편집] 메뉴를 선택해야 합니다.

08 이제 매크로를 실행해 보겠습니다. 먼저 [총판매량으로 정렬] 단추를 클릭해서 총판매량의 내림차순으로 데이터가 정렬되는지 확인합니다.

09 이번에는 [제품 분류로 정렬] 단추를 클릭해서 분류와 제품명의 오름차순으로 데이터가 정렬되는지 확인합니다.

> **TIP**
> '분류와제품명' 매크로는 기록할 때 바로 가기 키로 'a'를 지정했으므로 Ctrl 키를 누른 채 A 를 눌러 매크로를 실행할 수도 있습니다.

기초문제

1

'Section20-1.xlsx' 파일의 '점유율' 워크시트에서 관객수 기준으로 텍스트 오름차순과 텍스트 내림차순을 하는 매크로를 작성하세요.

2

1번에서 만든 매크로 파일에서 각각 매크로 단추를 삽입하세요.

심화문제

1) 'Section20-2.xlsm' 파일의 '급여현황' 워크시트에서 다음 지시대로 매크로를 만들어 단추 컨트롤을 작성하세요.

① 부서 요약 매크로 : 부서의 오름차순으로 데이터를 정렬한 다음 부서별 본봉, 수당, 급여의 합계를 계산하는 부분합 삽입
② 요약 제거 매크로 : 데이터 목록에 작성한 부분합을 제거하고 사원번호의 오름차순으로 데이터 정렬
③ [부서별 요약] 단추 : '부서요약' 매크로 지정
④ [요약 제거] 단추 : '요약제거' 매크로 지정

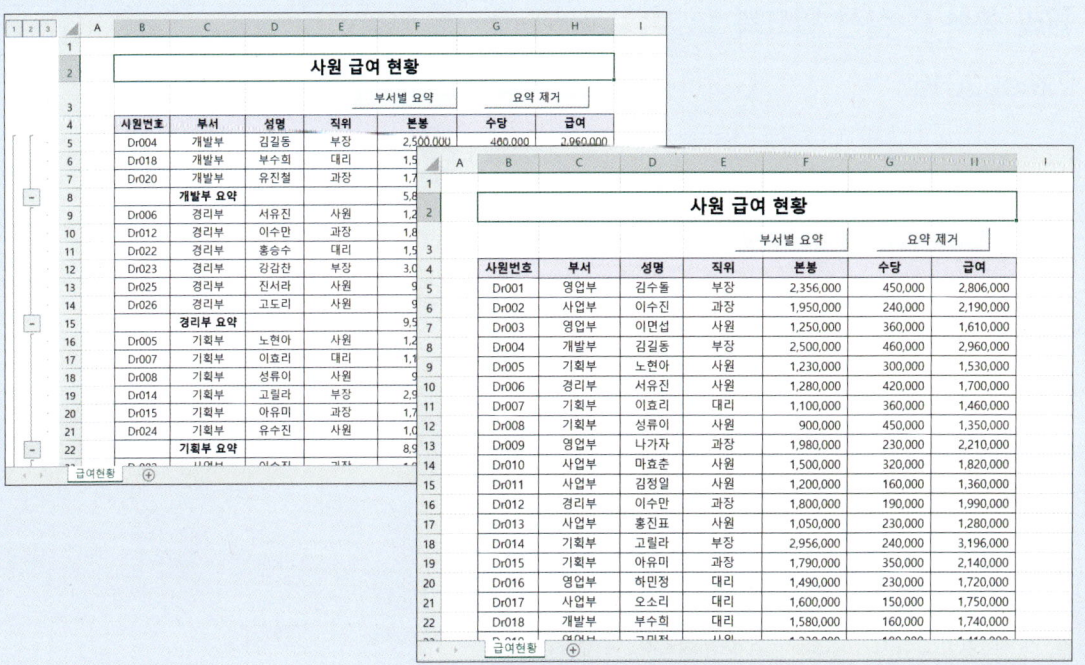

2) 'Section20-3.xlsx' 파일의 '판매현황' 워크시트에서 다음 지시에 따라 작업하세요.

① '분류' 필드의 값이 [F2] 셀과 같을 경우 임의의 색으로 셀 배경색 지정
② '분류' 필드의 셀 색이 ①에서 지정한 색과 같을 때 위에 표시되도록 데이터 정렬
③ '분류' 필드의 셀 색이 같은 경우 '금액'이 높은 순서로 표시되도록 데이터 정렬
④ 클립 아트를 삽입하고 '정렬' 매크로를 실행할 수 있도록 매크로 지정
⑤ [F2] 셀 목록 단추를 눌러 값을 변경한 다음 클립 아트를 클릭해서 원하는 매크로 실…

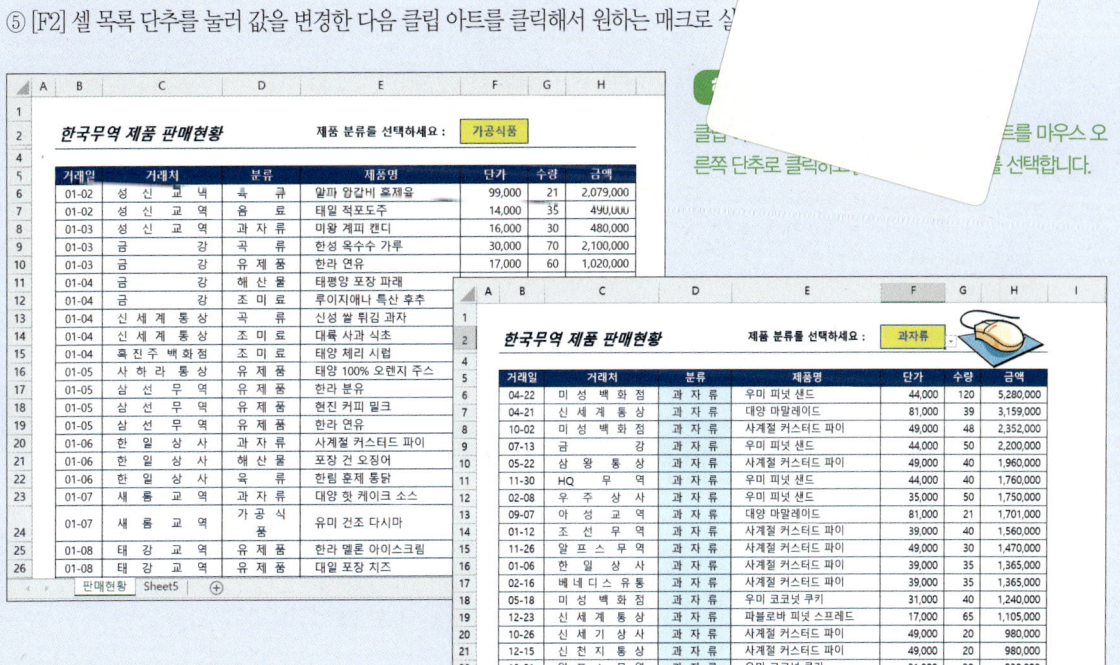

EXCEL 2016

원리 쏙쏙 IT 실전 워크북 ⑰
Excel 2016

2018년 2월 10일 초판 1쇄 발행
2024년 6월 10일 초판 4쇄 인쇄
2024년 6월 20일 초판 4쇄 발행

국립중앙도서관 출판예정도서목록(CIP)
엑셀 2016 / 지은이: 김지은. -- 김포 : 아티오, 2018 　p. ;　 cm. -- (원리쏙쏙 IT 실전 워크북 ; 17) ISBN 979-11-88059-27-0 13000 : ￦12000 MS 엑셀[Excel] 005.53-KDC6 005.3-DDC23　　　　　　　　　　CIP2018003172

펴낸이 | 김정철
펴낸곳 | 아티오
지은이 | 김지은
편　집 | 이효정
전　화 | 031-983-4092~3
팩　스 | 031-696-5780
등　록 | 2013년 2월 22일
정　가 | 12,000원
주　소 | 경기도 고양시 호수로 336 (브라운스톤, 백석동)
홈페이지 | http://www.atio.co.kr

* 아티오는 Art Studio의 줄임말로 혼을 깃들인 예술적인 감각으로 도서를 만들어 독자에게 최상의 지식을 전달해 드리고자 하는 마음을 담고 있습니다.
* 잘못된 책은 구입처에서 교환하여 드립니다.
* 이 책의 저작권은 저자에게, 출판권은 아티오에 있으므로 허락없이 복사하거나 다른 매체에 옮겨 실을 수 없습니다.

◐ 실습 파일 받아보기
- 예제 소스는 아티오(www.atio.co.kr) 홈페이지의 [자료실]에서 다운받으시면 됩니다.